LES DÉSARROIS D'UN OFFICIER EN ALGÉRIE

Du même auteur

Combat intérieur.
Les cas de conscience d'un ancien FTP
plongé dans les guerres de reconquête coloniale
préface de Raymond Aubrac
postface de Georges Doussin
Éditions Diffusion Isis, Montataire, 1998

PIERRE-ALBAN THOMAS

LES DÉSARROIS D'UN OFFICIER EN ALGÉRIE

ÉDITIONS DU SEUIL
*27, rue Jacob, Paris VIe*

CE LIVRE EST ÉDITÉ PAR PATRICK ROTMAN

ISBN 2-02-052885-1

www.seuil.com

À tous ceux et à toutes celles dans la mort
desquels j'ai pris une part de responsabilité.

Les droits d'auteur seront intégralement versés à l'association caritative Bolivia Inti[1] pour aider à lancer la fabrication artisanale de cuiseurs solaires en Algérie. Les sommes recueillies par cette association permettent de former des artisans et d'acquérir les matériaux nécessaires. Cette œuvre, toute à base de bénévolat, a déjà fait ses preuves en Bolivie et dans d'autres pays ensoleillés du Tiers-Monde. Elle épargne aux villageois, surtout aux femmes, les pénibles transports de bois et sauve de nombreux arbres de la destruction. Mon apport à cette entreprise contribue à la fois à m'acquitter, même modestement, d'une partie de notre dette envers le peuple algérien et à répondre à des préoccupations écologistes.

1. Bolivia Inti, dont le président est Robert Chiron, 41, rue du Château-d'Eau, 44240 La Chapelle-sur-Erdre. Tél. 02-40-72-05-30. E-mail : soleil@boliviainti.org. Site internet : http ://www.boliviainti.org.

Préface

Quelle guerre cruelle…

par Pierre Vidal-Naquet

On croyait la guerre d'Algérie et le cortège d'horreurs qui l'a marquée disparus, oubliés. L'Algérie déchirée, violente, qui apparaît trop souvent à la une des quotidiens ou dans les journaux télévisés, semblait avoir effacé le souvenir d'une autre violence, celle de l'armée française aux prises avec l'ALN, celle de l'ALN aux prises avec les pieds-noirs, mais aussi avec les « messalistes » du MNA. Certes, les archives commençaient à s'ouvrir : la guerre d'Algérie devenait le thème de thèses de doctorat, et ces thèses étaient rédigées par des jeunes gens qui n'étaient pas nés en 1957, au moment de la bataille d'Alger. Quoi de plus aseptisé qu'une thèse de doctorat… en principe. Ce que nous appelions en 1962 les « crimes de l'armée française » devenait, dans le patois universitaire, les « illégalités commises par l'armée française en Algérie entre 1954 et 1962 ». Et puis, soudain, dans *Le Monde* daté du 20 juin 2000, une Algérienne raconte qu'elle a été torturée à l'électricité en présence du colonel (depuis général, député et ministre) Bigeard et du général Massu. Ce dernier déclare regretter ce qui s'est passé, Bigeard nie avec le toupet infantile qui a toujours été le sien. Et voici que, de nouveau, les passions s'enflamment, que les vérités redeviennent bonnes à dire, bonnes à penser[1], obligeant chacun à réfléchir.

1. Pour une brève mise au point, cf. Michel Winock, « Le scandale de la torture en Algérie », *L'Histoire*, n° 246, septembre 2000, p. 18-19.

Je présente ici un nouveau livre, un nouveau document, dont l'auteur, le lieutenant-colonel Pierre-Alban Thomas, n'est ni un séminariste épouvanté de ce qu'il a vu, ni un apologiste de l'armée, ni un adorateur du FLN, mais un officier. Un officier issu de la Résistance et même de la Résistance communiste, puisqu'il participa aux combats des FTP (Francs-tireurs et partisans). Tout en faisant honnêtement son métier, il ne renia pas, tant que cela fut possible, son idéal de jeunesse et, au long des guerres d'Indochine et d'Algérie, combattit tout en jugeant que ceux d'en face étaient, fondamentalement, dans leur droit.

J'ai connu Pierre-Alban Thomas en 1991 chez Laurent Schwartz. Il était venu apporter son soutien à Georges Boudarel. Peut-être ce nom évoque-t-il encore quelque chose aux lecteurs du présent livre. Georges Boudarel était ce jeune professeur communiste à Saigon qui, par refus de la guerre d'Indochine, passa, comme on dit, à l'ennemi, et accepta des fonctions de commissaire politique adjoint dans un camp de prisonniers français. Ce qui se produisit en 1991 autour du nom et de la personne de Boudarel est proprement incroyable. François Léotard trouva les mots justes : on assista à un « lynchage médiatique ». Ceux qui défendirent Boudarel – et j'en fus – n'auraient assurément jamais accepté les fonctions qu'il assuma. Mais on tenta de faire oublier que, au mépris des avertissements de quelques hommes lucides – le général Leclerc, Paul Mus, Jean Sainteny –, la France se lança dans une absurde et honteuse guerre de reconquête qui ne s'acheva qu'en juin 1954, après la chute de Diên Biên Phu (7 mai), la formation du gouvernement Mendès France et les accords de Genève. Charles de Gaulle qui, à partir de 1958, devint un promoteur efficace de la décolonisation ne fut pas le dernier, en 1945-1946, à se lancer dans la reconquête de la « perle » de notre empire.

Son expérience indochinoise, Pierre-Alban Thomas l'a racontée avec l'honnêteté scrupuleuse qui le caractérise dans le premier volume de ce qu'il appelle son combat intérieur[2]. Jeune instituteur passé en 1943 au maquis, proche du PCF, il ne manqua pas de consulter les autorités du Parti avant de servir en Indochine et en Algérie. Il reçut la réponse standard : il faut qu'il y ait des communistes dans l'armée. Le même conseil avait été donné, notamment, à Jean-Pierre Vernant, et celui-ci, colonel FFI, aurait pu être aujourd'hui, comme Henri Rol-Tanguy, par exemple, colonel en retraite et non pas professeur honoraire au Collège de France. Dans une page de son premier livre, Pierre-Alban Thomas raconte comment, en 1948, il fut déclaré inapte au service en Indochine par le médecin qui l'examinait. Et il a ce commentaire qui dit tout de lui : « Me voici à nouveau en proie à une dualité de sentiments. Le "moi" officier me crie : "Tu es un salaud de ne pas chercher à retourner en Indochine, car tu laisses tes camarades risquer leur vie à ta place." Le second "moi" rectifie : "Tu serais bien plus salaud encore si tu acceptais d'aller tuer ceux qui veulent libérer leur pays de l'occupant étranger et avec lesquels tu servirais avec enthousiasme si le destin t'avait fait naître parmi eux." » On pense aux vers de Racine, traduisant *l'Épître aux Romains* de saint Paul :

Mon Dieu quelle guerre cruelle,
Je trouve deux hommes en moi,
L'un veut que plein d'amour pour toi
Mon cœur te soit toujours fidèle,
L'autre à tes volontés rebelle
Me révolte contre ta loi…

J'ai parlé de l'honnêteté de Pierre-Alban Thomas. Elle est scrupuleuse. À certains moments, à ceux qui seraient tentés de croire que l'auteur se pare d'une lucidité qui ne fut pas toujours

2. *Combat intérieur. Les cas de conscience d'un ancien FTP plongé dans les guerres de reconquête coloniale*, préface de Raymond Aubrac, postface de Georges Doussin, Éd. Diffusion Isis, Montataire, 1998.

la sienne, l'officier répond, à l'avance, en reproduisant les lettres qui prouvent qu'il dit vrai.

Ce volume est donc consacré, pour l'essentiel, à la guerre d'Algérie. Pierre-Alban Thomas l'a vécue sur le terrain, présent dès août 1954 dans le Constantinois, en Kabylie, en Oranie, ne s'absentant que pour des permissions et pour un bref séjour comme instructeur à l'École militaire de Saint-Maixent. Il ne quittera l'Algérie qu'en avril 1962, après le cessez-le-feu, mais avant l'indépendance et la crise finale qui mit aux prises le président de la République et une partie de l'armée française.

Plus que par la domination coloniale, il est frappé, au début de son séjour, par la misère, dans une contrée dont un général proclame, le 14 août 1954, qu'elle est « un pays en or que l'on tient avec une poignée de gendarmes ». L'Algérie, c'est la France ! Comment ne pas le croire quand on est installé à Clairefontaine, à Laverdure ou près d'Oran ? Mais la misère est là, y compris près des mines de fer d'Ouenza : « Mon capitaine, veux-tu me faire engager à la mine ? », lui demande un ancien combattant. C'est sur le terrain que Pierre-Alban Thomas apprend l'histoire de l'Algérie « française » et, en particulier, celle des terribles journées de mai 1945 qui furent en quelque sorte la « répétition générale » de l'insurrection du 1er novembre 1954. Il découvre alors que cette histoire qu'on lui a enseignée est un tissu de mensonges.

Le capitaine Thomas ne nous fait pas un conte bleu. Il n'idéalise personne, ni les rebelles, ni les pieds-noirs, ni les officiers, ni les soldats. Tartarin de Tarascon partait chasser le lion dans l'Atlas ; un de ses soldats tente de faire croire aux siens que des lions viennent, la nuit, lécher sa gamelle. Si l'auteur dépeint Bigeard pour ce qu'il est, grotesque à force de gloriole, il éprouve du respect pour un de ses supérieurs, le colonel L. Y., gendre de François Mauriac, lui aussi ancien résistant. C'est pourtant ce colonel qui lui donnera l'ordre de faire exécuter quatorze détenus.

Il n'idéalise pas les rebelles, même s'il les tient pour des hommes en quête d'une patrie. Il cite Tocqueville et sait que « le plus grand et le plus irrémédiable malheur pour un peuple c'est d'être conquis », mais il n'apprécie pas ceux qui coupent le nez de leurs frères. Il tente à plusieurs reprises de « conquérir les cœurs » suivant ce que la tradition coloniale a de plus noble. Il y parvient quelquefois, et ces réussites ne sont pas dénuées d'ambiguïté. La torture le révulse, mais il en est le témoin horrifié.

Les tortionnaires sont des hommes de la PJ qu'une longue tradition a familiarisés avec ces méthodes, mais aussi, bien entendu, des officiers et des soldats. Le colonel L. Y. interdit cette pratique dans les unités sous ses ordres, comme l'interdisait, de son côté, le colonel Georges Buis, mais on torture quand même, et pas seulement sous le commandement de Massu. Je savais par exemple que le général Vanuxem avait joué sa partie dans la tragédie indochinoise et qu'il avait été un des chefs de l'OAS. Je ne savais pas qu'il était, pendant la guerre d'Algérie, un authentique tueur. Je ne savais pas non plus qu'on utilisait pendant la guerre d'Algérie de « faux rebelles », en l'espèce des pieds-noirs bilingues et des Algériens (harkis, « fells » repentis), pour se livrer à toute sorte de massacres. Je ne savais pas non plus que les trop célèbres DOP (Dispositifs opérationnels de protection) qui pratiqueront une torture musclée sous de Gaulle avaient été précédés par les GLI (Groupements légers d'intervention) qui, déjà en 1957, dans le bled, torturaient systématiquement.

Refusant la torture, il admet pourtant des « pressions physiques limitées ». Il juge sévèrement la société algérienne musulmane, et ne rencontre qu'un petit nombre d'esprits laïcs. « Quelle vie de chien, écrit-il, que celle des femmes arabes ! » Et pourtant… À Dublineau, en Oranie, il fait la connaissance d'une Algérienne célibataire « non voilée, couturière de profession », que sa femme fait travailler. Il apprend un jour qu'elle a été enlevée par un commando. Ce sont des fellaghas, pense-t-il. Mais non, elle a été « arrêtée sur ordre supérieur, comme agent actif du FLN ». Il exige de la rencontrer, et voici sa description. Le sous-lieutenant A. V. le « conduit dans un hangar aménagé. Plusieurs hommes et femmes sont là, entièrement nus, couchés sur des lits de camp de l'armée, les mains attachées aux montants supérieurs du lit, les pieds aux montants inférieurs. Sur le sol gisent des pinces et des fils électriques. Des policiers et des harkis vont et viennent dans la pièce. La première personne près de la porte est ma couturière ». Il obtient sa libération, mais les autres ?

Tel est le récit du lieutenant-colonel Thomas. Il quitta l'armée avec ce grade, en 1972. Il est aujourd'hui, à Blois, un militant écologiste. Un récit sincère, par un homme qui mérite le respect.

Avant-propos

Avant et après l'Algérie

Né de parents pacifistes – de toute mon enfance, je n'eus droit à aucun jouet ressemblant à une arme –, je devins, ironie du sort, militaire de carrière. Pourquoi ce paradoxe ? Tout simplement parce que, en juin 1940, les troupes allemandes déferlant sur le sol de la patrie, « ce cœur qui haïssait la guerre, voilà qu'il bat pour le combat et la bataille[1] ».

C'est ainsi que, dès octobre 1940, avec plusieurs de mes camarades élèves instituteurs à l'École normale de Blois, nous répondons à l'invitation de l'un des nôtres, Pierre-Maurice Dessinges, qui, se référant à l'appel du général de Gaulle, constituait le premier mouvement de résistance de la région. Dénommé « France-Liberté », ce groupe sera plus tard rattaché au réseau du musée de l'Homme. Ma propre contribution y fut des plus modestes : ramassage d'armes abandonnées par l'armée française en déroute dans les forêts de Sologne, aide à quelques prisonniers français évadés pour franchir la ligne de démarcation à Noyers et à Selles-sur-Cher… Le réseau sera démantelé en 1942 et plusieurs de nos camarades arrêtés.

En 1943, pour me soustraire au Service du travail obligatoire en Allemagne, je tente de rejoindre les troupes gaullistes en Afrique du Nord par l'Espagne, en compagnie de trois amis, dont deux jeunes collègues instituteurs. Mes trois camarades

1. Robert Desnos.

arrêtés sur la frontière seront envoyés en déportation où, hélas, ils mourront. Le destin ayant décidé de m'épargner, je trouve refuge au sud de Nay (Pyrénées-Atlantiques) dans un maquis FTPF (Francs-tireurs et partisans français).

Parmi les dix-sept clandestins de ce groupe, figurent deux anciens des Brigades internationales et deux Allemands, dont l'un, Waldeyer Werner, avait purgé deux années au camp de concentration de Kemna à Wuppertal, à l'est de Dusseldorf (après 1945, il exercera d'importantes fonctions en RDA). Nos responsables étant acquis au communisme, c'est à leur contact que, familialement prédisposé à cette idéologie, je crus à l'avènement possible de la République universelle chère à Barbusse et à Vaillant-Couturier. Seul un pur régime socialiste nous paraissait capable d'éviter les guerres entre nations, de juguler le profit, moteur de l'exploitation de l'homme par l'homme, et d'apporter le bonheur sur terre et non au ciel. Depuis, comme pour beaucoup, la dérive totalitaire, marquée par les répressions de Berlin, Budapest, Prague, m'en a progressivement éloigné.

Après quelques actions contre l'occupant et ses valets de Vichy, des unités de GMR (Groupes mobiles de réserve) nous assiègent dans la montagne. Nos deux Allemands font le coup de feu à nos côtés contre des gendarmes français cherchant à nous capturer pour nous livrer à l'ennemi.

Le maquis disloqué, je regagne le Loir-et-Cher à l'automne 1943 et recherche des contacts avec la Résistance. Je les trouve auprès de deux responsables FTP, Marcel Bizeau et André Delaunay, eux aussi communistes, qui seront abattus par les nazis quelques mois plus tard.

Dès janvier 1944, nous constituons un groupe à Saint-Aignan-sur-Cher. Au fil des mois, nous devenons plus agressifs : nombreux sabotages, coupures de lignes téléphoniques et de voies ferrées, trois déraillements de trains sur la ligne Tours-Vierzon, embuscades contre des convois allemands et quelques accrochages. Le 17 juin, je participe au combat de Souesmes-en-Sologne, où les Allemands subissent de lourdes pertes au prix de dix-huit victimes de notre côté et de plusieurs blessés.

Début juillet, notre maquis, qui compte maintenant une centaine de combattants, où j'ai acquis le grade de lieutenant FFI, est organisé en compagnie. Joints à d'autres unités étroitement soudées, de l'AS (Armée secrète) et des FTP, nous constituons l'important « maquis du Nord-Indre – Vallée du Cher », aux effectifs d'un régiment, commandé par un colonel français et une valeureuse Anglaise, Pauline.

En août, nous multiplions les attaques contre les formations de la Wehrmacht, qui se replie vers l'est. Le 10, à Selles-sur-Cher, nous interceptons un train de prisonniers que nous tentons, vainement, de libérer. Partis en traction-avant noire afin de couper la voie ferrée à l'explosif devant le convoi, Sinson, Chevy, François Marteau (qui sera tué à mes côtés onze jours plus tard) et moi, nous nous heurtons à une quarantaine de soldats ennemis qui protègent le train. Ce détachement nous dégage la route, nous prenant pour des agents de la Gestapo qui circulaient dans des voitures semblables à la nôtre ! Le 21, au cours d'un violent affrontement à Orbigny, trois des nôtres sont tués, et le 31, nous restons impuissants devant le massacre par représailles, à Mareuil-sur-Cher, près de notre campement, de sept de nos compatriotes.

À la Libération, la liesse populaire ne peut nous faire oublier nos camarades qui, volontaires pour chasser l'occupant et combattre le fascisme, ne sont plus à nos côtés.

En octobre, je suis admis à l'École de cadres de la région Centre, près de Châteauroux, où est dispensé l'enseignement accéléré de Saint-Maixent. Les deux premiers de chaque promotion étant envoyés comme chefs de section à la 1re armée française, je suis affecté en février 1945 à la 9e division d'infanterie coloniale, 23e RIC, et promu sous-lieutenant d'active. Après la traversée du Rhin à Leimersheim, je participe à la campagne d'Allemagne.

À la suite de la reddition du IIIe Reich, le commandement nous invite à poursuivre la lutte contre le Japon. Avec enthousiasme, je signe un engagement au Corps expéditionnaire français en Extrême-Orient (CEFEO). La capitulation japonaise, le 15 août, ne modifie en rien le plan de départ puisque, nous affirme-t-on, nous devons aller réduire des troupes nippones retranchées en Indochine... En dépit de ces assertions, je suis inquiet. Aussi vais-je requérir l'avis de la seule formation politique qui milite pour l'émancipation des colonies, le PCF. Je me confie à mon ami de Résistance, André Vieuguet, qui m'introduit auprès d'Élie Mignot, adjoint de Léon Feix à la section coloniale. Ce discret analyste estime que de Gaulle, symbole de la libération de sa patrie, ne peut logiquement refuser à d'autres peuples ce qu'il a exigé pour le sien, et que Maurice Thorez, ministre d'État, y veillera. « Les officiers issus de la Résistance, ajoute-t-il, doivent rester dans l'armée pour la démocratiser. En Indochine, ils devront faire comprendre à leurs compagnons d'armes que l'intérêt de la France est de s'entendre avec Hô Chi Minh, d'empêcher le recours aux armes et, après l'indépendance, de participer à la création et à l'instruction de la nouvelle armée vietnamienne. Si d'aventure les colonialistes imposaient la guerre, les militaires issus de la Résistance devraient malgré tout rester à leur poste, la désertion étant un ultime recours dans une démocratie. »

Fort de ce viatique et de quelques bons livres, dont le fameux *Indochine S. O. S.* d'Andrée Viollis, toujours chef de section à la 2e compagnie du 1er bataillon du 23e RIC, j'embarque pour l'Asie sur un Liberty le 26 octobre. Tout au long de la traversée, je rêve à mon enfance. J'avais quatre ans à la mort de mon père. Ma mère, institutrice, marquée par l'éthique protestante mais non pratiquante, m'inculqua les règles de l'amour des plus déshérités. Deux hommes eurent une grande influence sur mon éducation d'adolescent : M. Moreau, mon premier instituteur, me suivit jusqu'à mon entrée à l'École normale. La rigueur de vie et de pensée de ce catholique me fut un modèle précieux. Mon oncle Lucien Bisson, militant communiste, m'enseigna la justice sociale, l'antiracisme, le droit des hommes et des femmes à n'être ni exploités par leurs semblables, ni esclaves, ni colonisés. De mon grand-père Angier, modeste paysan, inscrit à la Libre Pensée vers 1880, j'acquis la fidélité à la République et l'horreur des despotes.

Le 18 novembre 1945, je débarque à Saigon. Surprise : les Japonais nous présentent les armes et assurent la sécurité en ville. Dans les provinces de Mytho et de Gocong, des accrochages se produisent contre des « Annamites ». Les conventions de Genève, nous assure-t-on, disposent que seuls les soldats d'unités constituées, en uniforme, peuvent prétendre au statut de prisonniers de guerre. Ceux que nous capturons armés et vêtus d'effets civils sont considérés comme des francs-tireurs, des hors-la-loi. De ce fait, beaucoup sont abattus sur place. Par exemple, le 14 février 1946, à Xuyen Moc, à l'est de Baria, nous capturons quatorze jeunes en civil, dont quelques-uns armés de vieux fusils. Notre capitaine, pourtant l'un des plus bienveillants du bataillon, ordonne leur mise à mort. Alignés sur un ponceau de bois enjambant un arroyo, presque tous sont tués d'une balle dans la nuque et leurs corps précipités dans le cours d'eau. Ai-je besoin de préciser quels furent mes rêves de la nuit suivante ?

Lorsque nos troupes sont accrochées, elles répliquent par des tirs au jugé sur les fuyards et par des incendies de villages. Je suis scandalisé, mais n'ose pas le dire, chacun assurant que c'est normal. Tout au plus, je m'efforce de procéder de façon humaine, à l'exemple du jour de Noël où je parviens à sauver un homme des griffes du lieutenant eurasien Leroy, réputé pour sa cruauté.

Très vite se confirme ce que je redoutais : les maquisards français sont venus ici mater un peuple épris d'indépendance, un peuple malgré tout visiblement hétérogène. En effet, de longues et amicales conversations avec mon interprète, archétype du fin lettré, me confirment le souhait de tous les autochtones évolués d'en finir avec le colonialisme. *A contrario*, l'immaturité politique des petites gens est affligeante, témoin l'engagement massif dans nos rangs de « partisans » motivés par le seul désir de posséder un fusil, le Viêt-minh n'étant en mesure de leur offrir que des couteaux. Quoi qu'il en soit, mon combat intérieur se confirme.

Quittant la Cochinchine pour le Tonkin, nous débarquons à Haiphong le 7 mars 1946, au lendemain des accords historiques entre Hô Chi Minh et Sainteny qui nous redonnent espoir. Hélas, la visite du général Valluy à Nam Dinh, le 15 juin, dissipe en partie nos illusions. Devant les officiers de la garnison, le commandant des TFIN (Troupes françaises d'Indochine du Nord) affirme que notre mission est de rétablir la souveraineté française sur l'Union indochinoise, se référant aux instructions de l'amiral Thierry d'Argenlieu du 7 avril 1946 et à celles initiales du général de Gaulle du 16 août 1945.

Que faire ? Déserter ou trahir l'esprit de la Résistance ? Déserter, certainement pas. Alors je me souviens des conseils d'Élie Mignot : faire comprendre à mes compagnons d'armes que l'intérêt de la France est d'éviter la guerre. Je profite de la période au cours de laquelle nous pactisons momentanément avec le Viêt-minh au point d'organiser des cérémonies communes. Au cours de discussions, d'anciens FTP, surtout des Ch'timis, se confient à moi. Nous sommes une douzaine à nous réunir plusieurs fois avec deux officiers viêt-minh. « Nous espérons qu'à Fontainebleau, nous déclarent ceux-ci, notre président obtiendra l'indépendance. Alors, la France sera notre nation grande sœur. Elle nous protégera des Chinois. Nous aimons la culture française et nous la garderons avec la nôtre. Nous ferons ensemble beaucoup de commerce. Nous irons dans vos écoles et vous nous apprendrez à diriger nos usines. Nous ne serons pas des ingrats. Vous en serez grandement remerciés. » Je leur confie des articles pour l'hebdomadaire viêt-minh en langue française, *Le Peuple*, très apprécié des militaires du CEFEO.

Ils me font rencontrer à Hanoi, rue de la Soie, un Français, membre du Parti communiste indochinois : « Militant pour la paix aux côtés du Viêt-minh, m'explique cet intellectuel, je me considère comme un bien meilleur patriote que d'Argenlieu qui, lui, prépare la guerre. »

Septembre voit notre déplacement à Hongay, sur la baie d'Along, et l'échec de la conférence de Fontainebleau qui se conclut par un mystérieux et éphémère *modus vivendi*. Dans les mess et ailleurs, les propos belliqueux se multiplient.

Une indiscrétion ayant dévoilé les réunions clandestines de notre groupe FTP, nous sommes presque tous mutés. Immédiatement expédié en Cochinchine au BM 9 (bataillon de marche de la 9e DIC), je me retrouve au Cambodge lors de la rétrocession par la Thaïlande à ce pays de la province de Battambang.

Les combats contre le Viêt-minh ayant repris à la suite des graves incidents survenus au Tonkin à la fin de 1946, mon bataillon est engagé au début de janvier 1947 dans le rétablissement de l'axe routier Hanoi-Haiphong. Devant les incendies de villages et les exécutions sommaires, je proteste publiquement. Aussi, dès le 11 janvier, le chef de bataillon Langlais, sans me donner d'explication, me retire le commandement de ma section et, pour se débarrasser d'un perturbateur, me détache auprès du colonel commandant le sous-secteur de Gialam, l'aéroport d'Hanoi. C'est là que, dans un bureau voisin du mien, je découvre la torture dans toute son horreur. Dans une salle de l'aérogare, le 26 février, j'assiste à une scène atroce. Un bodoï soumis à la gégène et au gavage d'eau refuse de parler. Soudain, il fait dire par l'interprète au lieutenant qui l'interroge : « Détachez-moi, et je vous promets des renseignements. » À peine libéré de ses liens, d'un violent coup de poing sous le menton, il se tranche la langue : ainsi, il ne trahira pas ses camarades. Il est évacué par des soldats, et une rafale de pistolet-mitrailleur me confirme ce que je redoutais.

Quelques jours plus tard, j'apprends avec désespoir la mort au combat de mon fidèle homme de confiance, Tarzan Ménard, qui, depuis l'Allemagne, avait toujours demandé à me suivre et que je n'avais pu emmener avec moi à Gialam.

Participant à diverses opérations, je déplore les « prélèvements » de poules, porcs, buffles. Au cours de l'une d'elles, un orphelin de quatorze ans, maigre, presque aveugle, me supplie de l'emmener. Dès lors, Kanh ne me quittera plus. Opéré du trachome et bien nourri, il deviendra en un an un garçon solide et dévoué.

Le 7 février, lors d'un raid sur le canal des Rapides, je sauve deux prisonniers de la « cueillette des haricots », autre désignation de la « corvée de bambous ». À quelque temps de là, j'épargnerai à deux jeunes femmes d'être livrées à la question. Mais combien d'autres pour lesquels je n'ai pas réagi ?

Le 9 février, la présence dans la capitale nord-vietnamienne de René L'Hermitte, correspondant de *L'Humanité*, m'est signalée, puis je surprends une conversation entre jeunes officiers qui envisagent de le promener en Jeep et de lui tendre une embuscade qui serait attribuée aux Viêts. Je me rends aussitôt à Hanoi, à l'hôtel Métropole, pour le mettre en garde. Je lui présente mon carnet de route. Il y relève certains passages qui seront reproduits en première et en troisième page de *L'Humanité* du 22 mars 1947.

C'est alors que j'écris à ma mère : « J'avais demandé à aller combattre le Japon. C'est dans ce but que j'ai accepté de faire partie du CEFEO. Il en a été tout autrement ; je n'ai aucun engagement avec une armée qui a trompé ses soldats. Je ne me sens donc nullement coupable en dénonçant ses agissements… »

La sécurité militaire eut tôt fait de m'identifier et, dès lors, je me sentis surveillé. Pourtant, le 23 mai, je suis remis à la disposition de mon bataillon. Pourquoi ? Tout simplement parce que le BM 9 est envoyé au repos à Hongay. Ainsi, je ne serai plus un observateur gênant à Gialam. C'est donc sur les bords de la baie d'Along que, paisiblement, j'attendrai le bateau sur lequel, le 26 février 1948, j'embarquerai pour la France.

Durant cette expérience indochinoise, je connus des va-t-en-guerre mais aussi, outre mes camarades FTP, des officiers intelligents, conscients de la stupidité de ce conflit, avec lesquels j'eus des conversations amicales et confiantes. Je me suis longtemps demandé si l'un d'eux, touché par ma bonne foi, ne serait pas à l'origine de la disparition de la partie confidentielle de mon dossier militaire. À mon retour, cette virginité politique m'épargna la relégation au dépôt central des isolés de Versailles où séjournèrent, durant des années, les officiers suspectés par le pouvoir.

De 1948 à 1954, affecté au 93e RI à Courbevoie, puis au 29e BCP en Allemagne, je suis en proie à une dualité de sentiments. Le « moi » officier me crie : « Tu es un salaud de ne pas chercher à retourner en Indochine, car tu laisses tes camarades risquer leur vie à ta place. » Le second « moi » rectifie : « Tu serais bien plus salaud encore si tu acceptais d'aller tuer ceux qui veulent libérer leur pays de l'occupant étranger et avec lesquels tu servirais avec enthousiasme si le destin t'avait fait naître parmi eux. » Les accords de Genève entre Mendès France et Hô Chi Minh, en juillet 1954, mettent fin à cette anxiété. Il n'empêche qu'au mois d'août je suis affecté au 4e bataillon de chasseurs à pied qui vient d'être constitué pour aller maintenir l'ordre dans le département français de Constantine. C'est le début d'une aventure douloureuse, heureusement entrecoupée d'agréables moments, sujet essentiel de cet ouvrage.

De retour d'Algérie, en 1962, je suis affecté à l'École d'application de l'infanterie (EAI) de Saint-Maixent, qui deviendra l'École nationale des sous-officiers d'active (ENSOA). J'y resterai jusqu'à mon départ de l'armée, en 1972, hormis un intermède de trois ans, de 1966 à 1969, au 170e Régiment d'infanterie motorisée à Épinal. Les premiers temps, des lettres chaleureuses (quelques-unes figurent en annexes) me parviennent d'Algériens, d'officiers, de chasseurs, de gendarmes. J'apprends aussi avec une infinie tristesse l'assassinat par le FLN de six de mes harkis que j'avais pourtant évité de trop compromettre.

Aux côtés de ma femme et de notre petit garçon, je goûte les charmes de la vie de garnison, partageant loisirs et activités diverses avec des couples charmants dès lors que nous évitons les questions politiques. Bien que m'efforçant d'oublier la tragédie algérienne, je ne puis dissiper de mes insomnies le spectre des hommes torturés et des otages exécutés.

En 1963, le général de Gaulle, de passage dans la garnison, reçoit un accueil glacial de la part des familles de militaires. Après les honneurs rendus par la troupe, seuls quelques groupes de civils clairsemés, parmi lesquels se trouve mon épouse, se rendent sur sa route pour le saluer. Cette marque de désaffection prouve combien de cadres d'active lui tiennent rigueur de l'abandon de l'Algérie. Leur rancune croît lorsqu'ils évoquent l'inutile sacrifice de leurs camarades, héros ignorés des masses, dont les actes de courage gratuit ont pour unique reconnaissance de la nation le souvenir dans le cœur des survivants. « Les morts des batailles perdues sont la raison de vivre des vaincus », clamait *la Fille du puisatier* de Marcel Pagnol.

Le général commandant l'école me charge d'accueillir, un dimanche matin de juin 1964, le colonel Rose, commandant en second de l'École de sous-officiers de Hambourg. Quel n'est pas mon étonnement lorsque, au cours de nos conversations de la journée, ce descendant de huguenots français me confie : « La France et ses alliés ont rendu à l'Allemagne un fier service en lui retirant ses colonies en 1918 et en 1945 et en lui interdisant d'avoir une armée. Pendant que vous dissipiez vos ressources humaines et financières dans des guerres perdues d'avance, nous investissions les nôtres dans notre économie. C'est ainsi que nous avons réussi le miracle allemand » !

L'EAI, où je suis chef de bataillon instructeur, reçoit, courant 1964, un groupe de jeunes officiers de la nouvelle armée algérienne. Ils viennent pour un stage d'application après une période de formation dans une école militaire soviétique. Beaucoup d'instructeurs manifestent leur indignation. D'autres, comme moi, pensent que ces Algériens peuvent nourrir à notre égard autant de griefs que nous-mêmes envers eux. Nous les recevons cordialement, ce dont ils nous savent gré puisque l'un de leurs porte-parole nous déclare : « Nous appréhendions la rencontre avec nos ennemis d'hier, aussi apprécions-nous votre accueil aimable. C'est très chic de votre part. À Moscou, où nous n'étions pourtant pas d'anciens adversaires, bien au contraire, les officiers soviétiques nous ont tenus à distance, nous et d'autres stagiaires africains et asiatiques. »

De 1968 à 1972, je viens en aide à un harki nommé Bedjaoui. Ce garçon, fantasque mais attachant, me décrit les tortures effroyables et les égorgements d'Algériens francophiles dont il fut le témoin après l'indépendance. Lui-même, battu presque à mort, réussit par miracle à s'échapper et à se réfugier dans un poste français. Engagé dans l'armée et fort de mon appui, il devint caporal-chef. À l'unisson d'officiers et de sous-officiers qui adoucissent le sort d'autres déracinés, ma femme et moi le recevons parfois, en ami, considérant qu'ayant choisi d'être français il doit être traité comme tel.

En 1972, bénéficiant d'une loi de dégagement des cadres, je quitte l'armée pour diriger pendant dix ans une maison de retraite à Verrières-le-Buisson. En 1982, abandonnant la vie active, je m'oriente vers l'écologie.

Pourquoi l'écologie ? Parce que, tant en Indochine qu'en Algérie, la déforestation et la surpopulation m'ont consterné. Parce que, durant la guerre du Viêt-Nam de 1965 à 1975, les Américains ont déversé des tonnes de défoliants à base de dioxine, détruisant des milliers d'hectares de forêts, empoisonnant la terre et ses habitants. Parce que, si l'arme atomique est une menace constante pour l'humanité, la production d'énergie nucléaire en est une autre par les accidents qu'elle peut provoquer et les déchets qu'elle génère, cadeau empoisonné laissé à nos enfants. Parce que l'économie productiviste crée de multiples pollutions. Parce que, pour résumer : « Sur la terre, nous sommes comme sur le *Titanic*, avec de la bonne nourriture, de la musique, de quoi boire et danser » (Manfred Max Nef, candidat écologiste à l'élection présidentielle du Chili en 1993).

Dans le remarquable ouvrage de René Dumont, *L'Utopie ou la Mort*[2], je retrouve tout ce qui a mûri en moi depuis des années. Parlant des pauvres, il écrivait : « Nos richesses et nos gaspillages deviennent d'insoutenables insultes à leur misère, à leur dignité et les acculeront à la révolte. » Ne prévoyait-il pas les actes de terrorisme aveugle de desperados exaspérés par l'injustice sociale (et fanatisés par l'intégrisme religieux), les ripostes et un possible engrenage sanglant ? N'est-il pas prophétique que, en 1974, cet humaniste, apparaissant à la télévision un verre d'eau posé devant lui, nous ait alertés : « L'eau pure, voilà la vraie rareté de demain » ?

À partir de 1985, je découvre le parti Vert qui, émergeant sous toutes les latitudes, se révèle seul capable de s'imposer à l'opinion mondiale pour faire obstacle à la destruction de la planète – en espérant que nos « écolos » ne saborderont pas le mouvement par des intolérances et des ambitions personnelles. Sa réussite n'étant concevable qu'à la faveur d'un grand nombre d'adhérents, je me compte parmi ceux-ci en janvier 1989. Au cours des meetings, j'apprécie le charisme naissant de Dominique Voynet, surtout lors de ses prises de position tiers-mondistes telles que : « Les déshérités de la Terre, éblouis par les eldorados occidentaux, viennent grappiller les miettes du festin que nous leur avons volé. »

L'écologie politique m'apparaît aussi comme le relais d'un communisme qui a engendré des déceptions à la mesure de l'espérance qu'avait fait naître la révolution d'Octobre. Les communistes eux-mêmes, avec honnêteté mais quelques décennies trop tard, reconnaissent leurs erreurs : « Nous avons partagé une même culture politique qui a conduit le Parti à taire, puis à sous-estimer les crimes et les violations des libertés dans les pays socialistes et même à les soutenir à certaines

2. Éd. du Seuil, 1973, p. 6.

époques. Nous avons été sourds aux critiques, même quand elles venaient de communistes... Nous avons provoqué dans nos rangs des mises à l'écart [3]... »

Très vite, au milieu de mes jeunes amis Verts, je retrouve la chaude ambiance des maquis, l'espoir perdu de mes vingt ans et la soif de fraternité avec les damnés de la Terre. Cette solidarité planétaire s'oppose à la fois au mondialisme de la finance, à son corollaire, le libéralisme débridé, et au national-égoïsme de l'extrême droite.

Le 27 mars 1991, les écrans de télévision dévoilent un certain Georges Boudarel qui, en 1950, en Indochine, rejoignit le Viêt-minh et exerça pendant un an les fonctions d'instructeur politique (ou commissaire politique adjoint) dans le camp de prisonniers français n° 113.

Face à l'injuste lynchage médiatique dont il est l'objet, je joins ma voix pour sa défense à celle d'éminents humanistes [4] : Laurent Schwartz, Pierre Vidal-Naquet, Marcel-Francis Kahn, Jean Chesneaux, Madeleine Rebérioux, Gilles Perrault, Alain Ruscio, Félix Guattari, René Dumont, Alain Lipietz, Daniel Hémery, François Maspero, Maurice Nadeau, Françoise Balibar... De courageux journalistes – Jean-Marcel Bouguereau, Bernard Langlois, Gérard Miller, Denis Sieffert – s'associent à cette démarche [5].

Parallèlement à mes activités en faveur de l'écologie, aujourd'hui assumées par la relève, je consacre une partie de mon temps libre à témoigner, surtout à l'intention des jeunes. Avec un groupe d'excellents camarades [6], répondant aux invitations

3. Compte rendu du 30e Congrès du PCF à Martigues, mars 2000.
4. Voir annexes, p. 252.
5. Voir l'étude d'Alain Léger, « L'affaire Boudarel. Rancœurs contre restalinisation », *Les Temps modernes*, avril 1992.
6. Qui, pour la plupart, sont adhérents d'associations de résistants et de déportés (ANACR, CVR, FNDIRP, UNADIF).

d'enseignants, nous nous rendons dans des établissements scolaires. Nous accueillons aussi des classes entières, des étudiants français et étrangers, des soldats du Centre de sélection n° 10 et d'autres visiteurs dans un lieu de mémoire que nous avons créé à Blois : le musée de la Résistance-Déportation-Libération [7].

Aux jeunes auxquels nous nous adressons, nous expliquons pourquoi et comment tout peuple occupé par une puissance étrangère est amené à prendre les armes pour se libérer.

À la lumière de notre expérience, nous appelons à la vigilance contre toute répétition possible de l'Histoire. D'une intensification de la crise économique mondiale peut naître et se développer un enchaînement tragique : égoïsme, désignation de boucs émissaires, racisme et exclusion, protectionnisme, repli nationaliste, dictature, épuration ethnique, camps de concentration, guerre mondiale. À cette vision alarmiste s'ajoutent les dégradations de l'environnement.

Nous serions fort justement accusés de démoralisation si nous nous en tenions à ce discours. Celui-ci n'est qu'une mise en garde. Toujours par référence au passé, nous démontrons à nos auditeurs que toute résistance finit par triompher si elle a pour elle le bon droit et la justice. Comme leurs aînés, les jeunes d'aujourd'hui sont capables de s'unir pour faire obstacle aux ambitions expansionnistes de certains États, aux totalitarismes, même déguisés, aux racismes, aux intégrismes et au saccage de la planète. La construction d'une Europe fédérale avec les ennemis d'hier est une preuve de cette possibilité.

Aux accents guerriers de *La Marseillaise* – « Qu'un sang impur abreuve nos sillons » –, les hommes de bonne volonté ne doivent-ils pas préférer le message de paix de *L'Hymne à la joie*, devenu hymne de l'Europe : « Plus de fratricides luttes, plus de larmes, plus de sang » ?

7. Dont les principaux artisans sont le colonel Daniel Chéreau (décédé), Raymond Casas, Henri Gautier, et une relève de jeunes professeurs et de passionnés d'histoire.

I

PREMIER SÉJOUR EN ALGÉRIE

1954-1957

Chapitre 1

Clairefontaine et Laverdure (Constantinois)

1954-1955

« Le plus grand et le plus irrémédiable malheur pour un peuple, c'est d'être conquis. »

ALEXIS DE TOCQUEVILLE, Québec, 1831.

On tient l'Algérie avec une poignée de gendarmes

14 août 1954. Le Groupe mobile 314, constitué des 4e, 10e, 17e bataillons de chasseurs à pied, débarque à Bône, charmant petit port typiquement méditerranéen.

17 août. À l'issue d'une prise d'armes, le général Caillies, commandant en chef des troupes d'Algérie et de la 10e Région militaire, s'adresse aux officiers : « Messieurs, vous êtes en Algérie pour y occuper le terrain et relever les unités de tirailleurs parties en Tunisie réprimer les troubles fomentés par quelques bandits dénommés *fellaghas*[1]. Ici, l'esprit libéré des soucis de famille, vous pourrez vous consacrer pleinement à l'instruction de vos jeunes appelés. Vous n'aurez aucune restriction pour vos exercices de tir et vos manœuvres. De vastes espaces vous attendent. Dites-vous bien que l'Algérie est un pays en or que l'on tient avec une poignée de gendarmes. »

1. Étymologiquement, *fellagha* signifie en arabe « coupeur de routes » et, par extension, « bandit de grands chemins ».

De tels propos ne nous choquent pas. L'Algérie n'est-elle pas constituée de trois départements français, ce que, à notre connaissance, personne ne conteste ? De plus, nous sommes nourris d'ouvrages à la gloire de la présence française en Afrique du Nord signés de grands anciens : Lyautey, Bournazel, le père de Foucauld. Les petites brochures qui nous sont distribuées vont dans le même sens. Il faudra du temps pour que j'entende d'autres sons de cloche, comme celui du lieutenant Rahmani en 1958 : « Le malheur est que la France, imaginant qu'on ne pouvait la respecter qu'à travers ses gendarmes et non l'aimer par les principes élémentaires d'une solidarité humaine et morale, s'est trompée pendant plus d'un siècle [2]. »

Un nom enchanteur lancé par notre chef de bataillon carillonne soudain à nos oreilles : « Clairefontaine ! » Telle est l'affectation de la 2e compagnie du 4e BCP que je commande. Le PC du bataillon devra se satisfaire de la grisaille d'un centre minier, Ouenza, situé à trente kilomètres à l'est de Clairefontaine, près de la frontière tunisienne. En contrepartie, Ouenza a l'avantage d'abriter la direction d'importantes mines de fer à ciel ouvert et une assez nombreuse colonie d'Européens.

Située sur les hauts plateaux à six cent cinquante mètres d'altitude, Clairefontaine nous apparaît le 20 août au terme d'un voyage en camion de cent quatre-vingts kilomètres.

Déception ! C'est un village poussiéreux planté au milieu de terres délavées par l'érosion, tout juste parsemées de touffes d'alpha. Nous recherchons la luxuriante claire fontaine et ne découvrons sur la place centrale, entre deux bouquets d'eucalyptus, qu'un filet d'eau s'échappant d'un tuyau.

Heureusement, au sud de la localité, un bois de pins d'Alep, havre de verdure, nous adresse un clin d'œil. Bien que la plupart des arbres soient rabougris, c'est à leur ombrage que nous plantons nos tentes.

Nous consacrons nos premières semaines à l'installation du

2. *L'Affaire des officiers algériens*, Éd. du Seuil, 1958, p. 169.

bivouac, à la découverte du pays et, suivant les prescriptions de notre général, à la recherche de champs de tir et de terrains de manœuvre.

Les Algériens de toutes conditions que nous rencontrons au cours de nos patrouilles nous réservent un accueil cordial. Beaucoup nous invitent à entrer dans leur *gourbi*[3] pour y déguster le thé ou le café de l'amitié. L'Algérie serait-elle ce pays en or que l'on tient avec une poignée de gendarmes ? Les rapports corrects entretenus par la maréchaussée locale avec la population pourraient le faire croire.

Pourquoi cette situation paisible alors qu'en Tunisie et au Maroc la révolte gronde ? Peut-être, par leur calme, les Algériens veulent-ils montrer leur satisfaction d'être reconnus citoyens français à part entière depuis 1947 avec, dit-on, les mêmes droits politiques que les métropolitains ? À moins que leur amabilité ne soit que de façade ?

Je croyais que ma croix de guerre me donnait une priorité…

Au hasard de nos reconnaissances, nous recueillons sollicitations et plaintes, comme celles de ce fripier de Montesquieu, localité située à quarante kilomètres au nord de Clairefontaine, qui, un jour de marché, m'accueille dans son magasin : « Vous qui arrivez de France, vous allez nous comprendre, n'est-ce pas ? Vous n'allez pas prendre le parti de ceux qui nous exploitent et nous méprisent. Regarde sur ce marché ces pauvres bougres, assis en rond et vêtus de haillons. Ils n'ont pas d'argent pour acheter des vêtements, même des fripes, car ils n'ont pas de travail. Les grands colons français et arabes ont fait venir des

3. Habitation des paysans (*fellahs*), édifiée en pisé ou en brique d'argile cuite au soleil, recouverte de chaume. Un groupe de gourbis forme une *mechta* (hameau ou village). Plusieurs mechtas constituent un *douar*, administré par un *caïd*, fonctionnaire nommé par l'administration en fonction de son loyalisme.

machines. Certains d'entre eux qui employaient deux cents ouvriers avant la guerre n'en ont plus que cinquante. En période de pointe, lorsqu'ils embauchent des saisonniers, ils préfèrent les soufi [4] qui acceptent de travailler pour trois cents francs [anciens] par jour au lieu de cinq cents. Regarde ces malheureux comme ils sont tristes. Ils sont tristes parce qu'ils pensent. Ils pensent qu'ils ne peuvent pas nourrir leur famille. Écoute bien ce que je te dis : ils ne pourront pas toujours rester comme ça à penser. »

En d'autres lieux, d'autres militaires furent également indignés du comportement de certains de leurs compatriotes d'Algérie. Ce fut le cas des « bérets verts » de Massu, rentrant d'Indochine : « En tombant à Zéralda, ils ont été choqués par les procédés des colons vis-à-vis de leurs employés. Ils voyaient arriver en Mitidja des ouvriers agricoles venant de la région de Nador au Maroc pour prêter leurs bras aux récoltes ou cultures, alors qu'il y avait sur place une main-d'œuvre disponible en chômage ; celle qui venait par chemin de fer du Maroc coûtait moins cher. Arrivant d'Indochine et connaissant mal le problème, les cadres du 1er Régiment étranger parachutiste exprimèrent durement leurs sentiments aux colons du coin, qui les prirent pour des communistes [5]. »

Déjà, en 1953, le préfet d'Oran, Pierre Lambert, grand résistant, outré des salaires de misère des ouvriers agricoles, avait proposé de les porter de cent francs (anciens) à deux cents et de fermer la frontière algéro-marocaine à l'émigration saisonnière marocaine. « Lorsque les colons apprirent les propositions du préfet Lambert, cet affreux type de la métropole était devenu l'homme à abattre », écrira Yves Courrière [6].

Le téléphone arabe doit fonctionner rapidement pour annoncer que les militaires « tout neufs » arrivant de métropole sont à

4. Adeptes du soufisme (secte islamiste), vivant aux confins du Sahara.
5. Général Massu, *La Vraie Bataille d'Alger*, Plon, 1971, p. 309.
6. *Les Fils de la Toussaint*, Fayard, 1968, p. 146.

l'écoute des doléances des uns et des autres, car j'en reçois de plus en plus.

« L'autre jour, me dit l'un d'eux, il y avait embauche aux Ponts et Chaussées. Nous étions trois cents à nous présenter. Il en fallait soixante. Je n'étais pas dans les soixante. » « Les colons font venir des machines pour remplacer nos bras, ajoute un autre. Le maire de Souk-Ahras, lui, il est gentil, il n'a presque pas de machines et il emploie toujours beaucoup d'ouvriers sur ses chantiers. »

D'anciens combattants viennent aussi me trouver, fiers de me montrer leurs médailles. « Pourquoi, me dit l'un d'eux, notre retraite à nous, musulmans, est toute petite, alors que celle des Français est très grosse ? Quand on s'est battus ensemble contre l'Allemagne, il n'y avait pas de différence. Pourquoi y en a-t-il une maintenant [7] ? »

La requête la plus poignante que je reçois est la suivante : « Nous sommes beaucoup, beaucoup d'Arabes, à nous inscrire au bureau d'embauche des mines de l'Ouenza. Il nous est presque toujours répondu : "Pas de place." Mais si un Italien se présente, il est souvent embauché dès le lendemain. Il sait sans doute conduire un camion ou une machine ; moi je ne sais pas, mais je ne demande qu'à apprendre. Je croyais que ma croix de guerre me donnait une priorité. Je croyais que la France se souviendrait du nombre de mes frères morts pour elle en luttant contre les Italiens et qu'elle me préférerait à eux, même si je travaille un peu moins bien. Mon capitaine, peux-tu me faire engager à la mine ? »

Je l'assure que je vais essayer, mais je ne me fais aucune illusion : les grandes sociétés ne sont pas des œuvres philanthropiques ; rentabilité et profits ne vont pas de concert avec reconnaissance et humanité [8].

7. La retraite des anciens combattants de nos ex-colonies est sept fois inférieure à celle des Français de souche : 9 points contre 65 (confirmé par la loi de 1959, article 71).

8. L'État français, *via* le gouvernement général, possédait une importante minorité dans les mines d'Ouenza : 5 administrateurs sur 12, dont le président.

Après les révoltes de 1945, les troupes françaises entrèrent en action

Début septembre, je me rends à une prise d'armes à Tébessa, à soixante kilomètres au sud. J'y rencontre l'une des personnalités de la ville, un délégué à l'Assemblée algérienne [9], habituellement appelé « monsieur le député », Abdelmadjid Mécheri [10], surnommé « le Corbeau », peut-être en raison de son nez aquilin prononcé et de ses cheveux d'un noir d'ébène. Quelques propos échangés font naître entre nous un immédiat courant de sympathie. « Venez un de ces jours déjeuner chez moi, nous parlerons, me dit-il. Vous pouvez vous faire accompagner d'un ou deux de vos amis. »

Vers le 20 septembre, avec deux de mes chefs de section, je me rends à son invitation. Nous sommes remarquablement reçus dans un intérieur cossu par M. Mécheri, fils de « grande tente » [11], qui nous informe que l'un des membres de sa famille occupe une fonction importante à Paris, à la présidence de la République, et que l'un de ses oncles est *bachaga* [12] à El Méridj, près de la frontière tunisienne :

« Depuis quelque temps, mon oncle met en garde administrateurs et préfets sur des réunions clandestines dont le but principal serait l'approvisionnement en armes à partir de la Tunisie. Les autorités françaises font la sourde oreille. »

9. Le premier collège de cette assemblée était composé de Français et de quelques musulmans à statut français ; le second collège, uniquement de musulmans. Cette forme d'apartheid était accentuée par le fait que 60 députés du premier collège représentaient 860 000 Européens et 58 000 Algériens assimilés, et les 60 du second collège 7 700 000 autochtones.

10. Abdelmadjid Mécheri, au côté d'Abderrahmane Farès, « condamnait la routine et les systèmes archaïques » (cf. Alain de Sérigny, *Échos d'Alger 1946-1962*, t. 2, *L'Abandon*, Presses de la Cité, 1974, p. 129). D'après Mohammed Harbi, ayant ultérieurement rejoint Le Caire, il ne fut pas accepté par le FLN qui le soupçonnait d'être un agent français ; il passera le reste de la guerre en Suisse.

11. On désignait ainsi les membres de l'aristocratie arabe.

12. *Agha* et *bachaga* sont des titres honorifiques octroyés par l'administration française aux caïds les plus influents et respectés.

À mesure qu'il constate l'intérêt que nous portons à ses propos, M. Mécheri avance, avec prudence, sur la voie des révélations, pour en arriver à nous demander, après deux heures de conversation : « Savez-vous exactement ce qui s'est passé en mai 1945 à Guelma, Sétif, Kherrata ? »

Coup d'œil interrogateur entre les trois invités, chacun espérant que l'autre pourra répondre : nous en sommes incapables. Étant à l'époque en Allemagne, j'ai eu seulement connaissance de vagues révoltes, tout occupé que j'étais à savourer la victoire. Mes sous-lieutenants étaient trop jeunes. Quant à la presse, elle ne s'est pas étendue sur le sujet.

Devant notre silence, notre interlocuteur s'enhardit : « Eh bien, voilà. Avant le 8 mai 1945, un vent d'espoir souffla sur le peuple algérien. Jusque-là les musulmans, hormis quelques privilégiés, n'avaient aucun droit politique, aucune possibilité de participer valablement à la gestion de leur pays. Les juifs avaient eu accès à la nationalité française en 1870 par le décret Crémieux [13], mais pas les Arabes.

« En 1936, une éclaircie apparut avec le projet Blum-Viollette qui prévoyait d'accorder les droits civiques dans un premier temps à 25 000 musulmans évolués (bacheliers, fonctionnaires) et anciens combattants. Le pays était alors dirigé par un gouverneur général tout-puissant assisté d'une assemblée, élue uniquement par les 250 000 Français domiciliés en Algérie.

« En 1944, l'arrivée à Paris du général de Gaulle, chef du Gouvernement provisoire de la République française, fit naître d'immenses espoirs. Le héros de la France libre ne pourrait pas oublier ceux qui se levèrent en masse pour l'aider à vaincre Allemands et Italiens ! En septembre 1944, le gouverneur général Chataigneau promit des réformes politiques, économiques, sociales, mais les parlementaires français d'Algérie s'y opposèrent.

« Les associations d'anciens combattants, les syndicats, les

13. Décret abrogé sous le régime de Vichy et rétabli en 1943.

autorités religieuses décidèrent de profiter du jour de la signature de la capitulation allemande pour réclamer pacifiquement que les Algériens bénéficient du droit des peuples à disposer d'eux-mêmes, voté au printemps 1945 par la conférence internationale de San Francisco. Deux organisations politico-syndicales, l'Union démocratique du manifeste algérien (UDMA) de Ferhat Abbas et le Mouvement pour le triomphe des libertés démocratiques (MTLD) de Messali Hadj, s'intégrèrent aux manifestations. Celles-ci, après accord des autorités préfectorales, débutèrent le 8 mai au matin.

« À Sétif, Guelma et Kherrata, des banderoles réclamant l'indépendance et des drapeaux verts à étoile rouge, emblème de l'Algérie, furent déployés dans les rangs des manifestants. Les policiers cherchèrent à s'en emparer. N'y parvenant pas, ils tirèrent sur la foule, peut-être pour se dégager, et firent plusieurs victimes.

« Ce fut l'étincelle qui déclencha un soulèvement général. Des groupes de paysans plus ou moins armés se formèrent et se ruèrent sur tous les Français qu'ils rencontrèrent. Certains se livrèrent à des assassinats et à des mutilations inadmissibles. C'est hélas souvent le cas lors des mouvements de foule incontrôlés, comme en France en 1789. Les policiers et des groupes de colons ripostèrent. On dénombra cent trois Européens tués et plusieurs centaines de musulmans.

« Aux ordres du général Duval, les troupes françaises entrèrent en action, légionnaires et Sénégalais en tête, secondées par des milices de pieds-noirs et même des prisonniers italiens armés pour la circonstance[14]. Résultats officiels : 1 500 musulmans tués. Les organisateurs des manifestations pensent qu'il y en eut plus de 30 000 : hommes, femmes, enfants. Les historiens sérieux s'accordent sur un nombre voisin de 15 000, chiffre confirmé par des enquêteurs de la mission du général Tubert.

14. Confirmé par l'historien Douglas Porch, in *Histoire des services secrets français*, Albin Michel, 1997, t. II, p. 115.

Cette mission fut malheureusement interrompue par ordre du gouvernement du général de Gaulle.

« Après cette impitoyable répression, les Algériens se divisèrent. Les uns pardonnèrent et acceptèrent de devenir français, ce dont ils seraient fiers, sous réserve de l'être à part entière. Les autres eurent pour seul objectif l'indépendance de l'Algérie et le départ des Français. Pour ma part, j'ai pensé que nous pourrions nous entendre et progressivement prendre part réellement à la gestion de notre pays, jusqu'au jour où la nation algérienne, composée de tous ses habitants, Arabes, Kabyles, Français, serait capable de se gouverner seule, alliée à la France, répondant aux souhaits du maréchal Lyautey et du père Charles de Foucauld formulés pour l'ensemble du Maghreb [15]. »

Nous prenons congé de notre hôte, impressionnés par son magistral cours d'histoire. Durant notre retour en Jeep et les jours suivants, nous commentons ses propos et nous posons des questions. Pourquoi de Gaulle, qui était chef du gouvernement en mai 1945, n'a-t-il pas sanctionné les responsables d'une aussi terrible répression si les dires de M. Mécheri sont exacts [16] et pourquoi dans l'armée une censure hermétique nous fit-elle ignorer en partie ces événements ?

Nous nous souvenons alors d'avoir eu connaissance d'une autre rébellion, à Madagascar, en 1947, dont les suites n'ont pas laissé de traces dans nos mémoires. Nous nous demandons si, là aussi, la censure ne s'est pas exercée. Il nous faudra attendre de

15. Ultérieurement, je découvrirai dans les lettres du père de Foucauld, datées de 1912, ces propos prophétiques : « Avec la paix, ils [les Maghrébins] seront trente millions dans cinquante ans. Si au lieu de les civiliser, de nous les assimiler, de nous les unir, nous les exploitons en les laissant dans la barbarie, ils profiteront des moyens matériels que nous aurons mis à leur disposition, de l'instruction qu'aura reçue l'élite des leurs, pour nous jeter à la mer à la première difficulté européenne. »

16. Le témoignage vécu de Kateb Yacine sera conforme au récit de M. Mécheri. Il sera confirmé par de nombreux historiens : Yves Courrière, Benjamin Stora, Boucif Makhaled, Charles-Robert Ageron, Bernard Droz et Évelyne Lever.

nombreuses années avant de découvrir que l'« Île rouge » fut ensanglantée par une révolte en mars 1947, au cours de laquelle environ 500 Français et 3 000 Malgaches trouvèrent la mort, suivie d'une impitoyable répression. En dix-huit mois, plus de 80 000 victimes auraient été dénombrées [17].

Le lendemain de notre visite à M. Mécheri, je communique à mon chef de bataillon le renseignement concernant des réunions suspectes près de la frontière tunisienne. Voici la réponse : « Nous sommes au courant. Ce sont des inventions du bachaga qui voudrait obtenir une protection [18]. »

Dans notre petit village de Clairefontaine, quel est l'état d'esprit des Français ? Ceux que je connais, instituteurs, postiers, gendarmes, employés à l'EGA (Électricité et Gaz d'Algérie), dont la moitié originaires du pays, sont sympathiques et s'entendent apparemment bien avec les autochtones. Au contraire, les cadres de la mine d'Ouenza que je rencontre parfois ne fréquentent que des officiers et dédaignent le menu fretin, troupe et musulmans.

Ainsi, après un mois et demi de séjour, un faisceau d'observations, de renseignements, de conversations me conduit à la conviction que le feu couve. Si des réformes structurelles et un plan efficace pour l'emploi ne sont pas rapidement mis en œuvre, l'Algérie, dans les prochaines années, suivra le sort de l'Indochine. Je l'écris à plusieurs de mes amis, à mon épouse, à ma famille [19].

Le général commandant la 10e Région militaire pense, lui, que « l'Algérie est un pays en or qu'on tient avec une poignée

17. Jacques Tronchon, *L'Insurrection malgache de 1947*, Karthala, 1986.

18. Le colonel Schœn, comme quelques autres officiers éclairés, mettait en garde le gouverneur Léonard, mais « les prédictions de ce vieux bédouin de l'époque de Lawrence », comme l'appelaient les jeunes turcs du gouvernement général, étaient mises au placard (cf. Yves Courrière, *Les Fils de la Toussaint*, *op. cit.*, p. 129).

19. Voir, en annexes p. 248, copie d'une lettre adressée le 24 septembre 1954 à mes beaux-parents.

de gendarmes » ! Serait-il si mal renseigné ? Si tel est le cas, c'est la preuve ou de son incompétence, ou de la nullité de l'administration. S'il nous a sciemment menti lors de son discours de Bône, même si son but était de ne pas saper notre moral, c'est tout aussi grave.

En octobre, il est remplacé par le général Cherrière [20], que j'ai l'honneur d'accueillir lors d'une tournée d'inspection, précédé de cette contrepèterie : « Que dit ce gros Cherrière ? »

Nous avons deux ennemis, le colonialisme et le communisme

Ma sollicitude envers les musulmans connaît ses limites en raison de l'attitude de beaucoup d'entre eux, dominatrice à l'égard des femmes et religieusement intégriste.

Sur la route qui longe notre bivouac circulent des habitants de la région. Ils vaquent à leurs occupations. Un matin, j'aperçois un grand diable d'Arabe juché sur un petit bourricot. L'animal est si petit et son cavalier si grand que les pieds de ce dernier traînent par terre et que l'échine de la bête est incurvée. Derrière cet équipage suit l'épouse portant un baluchon sur la tête. Mon sang ne fait qu'un tour, j'envoie deux de mes chasseurs jeter l'homme à bas de sa monture et me rends moi-même sur la route. Je retire le fardeau de la femme et fais grimper celle-ci sur le bourricot pendant que mes gars collent le baluchon sur la tête de son seigneur et maître.

La logique telle que nous la concevons en Occident étant rétablie, je permets au couple de poursuivre son chemin, ce qu'il fait sans sourciller, aussi longtemps qu'il m'est permis de l'observer. Lorsqu'il sera hors de portée de ma vue, je ne

20. Le général Cherrière, surnommé « Babar », est un homme d'extrême droite, « grand maître de la Nouvelle Cagoule » (cf. S. et M. Bromberger, *Barricades et Colonels*, Fayard, 1960, p. 74 ; et Pierre Péan, *Le Mystérieux docteur Martin*, Fayard, 1993).

me berce d'aucune illusion, chacun des deux acteurs de la scène reprendra sa place, normale pour un Oriental.

Ce genre de spectacle s'étant reproduit deux ou trois fois, la route connut un moindre trafic, les « délinquants » préférant utiliser un autre itinéraire sur lequel les mâles ne seraient pas déshonorés.

Un autre jour, en reconnaissance dans la région de Boukadra, une de mes sections rentre avec un jeune homme dépourvu de carte d'identité, mais détenteur de documents décernés par une université islamique. L'ayant conduit sous ma guitoune et traité avec égards, il me parle librement, dans un assez bon français :

« Je viens de terminer trois années d'études à la médersa de Tunis, me dit-il d'un ton glacial, l'ombre d'un sourire n'effleurant jamais son visage impassible.

– Que t'a-t-on enseigné là-bas ?

– Tout ce qu'un bon musulman doit savoir sur l'islam et le Coran. Nos professeurs étaient des oulémas, juristes et docteurs en théologie.

– T'a-t-on parlé de l'avenir de l'Algérie et, si oui, que t'a-t-on dit ?

– On nous a appris que nous avions deux ennemis : le colonialisme et le communisme ; le premier parce qu'il exploite les habitants des colonies, le second parce qu'il ne croit pas en Dieu. Si des infidèles, les "kafirs", veulent diriger les musulmans, ils nous obligeront à faire contre eux la guerre sainte, le djihad.

– Pourquoi es-tu rentré ?

– Parce que mes études sont terminées.

– Que comptes-tu faire maintenant ?

– Je ne sais pas, peut-être enseigner dans une école coranique.

– Je vais te faire conduire à la gendarmerie pour que tu reçoives des papiers d'identité en règle. »

Trois jours plus tard, le jeune homme passe devant notre cantonnement. La sentinelle, l'ayant reconnu, le dirige vers ma guitoune. Je lui demande :

« T'a-t-on remis des papiers d'identité ?

– Oui.

– Que t'a-t-on dit à la gendarmerie ?

– Rien, mais on m'a laissé trois jours dans une pièce froide et humide, avec plusieurs autres comme moi, sans couverture, presque sans manger, juste de l'eau et un peu de pain. De toute façon, c'est bien assez bon pour les Arabes. »

Je lui fais donner de la nourriture, après quoi il s'enfonce dans la nuit tombante sans un remerciement, sans un regard.

Le lendemain, je me rends à la gendarmerie et rapporte ces faits au chef de brigade qui me déclare avoir la mission de garder des individus pour contrôles et enquêtes, avec de très minces crédits pour les nourrir et les héberger. Je conviens avec lui de lui prêter un reliquat de couvertures de ma compagnie et de lui faire porter des restes de repas.

Hors des patrouilles, nous meublons notre temps par des exercices tactiques, des tirs, des concours de décoration de guitounes, des matchs de football ou volley-ball inter-sections, des parties de pétanque et parfois des séances de cinéma en plein air, sur la place du village.

Le commandant de compagnie devant veiller à la santé de ses hommes est amené à prendre des mesures pour qu'ils ne contractent pas de maladies vénériennes. Clairefontaine étant doté d'un bordel, je dois m'assurer de la propreté des lieux et des femmes. Je m'y rends donc à deux ou trois reprises avec le médecin du bataillon chargé de la surveillance sanitaire. Une fois, ce dernier, spéculum en main, me propose de l'assister dans son travail. Je revêts une blouse d'infirmier et l'aide à procéder à l'examen du « gagne-pain » de ces dames, une dizaine d'indigènes peu ragoûtantes.

« Savez-vous, me dit le toubib en sortant, qui est le propriétaire de cet établissement ?

– Non.

– C'est M. P. I., maire d'une commune voisine, Corse d'origine. Vous devinez son métier, sachant qu'il possède plusieurs autres "hôtels" semblables, dont un luxueux à Constantine ! »

Un matin, je reçois une lettre écrite par la mère éplorée d'un de mes chasseurs : « Capitaine, mon fils me raconte que la nuit, lorsqu'il laisse sa gamelle dehors, au pied de sa tente, il la retrouve parfois le lendemain matin léchée par les lions de l'Atlas. Je tremble, capitaine. Mon fils est-il en si grand danger ?... »

Je convoque mon chasseur et lui lis la lettre. Alors qu'il baisse la tête et les yeux, je m'adresse à lui :

« Je pense que tu as seulement voulu te glorifier, pensant que ta mère raconterait tes aventures autour d'elle et que tu passerais pour un héros. Est-ce vrai ?

– Oui, mon capitaine.

– Alors, tu vas tout de suite la rassurer. Tu lui diras qu'il n'y a plus de lions dans l'Atlas et que ce sont des chiens errants qui ont léché ta gamelle. »

Soulagé de s'en tirer à si bon compte, mon bidasse s'exécute et vient me montrer la lettre, qu'il va poster aussitôt.

L'Algérie, c'est la France

1er novembre 1954. Nous apprenons que des attentats ont été perpétrés en divers points d'Algérie ; l'assassinat d'un jeune couple d'instituteurs près d'Aris est particulièrement révoltant.

Bien que notre secteur soit resté calme, nous prenons des mesures de sécurité : aménagement d'emplacements de combat, construction de murets autour du bivouac.

Les jours suivants, la radio et la presse nous communiquent la réaction officielle du gouvernement : « L'Algérie, c'est la France. On ne transige pas lorsqu'il s'agit de défendre l'intégrité de la République », déclare le 12 novembre le président du Conseil, Pierre Mendès France.

Devant l'Assemblée nationale, François Mitterrand, ministre de l'Intérieur, « rivalise avec lui de nationalisme cocardier », selon l'expression de Robert Buron, ministre MRP de l'Information [21]. Ne déclare-t-il pas lui aussi : « L'Algérie, c'est la France », ajoutant : « Des Flandres au Congo, il y a une loi, une seule nation, un seul Parlement. C'est la Constitution, et c'est notre volonté... Le gouvernement veillera à ce que nos concitoyens d'Algérie sachent qu'ils ont une espérance et que cette espérance est française... Nous ferons tout pour que le peuple algérien, partie intégrante du peuple français, se sente chez lui comme nous et parmi nous. »

Seul le PCF, par un communiqué daté du 8 novembre, fait entendre une voix discordante : « Le Parti communiste français déclare avec force que la seule voie permettant de mettre un terme à la situation présente consiste :

1) à arrêter immédiatement la répression et à ramener en France les troupes et les forces de police acheminées en Algérie depuis trois mois ;

2) à reconnaître le bien-fondé des revendications à la liberté du peuple algérien ;

3) à discuter de ces revendications avec les représentants qualifiés de l'ensemble de l'opinion publique algérienne. »

Sur le terrain, des hommes, qui pourtant deviendront plus tard les chefs de l'OAS (Organisation Armée secrète), avaient de la situation une vision plus lucide que les stratèges parisiens, mais à ce moment-là nous l'ignorions. Pour le docteur Jean-Claude Perez : « Jamais je n'aurais accepté de me trouver dans une collectivité dominée par une autre. Je comprends l'attitude d'un musulman qui toute sa vie n'a pensé qu'à combattre le conquérant [22]. » Le capitaine Sergent, dès son arrivée à Zéribet-

21. *Carnets politiques de la guerre d'Algérie*, Plon, 1965, p. 23. François Mitterrand regrettait-il ses propos lorsque, peu avant sa mort, il déclarait : « Le nationalisme, c'est la guerre » ?

22. P. Gélinet, *La Guerre d'Algérie vingt-cinq ans après*, cassettes Radio-France, 1987.

el-Oued, dans les Aurès-Némentchas, les premiers jours de novembre 1954, estime que « cela ne fait aucun doute, la rébellion qui éclate est de même nature qu'en Indochine… La force de l'adversaire est d'opposer à nos armes le poids de "la conscience universelle", en utilisant la puissance explosive de ses idées, son arsenal le plus redoutable [23] ».

Désormais, nos activités militaires ont des objectifs nets : encerclement et fouille de mechtas, contrôle des habitants, opérations lorsque des renseignements précis nous sont communiqués, mais toujours en présence de gendarmes afin de respecter la légalité républicaine.

Notre village de Clairefontaine étant tranquille, mon épouse se risque à venir m'y rejoindre. Elle arrive le 30 novembre et nous occupons un petit pavillon appartenant à l'EGA. Ma compagnie se regroupe à proximité, dans des baraquements libérés par une société de prospection pétrolière ayant abandonné ses recherches (la SNREPAL) et sous de grandes tentes pour huit hommes dénommées marabouts.

À Tébessa, au cours d'un vin d'honneur ayant suivi une prise d'armes, je fais la connaissance de l'administrateur adjoint, M. Gissot, qui me tient sur la situation un langage sage et réaliste très différent de celui des autres autorités locales. Comme j'abonde dans son sens, il m'invite à lui rendre visite.

Mon épouse et moi sommes reçus avec chaleur et simplicité. Qu'ai-je retenu de notre conversation ? Que notre analyse du problème algérien était assez semblable et qu'il n'appréciait pas son supérieur direct, pour qui les rebelles ne seraient qu'une poignée de bandits faciles à éliminer [24].

23. Cf. interview accordée au *Crapouillot* en avril 1987.
24. Peut-être s'agit-il de M. Orru dont parle Yves Courrière dans *Le Temps des léopards*, Fayard, 1969, p. 64.

Notre région bénéficiant d'un calme absolu, nous sommes invités pour Noël à Ouenza, à un grand bal organisé par la direction de la mine.

Le 1er janvier, nous sacrifions à une tradition des troupes nord-africaines : méchoui pour toute la compagnie. Dans la foulée, nous fêtons joyeusement l'épiphanie. Qu'un état de guerre semble loin !

Pourtant, dans les jours suivants, les fameuses bandes signalées par le bachaga d'El Méridj se manifestent par quelques attentats et sabotages. Ma compagnie participe aux opérations montées contre elles. La première que nous parvenons à détruire, composée de cinq à six hommes seulement, était implantée sur la frontière algéro-tunisienne, dans le djebel Harraba.

Laverdure, havre de fraîcheur

Le 16 janvier, nous recevons l'ordre de quitter rapidement Clairefontaine pour une autre localité située à quatre-vingts kilomètres au sud de Bône, à huit cents mètres d'altitude, en plein Atlas tellien et au nom tout aussi bucolique : Laverdure. Ce havre de fraîcheur doit-il son identité à ses prairies verdoyantes irriguées de nombreuses sources, enserrées dans un écrin de forêts de chênes, ou au souvenir de la colonne « La Verdure », massacrée le 16 décembre 1914 au Maroc ?

Nous faisons mouvement dans les quarante-huit heures. Parvenus à destination, nous emménageons dans divers bâtiments et hangars. Avec mon épouse, je déniche une petite maison. Les quelques cadres qui sont en famille trouvent assez facilement à se loger.

Laverdure est le chef-lieu de la commune mixte de La Séfia. (Une commune dite mixte est peuplée en très grande majorité de musulmans.) Vaste territoire de la dimension d'un canton de France, elle est dirigée par un administrateur nommé par le gouverneur général, assisté d'un conseil de représentants élus ayant un pouvoir consultatif mais non décisionnel. Dans les localités où vivent un certain nombre d'Européens, les communes sont dites de plein exercice, calquées sur celles de la métropole. Bien que presque toujours minoritaires, les Français de souche ont droit aux trois cinquièmes de l'effectif des conseillers municipaux. Un nombre variable de communes mixtes et de plein exercice forment un arrondissement, dont plusieurs constituent un département. L'Algérie en compte trois [25] qui ont pour chefs-lieux Alger, Oran, Constantine.

Notre implantation dans cette région est motivée par l'insécurité qui vient d'y apparaître. Notre activité va donc être presque exclusivement consacrée à la chasse aux rebelles.

Francs-tireurs et espions en civil peuvent être fusillés

« Rebelles » est le terme utilisé officiellement pour désigner les adversaires, ainsi que « hors-la-loi » (HLL en abrégé). Dans le langage courant, les soldats les appellent fellaghas ou fellouzes, ou tout simplement fells.

À propos de HLL, c'est à cette période que Ferhat Abbas déclara : « Les véritables hors-la-loi sont les préfets, les maires, les administrateurs qui ne respectent pas la loi. »

Appliquant la tactique du général Cherrière, nous participons à des manœuvres de bouclage-ratissage sur de vastes zones. Mais nous rentrons presque toujours bredouilles, nos longues mises en place donnant aux individus recherchés le temps de s'éclipser. Quand nous parvenons à en localiser certains, l'accrochage est toujours à notre avantage en raison de notre considérable supériorité, et nos pertes sont minimes. La pré-

25. En application de la loi du 7 août 1955, douze départements seront créés courant 1956, qui auront chacun un préfet à leur tête. Les villes d'Alger, Oran, Constantine en regrouperont chacune quatre, sous la direction de super-préfets, les IGAME (inspecteurs généraux de l'administration en mission extraordinaire).

sence de gendarmes n'est plus indispensable car ils ne sont pas assez nombreux pour participer à toutes les opérations.

La plupart du temps, la compagnie agit seule dans son secteur, soit sur ordre, soit à l'initiative de son capitaine, et presque toujours sur renseignements fournis par l'état-major, l'administrateur, des caïds ou de simples habitants.

Très souvent, au lieu d'engager toute son unité, le commandant de compagnie préfère mettre en œuvre de petits commandos de la valeur d'une section ou d'un groupe de combat. Plus légers, plus discrets, ils procèdent par coups de main sur des objectifs précis ou par embuscades en des points de passage naturels. Ces actions débutent généralement avec la nuit et l'engagement éventuel se produit avant le lever du jour.

À ce premier stade du maintien de l'ordre – le mot « guerre » sera toujours proscrit du langage officiel –, les unités que je connais se conduisent correctement à l'égard des populations, mais des rumeurs confirmées par des lectures ultérieures laissent penser qu'il n'en est pas partout de même. Le sort des prisonniers est le plus souvent laissé à la discrétion des commandants d'unité. Certains les transmettent à l'échelon supérieur pour interrogatoire. D'autres appliquent les textes classiques de la contre-guérilla[26] : « Toutes les armées du monde se sont toujours estimées fondées selon les lois de la guerre à fusiller, comme franc-tireur ou espion, quiconque s'attaque à elles en civil », sans que l'ordre formel en soit donné.

J'ai conscience de plus en plus que ces fellaghas, ces rebelles, ces hors-la-loi sont à quelques exceptions près des patriotes, des résistants, de la trempe de ceux dont j'ai fait partie pendant l'occupation allemande et de ceux que nous avons combattus en Indochine. Leur pays est occupé depuis cent vingt-cinq ans par une puissance étrangère ; rien d'anormal à ce qu'ils cherchent à se libérer et à vivre entre eux. « Le plus grand et le plus

26. Textes qui seront diffusés dans une note du gouverneur général Jacques Soustelle datée du 19 mars 1955 et rappelés dans *La Revue militaire d'information* du printemps 1957.

irrémédiable malheur pour un peuple, c'est d'être conquis », écrivait Tocqueville en 1831, à Québec, alors que s'amorçait la conquête de l'Algérie par ordre du roi Louis-Philippe.

Rien d'anormal non plus à ce que le petit million d'Européens nés sur cette terre et se réclamant de la nationalité française veuillent y rester.

Lors des moments de repos, je discute de la situation avec mes cadres et une partie de mes chasseurs. Nous sommes tous d'accord pour nous conduire le plus humainement possible, tant avec la population qu'avec les prisonniers.

Sur le plan de la situation générale, nous estimons qu'il ne faut surtout pas renouveler la catastrophique expérience indochinoise. Doit-on faire la guerre avec l'espoir très incertain de la gagner (comme en Indochine !) ou bien entre gens de bonne volonté rechercher une solution négociée ? Pour la plupart, nous sommes pessimistes car nous redoutons l'intransigeance des nationalistes algériens, qui veulent l'indépendance tout de suite, et celle des nationalistes français, qui voudraient maintenir leur domination.

Et vous l'appelez le bon Dieu !

À la compagnie, j'ai la chance d'avoir des chefs de section de grande valeur. Le lieutenant Lamant, qui me fut affecté en Allemagne à sa sortie de Coëtquidan, est à la fois courageux, bon organisateur, aimé de ses hommes et, surtout, pénétré de la pensée de Lyautey, il aspire à être un pacificateur et non un tueur. Parmi mes autres chefs de section, il en est un avec lequel j'aime particulièrement m'entretenir. Séminariste, il se détermine toujours par rapport à la parole prêtée au Christ, ce qui le rapproche des humbles, de ceux qui souffrent et sont exploités ; aussi sa sympathie va-t-elle en premier lieu vers les malheureuses populations algériennes. Il me confie aussi ne pas être certain d'avoir le courage de prononcer ses vœux car « il se sent très attiré par les femmes ». Nos discussions théologiques se résument souvent au dialogue suivant :

« Comment peut-on imaginer, me dit-il, que les splendeurs de la nature, le merveilleux ordonnancement de l'univers, le rythme des saisons, l'harmonie de notre environnement végétal et animal, la perfection du corps humain soient le fait du hasard ? On ne peut y voir que la main d'un tout-puissant créateur. La théorie de la génération spontanée est invraisemblable.

– Votre créateur, qui donc l'aurait créé ? Serait-il issu de cette génération spontanée que vous récusez et à laquelle je ne crois pas non plus. Comme Darwin, je suis persuadé de l'évolution des espèces au cours des millénaires.

– Évolution à partir de quoi ?

– Là est le grand mystère, que les scientifiques n'ont pas, à l'inverse des déistes, la prétention d'avoir élucidé. Mais le plus effroyable dans votre conception du monde, c'est que votre architecte de l'Univers a également créé les cataclysmes, les guerres, la loi de la jungle, les perversités humaines, les handicaps physiques et mentaux, les inégalités sociales, etc. Et vous l'appelez le bon Dieu ! Ne serait-il pas, comme pour Jean Rostand, "le dépotoir de nos rêves" ? »

Deux autres séminaristes figurent parmi les effectifs de ma compagnie. L'un d'eux, caporal, froid, taciturne, n'attire pas la sympathie. Il demande parfois une permission pour Souk-Ahras dans le cadre de son sacerdoce ; or, j'apprends par une indiscrétion que les gens de robe qu'il prétend fréquenter au presbytère auraient pour noms Aïcha et Lola et se tiendraient en un lieu où les militaires vont habituellement déverser l'excès de leurs humeurs viriles !

Mon troisième postulant à la prêtrise est à l'opposé du précédent. Enjoué, attachant, Sublet est très estimé de ses camarades sur lesquels il exerce une grande influence. Catéchisé aux Missions de France, il se montre humble parmi les humbles et se porte toujours volontaire pour les travaux les plus pénibles et les corvées les plus désagréables. J'ai voulu le faire nommer caporal, mais il a refusé. Il donne toujours l'exemple de la plus grande correction à l'égard de la population et utilise ses loisirs à prodiguer des soins aux nécessiteux du village. Au cours de nos conversations, il m'explique l'action des prêtres-ouvriers [27]. Je ne puis m'empêcher de comparer la généreuse foi chrétienne de ce jeune homme à l'attitude de certains aumôniers, comme celui de la LVF, le père Mayol de Luppé, qui bénissait les volontaires français combattant sous l'uniforme des SS allemands. « Il suffit d'appeler la guerre une croisade et tout y va », écrira Pierre-Henri Simon, ce chrétien indigné par la banalisation de la torture.

Quant à mes sous-officiers et chasseurs, ils font preuve de discipline et de bonne humeur, ce qui donne à la compagnie une cohésion que j'apprécie et dont nous sommes tous fiers. Pour la renforcer, nous nous accordons quelques loisirs. Un foyer est installé pour la troupe. Certains de nos repas, pris en commun, se terminent par des chansons ou des histoires drôles.

Les Arabes ne connaissent que la force

Les officiers sont parfois invités par l'administrateur à des vins d'honneur avec les Français les plus influents de la commune et quelques personnalités musulmanes choisies. Au cours de ces réceptions ou en d'autres occasions, des colons nous font part, hors la présence des Arabes, de leur mépris pour ceux qu'ils qualifient de « ratons », « bicots », « crouyas » ou « troncs de figuier ». Rien de changé depuis Tocqueville, qui écrivait en 1832 : « Ne dirait-on pas que l'Européen est

27. J'apprendrai plus tard le chagrin de ces religieux d'avoir été condamnés par le Vatican. Mgr Gaillot rapportera dans son ouvrage Les *Cris du chœur* (Albin Michel, 1994, p. 80) l'écœurement du père Saint-Antoine et son renoncement à l'Église. Fred Sublet lui-même ne prononça pas ses vœux, se maria et vécut à Toulouse. Il est décédé en 1996. Sa veuve a découvert sur ses carnets, qu'il gardait secrets, des scènes de tortures, datées de 1956, qui l'ont horrifié et dont il n'avait jamais voulu parler.

aux autres races ce que l'homme lui-même est aux animaux ? »

« Les Arabes ne connaissent que la force, nous déclare un colon. Si l'on veut être tranquilles, pas d'autre solution que de leur rentrer dedans. Voyez ce qui s'est passé en 1945 : on en a mis au tapis plusieurs milliers et, après, on a eu la paix. Qu'on nous ramène un père Duval[28] et l'affaire algérienne sera vite réglée. Tant que nous n'en aurons pas buté quelques dizaines de mille, ils relèveront la tête et nous nargueront. Quand ils auront compris que nous sommes les plus forts, ils se calmeront. »

Je lui fais remarquer qu'en Europe, au cours du dernier conflit mondial, les Allemands ont anéanti des millions de personnes, ce qui n'a fait que renforcer la résistance sur les territoires occupés et n'a pas empêché leur défaite.

« Ce n'est pas du tout le même problème », me répond-il ; et de m'infliger un exposé sur ce thème à la suite duquel je préfère me taire pour ne pas envenimer le débat.

« Si vous continuez à faire votre petite guéguerre gentille, en recherchant uniquement les auteurs d'attentats, renchérit un autre, vous ne les trouverez jamais. Autant chercher des aiguilles dans une botte de foin, car la population est de connivence avec eux, elle les cache et les protège. Il ne faut pas faire de sentiment mais taper dans le tas. »

De tels propos nous reportent au temps de la conquête, au cours de laquelle des officiers comme le colonel de Montagnac, qui avait l'estime du général Bugeaud, écrivait à un ami le 15 mars 1843 : « Voilà, mon brave ami, comme il faut faire la guerre aux Arabes. Tuer tous les hommes depuis l'âge de quinze ans, prendre toutes les femmes et les enfants, en charger des bâtiments, les envoyer aux îles Marquises ou ailleurs, en un mot anéantir tout ce qui ne rampera pas à nos pieds comme des chiens. »

Inutile de s'étonner que lesdits Arabes lui aient tendu une

28. Général auréolé de gloire par les Français d'Algérie, surtout dans le Constantinois, pour avoir maté dans le sang la révolte de 1945. Après la répression, il déclara : « Je vous ai donné la paix pour dix ans » (voir p. 38).

embuscade le 22 septembre 1845 à Sidi Brahim, au cours de laquelle il fut tué avec plus de quatre cents de ses chasseurs. À noter que la date de la mort héroïque de ces malheureux fut choisie comme fête des bataillons de chasseurs…

Lors d'un voyage en Algérie, quatre ans auparavant, Alexis de Tocqueville recueillait d'un colon les propos suivants : « Il n'y a, messieurs, que la force et la terreur qui réussissent avec ces gens-là… Après avoir tué cinq ou six hommes, j'ai épargné les bestiaux… Un Arabe qu'on soupçonnait m'a été amené. Je l'ai interrogé, ensuite je lui ai fait couper la tête… »

« Et moi, commente Tocqueville, écoutant tristement toutes ces choses, je me demandais quel pouvait être l'avenir d'un pays livré à de pareils hommes et où aboutirait enfin cette cascade de violences et d'injustices, sinon à la révolte des indigènes et à la ruine des Européens. »

Un autre jour, P. U., le secrétaire général de la commune mixte, m'explique comment se déroulent un peu partout les élections des conseillers municipaux et des députés du second collège à l'Assemblée algérienne : « Pour avoir des élus dociles, c'est très simple : nous avons deux jeux d'urnes, ce qui nous permet d'en préparer à l'avance dans lesquelles nous mettons des bulletins de notre choix ; comme nous devons les transporter au chef-lieu d'arrondissement, il suffit de faire l'échange en cours de route, et le tour est joué ! »

Divers auteurs confirmeront ces supercheries, tel Robert Buron[29], qui avait noté en 1951 lorsqu'il était ministre de l'Information : « La presse, sinon le ministre de l'Intérieur, m'a appris qu'elles [les élections] étaient scandaleusement truquées. » Charles-André Julien donne de nombreux exemples de fraude lors des élections de juin 1951, du type de celle-ci : « À Port-Gueydon, lors du renouvellement de l'Assemblée algérienne, vingt-trois mille six cent soixante et onze électeurs du deuxième collège votèrent sur vingt-trois mille six cent

29. *Carnets politiques de la guerre d'Algérie*, *op. cit.*, p. 13.

soixante-seize inscrits et donnèrent vingt-trois mille six cent quarante-cinq suffrages au candidat administratif contre neuf au communiste. L'afflux des électeurs était d'autant plus remarquable que le MTLD avait recommandé l'abstention[30] ! »

Les femmes ne sont pas en reste. L'une d'elles, qui a pourtant envers la mienne des attentions excessives, considère les Arabes avec condescendance et dédain, témoin cette appréciation : « Ces gens-là sont d'une saleté repoussante et ont le culte des haillons. »

Heureusement, tous les Français d'Algérie ne sont pas semblables. L'une des institutrices du village, Mme Gervais, curieusement originaire comme moi de Noyers-sur-Cher, me confie : « Beaucoup de pieds-noirs ne se rendent pas compte que leur comportement, digne de seigneurs à l'égard de serfs, conduira les valets à chasser les maîtres. »

Les fermiers propriétaires du pavillon que nous louons, et dont l'exploitation se situe à moins d'un kilomètre du village, sont bons pour leurs ouvriers, aussi ne sont-ils pas inquiétés. C'est également le cas de la famille Calabrio, dont la ferme est pourtant particulièrement isolée. « Ils peuvent rester chez eux, nous assurent leurs voisins musulmans, personne ne leur fera de mal, car ils sont gentils avec nous. Ils vivent comme nous, ils ne sont pas riches, ils travaillent beaucoup et ils ne nous méprisent pas. »

Généralement, les petits colons, les mêmes qui sont appréciés des musulmans, nous vendent des produits de leur exploitation à des prix raisonnables. Inversement, d'autres n'ont pas plus de considération pour la troupe qui les protège que pour leurs ouvriers.

Un jour, le feu se déclare dans des forêts de chênes-lièges, dont une partie appartient à la richissime famille Borgeaud, dont le trust est bien connu à Alger. Durant toute la journée, ma compagnie ainsi qu'une centaine de villageois réquisitionnés

30. *L'Afrique du Nord en marche*, Julliard, 1952, p. 328.

combattons l'incendie et le maîtrisons, après quoi les propriétaires oublient de dire merci. Avec les Arabes, c'est peut-être normal, mais les militaires que nous sommes n'apprécient pas. Le régisseur de la propriété Borgeaud fait aussi l'élevage de porcs. Nous lui en demandons un, pensant qu'il nous en fera cadeau, par reconnaissance ; or, il nous le fait payer. Nous sommes même obligés d'aller lui réclamer une ristourne après avoir constaté que le porc en question est une truie porteuse de petits en gestation.

Mon départ en permission étant programmé pour le mois de mai, je me rends en France avec mon épouse et reviens seul.

Le mois de juin 1955 est marqué par un durcissement de part et d'autre. D'après les bulletins de renseignement, l'adversaire serait en cours de structuration. Les termes FLN et ALN (Front et Armée de libération nationale) commencent à apparaître.

La presse signale de plus en plus d'attentats contre des fermiers français isolés et des musulmans francophiles. Un colon des environs, M. Rancaz, vient d'être assassiné. Le bruit circule qu'il refusait de payer l'impôt au FLN, ce que d'autres acceptent pour acheter leur tranquillité. Si c'est exact, peut-on les blâmer ? « Venez nous protéger », disent certains ; supplique lourde de sous-entendus.

De notre côté, les réactions semblent de plus en plus fermes. On parle d'opérations musclées du 1er RPC aux ordres du colonel Ducournau. Plus tard, j'apprendrai que, le 14 mai, le général Cherrière avait envoyé des directives au général Allard commandant la division de Constantine : « Vous avez carte blanche pour nous débarrasser de ces rebelles. L'important, c'est qu'ils disparaissent », ajoutant : « Aucune instruction écrite ne me sera donnée par le gouverneur [Soustelle] » [31].

Au cours d'une de nos sorties, un grand gaillard d'une cin-

31. Yves Courrière, *Le Temps des léopards*, *op. cit.*, p. 127.

quantaine d'années se présente à nous, la tête entortillée d'un chèche. Plongeant la main dans une poche de son burnous, il en retire un large mouchoir à carreaux bleus qui, déplié, fait apparaître un énorme nez, le sien, que les fellaghas viennent de lui couper pour le punir de fumer et d'exercer ses fonctions de garde champêtre avec trop de zèle. Je le fais aussitôt évacuer sur l'hôpital de Souk-Ahras, emportant son superbe appendice nasal enveloppé dans son mouchoir.

Un soir, nous recevons à dîner et à loger l'envoyé du général Kœnig alors ministre de la Défense nationale. En tournée d'inspection et d'information, il nous déclare : « Étant donné la tournure que prennent les événements, et le peu de troupes disponibles, votre séjour dépassera largement l'année initialement prévue. » Simultanément, le colonel commandant le secteur de Souk-Ahras se déclare hostile à la venue des épouses. Un des officiers approuve : bonne raison pour ne pas faire venir sa légitime, car il s'est déniché sur place une blonde pulpeuse avec laquelle il ne craint pas de s'afficher en présence du mari consentant.

En ce mois suffocant de juillet 1955, les incendies de forêts se succèdent. L'administrateur nous demande parfois de l'aider à les combattre. En revanche, pour nous servir de guides, lors de nos sorties, il lui arrive de nous prêter des goumiers de sa garde personnelle, mais ces derniers ne montrent aucun enthousiasme. Ils préfèrent parader en tenue rutilante devant le siège de la commune mixte.

Chapitre 2

Nomadisation en Kabylie

août à novembre 1955

« Chacun s'autorise du crime de l'autre pour aller plus avant. »

ALBERT CAMUS.

Nous, on est longs à se décider

Au début du mois d'août, nous sommes avisés de notre prochain départ de Laverdure. Où devrons-nous aller ?

Le 14, nous nous retrouvons en Kabylie, à Bordj-Bou-Arréridj, nom qui signifierait : « La maison fortifiée de l'homme au chapeau de plumes », en raison d'une légende qui en attribue l'origine à un célèbre chef de tribu qui, comme les Indiens, portait des plumes à sa coiffure.

Trois jours plus tard, ma compagnie est envoyée à trente kilomètres au nord, dans un petit village au curieux nom de Siour, construit à plus de mille mètres d'altitude.

Nous explorons la région, fascinés par les villages kabyles semblables à ceux de Corse, haut perchés sur des pitons rocheux. Finis les gourbis de pisé recouverts de chaume. Ici, les maisons sont bâties en pierre et couvertes de tuiles.

Presque tous les hommes rencontrés parlent le français et nous déclarent remercier la France qui accueille sur son sol de nombreux travailleurs dont les mandats sont la principale ressource des familles.

Au cours de nos conversations devant des tasses de thé ou de café, les villageois nous parlent de leurs problèmes. Entrecoupés de marques de sympathie, des propos chargés d'amertume ou de ressentiment fusent parfois :

« Regarde, me lance l'un deux, les pauvres champs que nous cultivons, sur des terrains en pente, remplis de cailloux. Les bonnes terres, dans les plaines, appartiennent presque toutes à des Français qui les ont prises à nos familles, au siècle dernier. »

Je ne réponds pas, mais je me souviens de ce rapport sur l'Algérie rédigé par Alexis de Tocqueville en 1847 : « Dans les environs mêmes d'Alger, les terres très fertiles ont été arrachées des mains des Arabes et données à des Européens qui, ne pouvant ou ne voulant pas les cultiver eux-mêmes, les ont louées à ces mêmes indigènes qui sont ainsi devenus les simples fermiers du domaine qui appartenait à leurs pères. »

De même, après notre défaite militaire de 1870 contre la Prusse, de grandes plaines confisquées à des Algériens, au prétexte qu'ils s'étaient révoltés en 1871, furent remises à des réfugiés d'Alsace-Lorraine.

« Je vais te montrer mes papiers de travailleur en France, ajoute un autre, et mon certificat de longue maladie qui me donne droit à une bonne pension. »

Le pauvre diable n'est, hélas, pas beau à voir. Tuberculeux au dernier degré, il a contracté sa maladie dans les hauts-fourneaux de Lorraine où il a travaillé une dizaine d'années. Il passe périodiquement des visites dans un centre médical, mais son état est tel qu'il ne peut plus subir aucun traitement.

Un jour, j'aborde un groupe d'une dizaine d'hommes assis sur une murette dominant une source qui déverse ses eaux dans un marécage où coassent d'énormes grenouilles.

« Nous sommes malheureux, me dit l'un d'eux, nous n'avons pas de travail ; l'administrateur nous en avait promis l'an dernier et nous attendons toujours. Mon capitaine, peux-tu nous en trouver ?

– Oui et tout de suite. Au lieu de rester là, assis à prendre le soleil, à vous lamenter, à prier Allah et l'administrateur de vous venir en aide, prenez des pelles et des pioches ; si vous n'en avez pas, je vous en apporterai. Canalisez votre source, faites des dérivations à partir du canal principal, bêchez le terrain de chaque côté, la terre est d'excellente qualité, puis semez et plantez des légumes, tomates, courges, haricots, pommes de terre. N'attendez pas que d'autres viennent à votre secours. Vous ne serez jamais si bien servis que par vous-mêmes. »

Surpris par ce franc-parler, ils m'assurent qu'ils vont se mettre à l'ouvrage.

Une semaine après, mes gaillards sont toujours là, assis au même endroit. La source et le terrain n'ont pas changé d'aspect, aussi je me fâche : « Vous êtes des paresseux, ne venez plus vous plaindre. Vous avez la chance d'avoir de l'eau, de la bonne terre et du soleil, tout ce qu'il faut pour vous procurer de quoi vivre, mais vous préférez vous croiser les bras et implorer Allah !

– Tu as raison, risque un *chibani* [1], mais tu sais, nous, on est longs à se décider... »

Au Viêt-Nam, jamais pareil fait ne se serait produit. La différence de comportement est-elle due à la religion ou à des habitudes prises au cours des âges ?

J'aurais aimé suivre cette affaire. Malheureusement, le lendemain, 28 août, nous recevons l'ordre de retourner immédiatement à Bordj-Bou-Arréridj (communément appelé BBA). Le bataillon doit se tenir en réserve en prévision de possibles violences semblables à celles qui viennent de se produire le 20 août à Philippeville et à El Halia, où plusieurs postes ont été attaqués simultanément et de nombreux civils européens sauvagement égorgés [2].

1. Personne âgée.

2. Le bilan de ces journées tragiques sera connu beaucoup plus tard : 129 civils, dont 71 Français, massacrés et atrocement mutilés, parmi lesquels un tiers d'enfants. Par représailles, de nombreux musulmans furent exécutés :

Après ces tueries, le président du Conseil, Edgar Faure, publie la proclamation suivante : « Tout l'honneur de la France, comme sa mission humaine, tout impose de garder l'Algérie à la France. Menacée, l'Algérie sera défendue. »

Je ne suis pas ici pour des délits de droit commun

L'alerte aura été de courte durée puisque, le 3 septembre, nous nous retrouvons à M'Sila, aux portes du désert, en application d'une nouvelle tactique que viennent de découvrir nos grands chefs : la nomadisation. Il paraîtrait qu'en faisant circuler les unités, quinze jours ici, un mois là, nous serons beaucoup plus efficaces ! Parmi nous, le nombre de sceptiques dépasse très largement celui des convaincus : comment connaître la population et avoir une quelconque influence sur elle si nous ne restons jamais en place ?

M'Sila est une vaste commune mixte de six mille kilomètres carrés, soit la superficie d'un département français, dont une grande étendue n'est que désert. La partie de la ville dite européenne abrite près de trois cents familles, alors que douze mille indigènes sont concentrés dans une médina pratiquement impénétrable. Aucune force de police ne s'y rend jamais ostensiblement ; les Français du pays nous assurent que les rebelles y sont pratiquement chez eux.

À la différence des Kabyles et des habitants de Clairefontaine et de Laverdure, ceux de M'Sila paraissent nous fuir, sauf les anciens combattants. Ces derniers jouissent de précieux avantages, grâce surtout à leur président, M. Farès, qui ne jure que par *ses* poilus, comme il les appelle ; aussi avons-nous l'impression qu'il existe une fracture entre eux et le

officiellement 1 273 ; beaucoup plus d'après les Algériens (cf. Bernard Droz et Évelyne Lever, *Histoire de la guerre d'Algérie, 1954-1962*, Éd. du Seuil, 1982, p. 77).

reste de la population. Cette dernière est soumise à ses chefs religieux, *marabouts*, *imams* et autres *muftis* et peut-être aux rebelles.

Il m'arrive d'accompagner l'administrateur dans ses tournées. L'une d'elles me donne l'occasion de visiter le camp d'hébergement implanté sur sa commune, fidèle réplique des camps d'internés politiques du régime Pétain. Les gardiens ne nous font voir que ce qu'ils veulent bien nous montrer ; aussi avons-nous l'impression que les détenus sont correctement traités. Mais ce qui me frappe, c'est le regard fier et même provocateur de beaucoup d'entre eux, dans lequel je peux lire : « Je ne suis pas ici pour des délits de droit commun, mais seulement parce que je suis patriote. » Quels excellents espaces de propagande « subversive » que ces camps !

Au cours de l'une de nos reconnaissances dans les monts du Hodna, nous découvrons les ruines d'un château romain et d'une tour sarrasine. Quelques ouvertures de portes et fenêtres subsistent, surmontées d'imposants linteaux de chêne. Intrigué, je fais demander par mon interprète au chef du douar qui nous a reçus s'il connaît la provenance de ces matériaux.

Ce vénérable patriarche nous explique : « L'histoire de ces bâtiments nous est transmise de père en fils. Voici très longtemps, nos montagnes étaient couvertes de forêts de chênes-zéen [3] dont les plus beaux bois servirent pour les constructions et la fabrication de charrues et objets divers. Certains sont toujours en usage. Les seuls arbres qui restent aujourd'hui sont des genévriers et quelques pins qui, eux aussi, disparaissent. On trouve encore des pieds d'amandier autour des marabouts, comme ceux que tu vois au sommet de cette colline. Ceux-là n'ont pas été abattus car ils sont sacrés. »

Je lui demande pourquoi ils ne replantent pas. Réponse : « C'est à Allah de faire repousser les arbres, pas à nous. »

3. Variété propre aux pays méditerranéens.

Sur le chemin du retour, nous croisons des troupeaux de chameaux affublés de ramasse-crottes en grillage arrimés à leur arrière-train. Les déjections ainsi recueillies ne sont pas destinées à la fumure des jardins qui en auraient pourtant grand besoin, mais à la cuisson des aliments, faute de bois.

Parlant de l'Inde, Claude Lévi-Strauss y voit avec effroi l'image de notre futur : « Les forêts ont disparu ; à défaut de bois, il faut, pour cuire la nourriture, brûler un engrais dénié aux champs ; la terre arable, lavée par la pluie, fuit vers la mer ; le bétail affamé se reproduit moins vite que les hommes [4]. »

L'Algérie, hélas, suit la même voie.

Le roi Bakchich

Me rendant avec un petit détachement pour une journée à Bou Saâda, la plus septentrionale des oasis – célèbre par ses danseuses nues, les belles Ouled Naïl –, nous sommes surpris de croiser deux cars de touristes hollandais que l'insécurité ne semble pas alarmer.

M. Gissot, que j'ai connu administrateur adjoint à Tébessa, est maintenant en fonction ici. Lui rendant visite, deux heures durant nous conversons.

« Personne ne peut contester, assure-t-il, les bienfaits de la France à l'Algérie : écoles, hôpitaux, routes, électrification, etc., mais ce dont nous pouvons être le plus fiers, c'est de l'enseignement dispensé dans les collèges et les universités [5]. Nous apportons à la jeunesse des idées neuves sur le progrès social, les libertés démocratiques, le respect des droits de l'homme,

4. *Tristes Tropiques*, Plon, 1955, p. 151.

5. En 1954, la population musulmane n'était scolarisée qu'à 14 %. Le nombre de collégiens et lycéens s'élevait à 6 260 musulmans et 29 000 Européens. Dans l'enseignement supérieur, les musulmans représentaient 9,76 % du total des étudiants d'Algérie (cf. Charles-Robert Ageron, *Histoire de l'Algérie contemporaine*, PUF, 1979, p. 536).

l'émancipation de la femme, idées très éloignées des versets rétrogrades du Coran.

– Pensez-vous que nous mettions ces principes en application ?

– Certainement pas, et c'est là où le bât blesse. Le progrès social ? Il est préférable de parler du maintien de l'injustice sociale. Les libertés démocratiques ? Les leaders politiques jugés subversifs sont privés de droits civiques ou internés. Les droits de l'homme ? Ils existent seulement pour les Algériens qui acceptent de faire allégeance aux autorités françaises. Quant à l'émancipation et à la scolarisation des femmes, gouvernement général et phallocrates islamistes sont d'accord pour n'en point parler.

– Pourtant, le statut de l'Algérie de 1947 accordait théoriquement les mêmes droits aux Algériens qu'aux Français.

– Théoriquement oui, pratiquement non. L'Assemblée algérienne est constituée de deux collèges égaux, mais qui représentent des quantités d'électeurs très inégales ; les élections sont préfabriquées et les libertés d'expression restreintes. En fait, une poignée de colons dirige l'Algérie : les Borgeaud, Blachette, Schiaffino... Ils sont en même temps patrons de banques, d'entreprises, de journaux et ils ont leurs réseaux d'obligés dans l'administration.

– Que peuvent penser les populations de ces mascarades ?

– La population a de tout temps été soumise aux caïds et aux dignitaires de la religion musulmane. Les caïds ont été fonctionnarisés. Pour garder leurs prébendes, ils se soumettent aux ordres des administrateurs et, comme ils sont chargés de la collecte des impôts, ils ont toute liberté pour les prélèvements, pourvu qu'ils versent à l'administration une somme globale forfaitaire ! La religion, quant à elle, entretient un certain fatalisme, donc l'acceptation de l'ordre établi. Le petit peuple est grugé non seulement par les caïds, mais aussi par les cadis, sortes de baillis de notre Moyen Âge, chargés de rendre la justice et qui n'entament une procédure que si les plaignants les ont “arrosés”. Ajoutons à cela les commissions que prélèvent les *chaouchs* [6] de toute trempe pour introduire les administrés auprès de leurs patrons. Le roi Bakchich [7] règne en maître à tous les niveaux de la vie algérienne.

– Comment notre bonne République, soi-disant égalitaire et fraternelle, admet-elle ces injustices ?

– Des parlementaires, des préfets, des administrateurs, dont je fais partie, souhaiteraient réformer cette société pourrie, faire cesser la corruption, moraliser la vie publique. Hélas ! nous nous heurtons à la passivité de l’administration, à la politique du gouvernement général qui est de ne pas faire de vagues et surtout à la volonté des véritables décideurs, les chefs des grands trusts, pour lesquels toute réforme serait l’amorce d’un bouleversement irréparable pour leurs profits.

– Comment, à votre avis, les jeunes intellectuels réagissent-ils à cette situation ?

– Très mal. Ils se rendent compte du décalage entre l’enseignement qu’ils reçoivent et les pratiques des politiciens et des dirigeants de l’économie. Tenus à l’écart de la gestion de leur propre pays, beaucoup ont revendiqué au sein de syndicats et de partis politiques comme l’UDMA et le MTLD. Ces organisations ont été plus ou moins déclarées illégales et une partie de leurs militants placée dans des camps d’internement. D’autres ont pris le maquis à temps et dirigent aujourd’hui la rébellion. Nous sommes loin des méprisables fellaghas que la presse nous décrit.

– Vos propos, monsieur l’administrateur, vont à contre-courant de la pensée officielle. Ne craignez-vous pas qu’ils aient des conséquences sur votre carrière ?

– Ils en ont déjà eu, bien que je les aie exprimés avec une certaine modération. Si j’ai parlé aussi librement avec vous, c’est que je n’ai pas oublié notre première rencontre à Tébessa

6. Secrétaires des caïds, des cadis, des agas, des marabouts.
7. Gratification, pot-de-vin.

et le récit de quelques-uns de vos souvenirs de Résistance et d'Indochine. Ne m'aviez-vous pas confié votre mauvaise conscience d'avoir à lutter contre des peuples cherchant à se libérer de notre domination ?

– Sur le principe, je n'ai pas changé, mais je vous avoue que les crimes odieux commis par des musulmans sur des civils, dont des femmes et des enfants, comme récemment à Philippeville et à El Halia, me révoltent. Bien disposé à leur égard en arrivant, je le suis moins maintenant.

– Je partage votre sentiment. Moi-même, si je trouve normal l'avènement d'une nation algérienne, je condamne ces méthodes appliquées non seulement à des Français, mais en plus grand nombre à ceux de leurs coreligionnaires qui n'épousent pas les thèses nationalistes. Je ne peux d'ailleurs pas croire que les massacres soient ordonnés par le FLN. Ils me paraissent plutôt être le fait d'éléments incontrôlés aux instincts primitifs et d'hommes ayant une vengeance à assouvir. Quoi qu'il en soit, ces crimes desservent leur cause, et nos services de propagande ne manquent pas de les mettre en évidence pour rendre nos troupes plus combatives. »

Nous nous séparons avec l'espérance vaine d'une prochaine rencontre.

Retrouvant mon détachement, nous nous rendons dans un cabaret pour admirer les évolutions des danseuses nues. Certaines sont couvertes de colliers de louis d'or, produit des faveurs qu'elles accordent à leurs admirateurs à l'issue des danses. Plus elles auront gagné de louis, après quelques années d'activité, plus facilement elles trouveront un mari, tradition fort éloignée de la rigueur islamique !

Les yeux et le cœur emplis de ce charme oriental, nous regagnons de nuit M'Sila pour apprendre que nous devrons bientôt en partir.

Parmi mes successeurs dans cette ville, un an plus tard, le colonel Argoud, commandant le 3e RCA et l'un des futurs chefs de l'OAS, se rendra célèbre par ses méthodes de « pacification » musclées qu'il justifiera ultérieurement en se référant à la définition de la guerre par Clausewitz : « C'est un acte de violence, et il n'y a pas de limite à la manifestation de cette violence. » Argoud estime que « la torture, les exécutions capitales sont des actes de guerre et que le renseignement est obtenu à n'importe quel prix. Les suspects sont torturés comme les coupables, puis éliminés si nécessaire » [8].

À sa décharge, il pouvait être encouragé par les déclarations de certaines autorités. Si l'on en croit Yves Courrière, le général Beaufre, remettant des prisonniers à la justice, s'entend répondre par le procureur de Tizi-Ouzou : « Vos fellaghas prisonniers, que voulez-vous que j'en fasse ? Tuez-les ! [9] »

Il faut reconnaître au colonel Argoud d'avoir eu le courage d'exposer publiquement sa conception de la répression et de l'appliquer non moins publiquement – ce que des centaines d'officiers ont fait sournoisement. De plus, il rend hommage à la bravoure de ses adversaires : « J'admire, écrit-il, leurs vertus élémentaires. Bien des fois, je comparerai leur combativité dans le djebel à celle des soldats français ; leur impassibilité devant le peloton d'exécution et l'attitude qu'auraient eue mes compatriotes en de telles circonstances, et je les donnerai en exemple à mes hommes. »

Ce qu'il ne pouvait pas donner à ses hommes, c'était la foi qu'avaient ces Algériens de combattre pour une juste cause : l'indépendance de leur patrie.

Dieu abandonna ses fidèles nonnes

Le 3 octobre 1955, nomadisation oblige, nous recevons l'ordre de nous tenir prêts à quitter M'Sila pour Djidjelli. Le 6

8. Antoine Argoud, *La Décadence, l'imposture et la tragédie*, Fayard, 1974, p. 142-145.

9. *Le Temps des Léopards*, *op. cit.*, p. 191.

au matin, un soleil radieux salue notre départ en camion en direction de cette ville, que nous atteignons à la nuit sous des trombes d'eau, après avoir admiré, chemin faisant, les impressionnantes gorges de Kherrata.

Au cours de la journée du 7, nous apprenons le pourrissement de la région : incendies de fermes isolées, attaques de véhicules circulant seuls, assassinats de musulmans francophiles.

Après une rapide remise en condition, nous repartons de bonne heure, le 9 octobre, en direction de l'est par une pittoresque route en corniche surplombant la mer.

À l'occasion d'une pause dans un village, nous sommes surpris par les chevelures rousses et les yeux clairs d'un certain nombre d'enfants. Nous apprendrons plus tard, par un ethnologue de passage à El Milia, qu'au début du XIXe siècle les « pirates barbaresques » de ce village auraient intercepté en Méditerranée un bateau de religieuses hollandaises partant au Moyen-Orient pour y prêcher la foi chrétienne. Dieu en décida autrement puisqu'il abandonna ses fidèles nonnes entre les mains des pirates et que, bon gré, mal gré, elles durent se muer en fatmas soumises de leurs ravisseurs.

Entre Djidjelli et El Milia, au village d'El Hanser, où le PC du bataillon vient de s'installer, nous marquons un temps d'arrêt pour recevoir les ordres du commandant M. T., notre chef de bataillon.

« La région, très boisée, en plein Atlas tellien, comme à Laverdure, est aux mains de l'organisation rebelle. Les caïds, les gardes forestiers, les colons qui l'habitaient l'ont abandonnée. La mission du 4e BCP est de s'installer dans les fermes et maisons forestières, de contrôler tous les douars, de faire la chasse aux fellaghas, de reprendre en main les populations dont l'administration a été délaissée par les caïds. Votre compagnie occupera les maisons forestières de Dardara et de Béni Aïcha, à une quinzaine de kilomètres d'ici. Votre voisin le plus proche est la 4e compagnie qui s'installe dans une grande ferme entre El Hanser et Béni Aïcha. »

Pour atteindre nos nouvelles demeures situées à sept cents mètres d'altitude, nous nous enfonçons prudemment dans la forêt et la montagne par une piste étroite et souvent escarpée.

Où t'en vas-tu, soldat de France ?

Nos maisons forestières sont plaisantes, bien dégagées, entourées de vergers qui portent encore quelques fruits délicieux. Les bâtiments ont peu subi de détériorations après le départ des forestiers.

Alors qu'une partie de la compagnie se livre aux travaux de défense, à l'aménagement et à l'agrandissement des postes, je pars très souvent, de jour comme de nuit, avec une ou deux sections, visiter les mechtas voisines. Comme je tiens à donner aux populations une image pacifique, la seule, me semble-t-il, qui puisse rendre quelque crédit à la France, je réunis les membres présents des *djemaâ* [10] de chaque douar et leur explique :

« Je souhaite, comme vous-mêmes, la paix et la tranquillité. Je vous promets la plus grande correction de notre part. Nous respecterons vos biens et vos personnes. Si nous avons besoin de produits, nous vous les achèterons. Si vous souhaitez notre aide dans divers domaines, venez me trouver, je ferai ce qui est en mon pouvoir pour vous rendre service. Mais si des rebelles viennent nous attaquer sans que vous nous ayez alertés ou s'ils commettent des attentats et des sabotages, je prendrai des sanctions sévères. Qu'on se le dise ! »

Au cours des nuits suivantes, je réfléchis à mes harangues. Me voici donc prêt à des représailles contre de pauvres gens qui refuseraient de dénoncer des patriotes, peut-être leurs enfants. Je ne suis pas fier de ce comportement. D'ailleurs, quelles représailles exercer ? Certainement ni des exécutions sommaires, ni des incendies de mechtas. Je pense à des travaux

10. Conseils des notables.

d'intérêt général, bien entendu non rétribués : entretien de la piste, de la forêt, de mes postes. Je ne le dis pas, car sans doute la perspective d'une sanction aussi douce perdrait-elle son pouvoir dissuasif.

Une attitude laxiste sans menaces sur les familles donnerait assurément de la hardiesse aux maquisards, et notre réaction pourrait être mal contrôlée et sanglante. Inversement, un comportement à la fois ferme, correct et pacifique peut engager les anciens à convaincre les jeunes patriotes de se tenir tranquilles.

Cette position doit être la bonne car nous ne sommes l'objet d'aucune tentative adverse, ni sur nos cantonnements, ni lors de nos déplacements, ce qui n'est pas le cas partout ailleurs.

Depuis notre arrivée, nous n'avons eu qu'un seul accrochage, le 5 novembre, à la mechta Aziar, où nous avons capturé sans effusion de sang sept rebelles, dont quatre armés.

Mes contacts avec la population sont de plus en plus fréquents et cordiaux. Pour les entretenir, je suis aidé par Abdelaziz Lebsir, instituteur dont l'école est à trois cents mètres du poste. C'est un homme intelligent, d'une trentaine d'années, avec lequel j'ai plaisir à bavarder. Un jour, il vient jusqu'à notre maison forestière avec ses élèves et les fait sagement aligner devant nous. À notre grande surprise, il dirige une chorale qui entonne cette vieille chanson française, riche de sous-entendus :

Où t'en vas-tu, soldat de France,
Où t'en vas-tu, petit soldat ?
Plein de courage et d'espérance,
Où t'en vas-tu, petit soldat ?
C'est comme il plaît à ma patrie
Je n'ai qu'à suivre les tambours,
Marche toujours, marche toujours.
En traversant bois et prairies
On peut rêver à ses amours.

Je ne me fais aucune illusion. Resté à son poste d'instituteur et nullement inquiété par les rebelles, il leur est de toute évidence favorable. Je ne le condamne pas ; à sa place, j'agirais de même, et il peut m'être utile.

L'occasion ne se fait pas attendre. J'apprends que quatre dissidents fichés de la mechta Messaouda se sentent traqués et ne tiennent pas à subir le sort de ceux de la mechta Aziar, ou pire. Par l'intermédiaire de l'instituteur, je leur fais savoir que je suis disposé à leur accorder l'*amam*[11] et à les autoriser à rentrer chez eux sans aucune sanction. Je me réserve seulement la possibilité de les contrôler à tout moment. Ces quatre hommes ayant accepté, je les reçois et leur confirme cet accord. J'en rends compte à mes chefs, qui entérinent du bout des lèvres.

La mort de la mascotte

Bill n'est ni un de nos chasseurs, ni un héros de bande dessinée, mais une jeune laie de la 4e compagnie, unité occupant une grande ferme à quatre kilomètres de l'un de mes deux postes. Bill a été recueillie tout bébé par des chasseurs de la compagnie qui l'ont élevée au biberon et l'ont adoptée comme mascotte. Pesant maintenant cinquante kilos, elle répand une animation folle au sein de l'unité. Caressante, câline même, elle est aussi capricieuse. Elle ne daigne s'endormir que sur un coussin d'au moins trois ou quatre couvertures. Si le garde-magasin ne lui en installe qu'une, elle se fâche jusqu'à obtenir satisfaction. Le grand amusement des chasseurs est de se placer à une certaine distance d'elle, d'écarter les jambes, de présenter le postérieur à sa vue et de l'appeler. Bill s'élance alors en direction du soldat et lui assène un violent coup de groin dans les fesses, le faisant parfois tomber, après quoi elle gambade de joie.

Une fois, Bill disparut. Gros émoi ! Une semaine plus tard, elle réapparut, très sale, mais guillerette. Elle était allée retrouver quelque beau soupirant dans la forêt. Bill était très gour-

11. Le pardon.

mande et affectionnait le chocolat. Comme les chasseurs de ma compagnie lui en donnaient, elle partait parfois sur la piste jusqu'à Béni Aïcha pour en recevoir une bonne ration et rentrait l'estomac satisfait. Or, un jour qu'elle établissait une de ses liaisons gourmandes, un détachement de militaires étrangers à la région vint à passer en camion sur la piste. Apercevant ce beau sanglier, ils lui lâchèrent une rafale. Un groupe de la 4e compagnie, alerté par les coups de feu, se rendit sur les lieux et constata avec consternation la mort de la mascotte. Il fallut toute l'autorité du chef de groupe pour empêcher ses chasseurs d'en venir aux mains avec ceux qui venaient de tuer leur petite compagne.

C'est à cette période que je reçois l'ordre de mutation impératif pour Alger d'un de mes chasseurs. Ayant averti l'intéressé de son départ, il me confie tristement : « Je redoutais cette décision, car ma mère m'a écrit qu'elle avait demandé à mon oncle, Jacques Soustelle, de me planquer[12]. J'aurais pourtant préféré rester à la compagnie, avec mes copains. »

Deux ou trois jours avant le 11 novembre 1955, notre chef de bataillon vient nous rendre visite. En aparté, il m'avertit que le colonel Mosnier, commandant le secteur, a besoin de deux ou trois capitaines pour assurer la relève d'officiers de son état-major et qu'il m'a proposé pour être l'un deux. Il m'apprend également que le GM 314, implanté sur le secteur d'El Milia, va prochainement prendre la dénomination de 2e demi-brigade de chasseurs, qui continuera à être constituée des 4e, 10e et 17e BCP.

Pour commémorer l'armistice de 1918, un détachement de chacun des trois bataillons se rend au PC du secteur. Je suis désigné pour commander celui du 4e BCP. À l'issue de la prise d'armes, le colonel Mosnier me convoque dans son bureau pour

12. Soustelle était alors gouverneur général de l'Algérie.

me confirmer qu'avec l'accord de mon chef de bataillon il va me prendre à son état-major pour remplacer l'un des trois officiers appelés à partir au cours des prochains mois.

Rentré à Béni-Aïcha, j'annonce la nouvelle à mes cadres et chasseurs. Chacun à sa manière m'exprime son regret de me voir partir. La tristesse est réciproque mais relative car la 2e compagnie passera aux mains de mon adjoint, le lieutenant Lamant, qui ne changera pas mes méthodes de commandement et de pacification. Ce brillant et sympathique officier me le confirmera plus tard par une lettre chaleureuse. Ces méthodes ont sans doute évité des pertes dans nos rangs, témoin le message suivant signé du commandant de la 121e compagnie de l'ALN, trouvé par une patrouille de la 4e compagnie dont le comportement était alors analogue au nôtre : « L'autre jour, nous avons vu vos jeunes du peloton qui faisaient du sport. Nous aurions pu tirer dessus mais nous ne l'avons pas fait parce que ce sont de jeunes appelés qui viennent de la métropole… et que jusqu'ici vous n'avez pas maltraité la population [13]. »

Je fais donc mes adieux le cœur serré aux habitants des douars, à notre voisin l'instituteur, puis aux cadres et chasseurs de ma compagnie.

13. Confirmé par les carnet de Fred Sublet découverts par son épouse après son décès (voir p. 52, note 27).

Chapitre 3

2e bureau à El Milia (Constantinois)

1956 -1957

« Charité est le cri de l'évangile et quand je vois des chrétiens persécuteurs, je suis tenté de croire qu'ils ne l'ont pas lu. »

ABBÉ GRÉGOIRE, *Motion en faveur des Juifs*, 1789.

La seule solution valable est politique

Arrivé au PC de la 2e demi-brigade de chasseurs, le colonel m'invite à prendre mon reliquat de permissions de l'année avant de m'intégrer à son état-major, confortablement installé dans les bâtiments tout neufs de la gendarmerie. En cette fin novembre, je vais donc en France pour près d'un mois.

À mon retour, le 22 décembre 1955, le colonel me précise que les chefs des trois bureaux – 2e pour le renseignement, 3e pour les opérations, 4e pour la logistique – doivent être interchangeables et que je devrai pendant quelque temps doubler ou remplacer chacun d'eux avant d'être titularisé à l'un des trois postes.

Bourg d'environ 2 000 habitants, El Milia est le chef-lieu d'une commune mixte au relief vallonné et boisé, qui en compte plus de 50 000. Le secteur militaire épouse sensiblement les mêmes limites. D'après nos informations, les rebelles y seraient de plus en plus nombreux. Leurs actions se résument pour le moment à des attentats et des harcèlements qui ont causé quatre morts en douze jours dans les rangs de nos trois bataillons de chasseurs. On évoque à mots couverts des représailles aveugles. Les convois vers Constantine et les localités voisines, dans lesquels s'intègrent des véhicules civils, doivent être protégés par des blindés ; des groupes de fantassins procèdent préalablement à des ouvertures de routes et s'installent en des points stratégiques pendant leur passage. Les opérations déclenchées contre les bandes signalées ne donnent presque aucun résultat.

Notre colonel est arrivé en Algérie à la fin de 1954 pour effectuer son temps de commandement de dix-huit mois. Il était auparavant professeur de français à l'École supérieure de guerre. Les baroudeurs disent avec humour que « certains de ces professeurs n'ayant presque jamais connu la guerre apprennent à la faire à ceux qui l'ont vécue de nombreuses années ». Le capitaine Darléguy renchérit : « Notre colonel ne commande pas, il rédige les ordres qu'on lui suggère. » Je puis en effet constater que, lorsqu'on lui apporte le projet d'une note de service ou d'un rapport, il jubile, prend la gomme et le crayon, et efface, corrige, efface encore, récrit, pour accoucher d'un texte au style impeccable mais dont il modifie assez rarement le fond.

Au demeurant, le colonel Mosnier est un homme affable et, lors de nos conversations à la popote, je suis agréablement surpris de l'entendre déclarer que « la seule solution au problème algérien est politique et que toute poursuite de la guerre est inutile et vouée à l'échec ». C'est aussi l'opinion du général Jacquot exprimée au retour d'une de ses récentes inspections en Algérie dans un rapport demandé par le ministre.

Pourquoi Edgar Faure, pendant son mandat de président du Conseil, a-t-il rejeté ces avis éclairés et ceux, identiques, de Vincent Monteil et de Germaine Tillion, excellents connaisseurs du pays ? Il a au contraire envoyé des renforts, rappelé des disponibles et entonné les refrains guerriers des ultras.

Heureusement, un grand espoir vient de naître : le Parti socialiste a fait campagne pour la paix en Algérie et la gauche a remporté les élections législatives. Guy Mollet, dénonciateur d'« une guerre imbécile et sans issue », va remplacer Edgar Faure.

Si j'avais été vietnamien, j'aurais été viêt-minh

En ces premiers jours de janvier 1956, un régiment de parachutistes récemment arrivé dans la région patrouille dans le bourg. Son chef, le lieutenant-colonel Bigeard aux multiples décorations, toise de haut notre petit colonel et s'installe dans la place avec arrogance. Des officiers de son état-major nous demandent des renseignements sur le secteur, mais ne semblent pas en tenir compte.

Bigeard n'a pas de temps à perdre, il est là pour le baroud, pour nettoyer la presqu'île de Collo où, chacun le sait, les rebelles sont chez eux. Je ne l'entends pas émettre d'opinion sur la situation et l'avenir du pays. Je relève seulement de lui cette phrase intéressante, alors qu'il racontait ses campagnes et sa détention en Indochine : « Si j'avais été vietnamien, j'aurais été viêt-minh » [1], ce qui me le rend soudain plus sympathique.

Sympathique, il l'est aussi lorsque le matin, par grand froid, il part en short, torse nu, à la tête de ses paras, pour un cross de maintien en condition, après avoir fait disposer sur le parcours des éléments de protection.

« Quel entraîneur d'hommes et que j'aimerais servir sous ses ordres si je n'avais pas l'impression d'avoir affaire à un mercenaire ! » dis-je à l'un de mes camarades, qui me répond : « Des mercenaires, il en faut pour faire ce qui nous est imposé. »

1. Dans son récent ouvrage, *Ma guerre d'Algérie*, il récidive : « Si j'avais été algérien, j'aurais été fellouze » (Hachette, 1995, p. 53), confirmant ses propos tenus dans un précédent recueil, *Pour une parcelle de gloire* : « Combien je suis près sentimentalement de ces rebelles, surtout lorsqu'ils se battent bien » (Press-Pocket, 1977, p. 16).

Sympathique encore lorsqu'on admire le défilé de ses « p'tits gars », l'allure martiale, cheveux courts et manches retroussées, bien que rappelant un peu trop les troupes allemandes, surtout quelques mois plus tard lorsqu'ils auront coiffé les casquettes de l'Afrika Korps qui porteront son nom.

Quelle différence avec les marsouins d'un bataillon de rappelés de la Coloniale, recroquevillés sous des toiles de tente ou dans des trous, engoncés dans des imperméables et des cache-nez, certains mal rasés et cheveux longs. Il est vrai que les premiers sont des volontaires parachutistes, alors que les seconds sont des rappelés retirés à leur famille et à leur travail. Ces derniers tiennent des postes fixes pour laisser aux paras les tâches nobles du combat.

Admiratif enfin lorsque, à l'issue d'une expédition de plusieurs jours faisant suite aux opérations « Éventail », les « bigeards » reviennent avec un bilan d'une vingtaine de rebelles abattus ou prisonniers et presque autant d'armes récupérées, sans pertes dans leurs rangs.

Mission accomplie, la région étant « pacifiée », le 3e RPC (Régiment de parachutistes coloniaux), qui deviendra RPIMa (Régiment parachutiste d'infanterie de marine), et son chef prestigieux s'en vont vers d'autres « coins pourris » pour y exercer leurs talents et rétablir la situation. Avant son départ, je surprends ce « malade du vedettariat »[2], comme le définit un de mes camarades, en train de s'exclamer au sujet de citations pour des actions précédentes : « Quoi ! Elles ne sont pas encore arrivées ! Qu'est-ce qu'ils foutent à Paris ? »

2. Dans son livre *La Décadence, l'imposture et la tragédie*, le colonel Argoud brosse de son « collègue » Bigeard le tableau suivant : « Il est sensible à l'encens : la très haute opinion qu'il a de lui-même, sa longue expérience de la guerre lui laissent penser qu'il est le seul à faire son métier. Il n'obéit plus à personne. Son régiment, le 3e RPIMa, est toujours sur la brèche. Mais Bigeard fait les opérations qu'il veut, là où il veut, et quand il veut. Personne à la 10e DP, et Massu le tout premier, n'ose plus lui donner des ordres… » (*op. cit.*, p. 155). Argoud, lui aussi très imbu de sa personne, éprouvait, à l'égard de Bigeard le baroudeur, le complexe du terne combattant : pétainiste anti-résistant sous l'Occupation, puis en Indochine, officier à l'état-major de De Lattre.

« Ce qu'il peut secouer le bananier, celui-là ! », me chuchote le commandant Fourgeaud témoin de la scène.

Comme je remplace le lieutenant Bouche, chef du 2e bureau, parti en permission, le colonel Mosnier m'envoie avec un détachement dans le douar Aïn Madjar, où séjournèrent les paras, afin d'y vérifier la paix retrouvée.

Je me rends dans plusieurs mechtas pour m'entretenir avec les habitants. J'y rencontre partout des visages fermés. Seuls deux ou trois anciens combattants me parlent de leurs campagnes. La conversation s'engage sur ce thème et je la fais dévier sur la récente opération des parachutistes. Voyant mes bonnes dispositions à leur égard, l'un d'eux, non sans réticences et après que je lui eus donné l'assurance que les paras ne reviendraient pas, me confie :

« Eh bien, voilà. Ils ont ramassé des femmes. Ils les ont enfermées dans des gourbis pour qu'elles ne se sauvent pas. Ils nous ont fait savoir qu'ils les rendraient contre des armes. Alors nous avons apporté des fusils de chasse, de vieux fusils de guerre rouillés et des couteaux. Ils ont relâché nos femmes qui nous ont dit qu'elles avaient été bien nourries et qu'on ne leur avait pas fait de mal. » Il arrête là ses confidences, craignant d'avoir été trop bavard.

Vrai ou faux ? Je vais trouver M. Merle des Isles qui, avec M. Waddington, exploite dans la presqu'île de Collo un domaine à majorité de chênes-lièges.

« L'un de mes ouvriers en qui j'ai toute confiance, me dit-il, m'a rapporté sensiblement la même information. »

Je me rends ensuite dans la principale épicerie du village pour y rencontrer le patron, un certain Dali Chaouch, qui me fournit parfois des renseignements intéressants. Profitant d'un moment où nous sommes seuls, il me confie :

« Vous savez, ce n'est pas bien ce qu'ils ont fait les militaires en tenue camouflée, dans les douars au nord d'El Milia.

– Qu'ont-ils fait ?

– Ils semblaient gentils, et pourtant un jour ils sont partis dans les djebels et ils ont tiré sur tous les hommes qui se sauvaient.

– Combien en ont-ils tué ?

– Je ne sais pas. Beaucoup, surtout des petits bergers.

– Es-tu bien sûr que ce n'étaient pas des fellaghas ?

– Certain. Les bandes armées s'étaient sauvées quelques jours avant, quand elles avaient vu les militaires arriver. Maintenant qu'ils sont partis, elles sont revenues, et les frères des tués les rejoignent pour venger les morts. »

Les jours suivants, je recoupe ces renseignements et en déduis que, en dépit des communiqués de victoire, l'opération n'a rien apporté, sinon des citations à ses auteurs. En contrepartie, elle a grossi les rangs de la rébellion et amplifié la haine de la France, ce que Jules Roy traduira ainsi : « Tuer pour briser une révolte ne contribue qu'à faire surgir de nouveaux rebelles. »

Quant au « héros de cette victoire », on est loin de découvrir dans ses mémoires [3] la modestie et l'humanité du général Marceau écrivant à sa sœur, depuis l'Armée de Sambre-et-Meuse, en 1795 : « Ne me parle pas de mes lauriers, ils sont trempés dans le sang humain. »

3. Dans *Ma guerre d'Algérie*, il ne cesse de s'auto-encenser : « De partout, on appelle Bigeard le pompier à la rescousse… Partout on commence à parler de nous, les journalistes déboulent, les grandes pointures de l'état-major sont soufflées par mes coups… Encore une fois, nous avons épaté la galerie et les hauts gradés… À nouveau pluie d'articles sur moi dans la presse. *Paris-Match* titre : “Bigeard a frappé comme la foudre”… », etc. (*op. cit.*, p. 18-22). Concernant son séjour au nord d'El Milia, où il avait installé son PC à la cote 701 du douar Aïn Madjar, il juge ainsi son action (p. 17) : « Les résultats sont au rendez-vous : la zone est pacifiée et plus de 500 fellaghas sont arrêtés et 24 tués, avec des pertes minimes de notre côté : 2 tués et 6 blessés » ! Il prétend même, dans *Pour une parcelle de gloire*, avoir « saisi près de quatre cents armes » (*op. cit.*, p. 31). Or la seule formation rebelle de la région commandée par Bouali Messaoud comptait environ 100 combattants armés et s'était éclipsée avant l'arrivée des paras.

Dix-neuf beaux garçons privés de leur droit à l'existence

Simple coïncidence ou mesures de rétorsion, les attentats et sabotages se multiplient au moment du départ des paras. Les embuscades sont plus nombreuses et mieux préparées. Des matériels agricoles appartenant à des Français sont sabotés ainsi que des lignes téléphoniques et électriques. Des canalisations d'eau sont percées, ce qui oblige les habitants à s'approvisionner à l'oued El Kébir et, pour la boisson, à faire la queue à l'unique fontaine du village. Les militaires vont remplir des citernes au bassin d'alimentation communal situé à deux kilomètres.

Lors de ma permission de décembre, j'avais proposé à mon épouse de venir me rejoindre. C'est dans ce climat pernicieux qu'elle arrive début février 1956. Elle ne court toutefois aucun risque car le village est bien protégé et nous logeons au centre, dans un petit immeuble occupé uniquement par des Français. Ceux-ci comptent une centaine de foyers dans la localité. D'autres officiers et sous-officiers ont aussi retrouvé leur épouse.

Dans la nuit du 17 au 18 février, un groupe rebelle réussit à s'infiltrer dans le bourg et tire à tort et à travers. Nos postes de garde répliquent. Nous déplorons plusieurs victimes de part et d'autre. Parmi les assaillants morts, nous reconnaissons deux jeunes garçons qui descendaient parfois de la montagne pour vendre des grives.

Le mardi 21, un convoi sur camions de fantassins du 51e RI tombe dans une embuscade à l'est d'El Milia, sur la route de Collo. L'action avait été minutieusement préparée car l'ouverture de route, quelque temps avant le passage du convoi, n'avait rien remarqué d'anormal.

Au moment du déclenchement de la fusillade, vers 12 h 30, le colonel et son chef d'état-major sont momentanément absents.

Avec le capitaine Darléguy du 3e bureau, j'assure la permanence au PC du secteur. Captant par radio le SOS du chef de détachement attaqué, nous alertons aussitôt la patrouille d'automitrailleuses disponible, les compagnies les plus proches, le médecin et l'ambulance. Simultanément, nous déclenchons l'appui aérien et envoyons un Piper surveiller la zone, puis nous ordonnons à la batterie d'artillerie d'effectuer des tirs *a priori* sur les possibles chemins de repli des agresseurs, tirs que nous faisons cesser dès que le Piper et la patrouille de chasseurs T6 prennent la mission à leur charge.

Prévenus par radio, le colonel et le chef d'état-major arrivent au PC et prennent la direction des opérations. Nous restons près d'eux pour faire exécuter leurs ordres.

Le premier bilan de nos pertes est sévère : dix-neuf tués et une douzaine de blessés. Les quelques rescapés indemnes qui s'étaient cachés dans les fourrés sont récupérés. Presque toutes nos armes et munitions ont été emportées par les assaillants qui n'ont laissé que deux morts sur le terrain. Devant cette proportion inhabituelle, les compagnies qui découvrent le carnage se répandent dans les mechtas voisines pour inverser le bilan. Longtemps nous entendons explosions de grenades et crépitement d'armes automatiques : nous supposons que la bande rebelle a été accrochée, mais rien de tel ne nous sera signalé.

Le lendemain matin, Mouloud, le jeune Algérien de dix-sept ans qui vient chaque jour à notre domicile effectuer de menus travaux pour gagner un peu d'argent, se présente en larmes devant ma femme :

« Madame, hier après-midi, les militaires ont tué mon père et plusieurs voisins de la mechta Ouled Debbeb. »

Mon épouse tente de le consoler comme elle peut et lui explique que c'est à cause de l'embuscade tendue par les fellaghas.

« Oui, madame, que les militaires français et algériens se tuent entre eux, c'est normal, c'est la guerre, mais que des soldats aillent tuer beaucoup de civils qui n'ont rien fait de mal, c'est pas juste. »

Que répondre à une telle logique ? Ma femme lui remet une certaine somme d'argent et quelques cadeaux et réussit à le convaincre de rester à notre service, car bien qu'appartenant à une famille réputée plutôt francophile, il paraissait disposé à rejoindre le maquis pour venger son père. Nous lirons quelques mois plus tard dans *La Dépêche de Constantine* qu'à El Milia un certain Goutas el-Ouas, tel est le patronyme de Mouloud, avait assassiné le juge de paix. Était-ce lui ou l'un de ses frères ?

Les corps des victimes sont aussitôt transportés à Constantine dans un camion. À El Milia, une cérémonie a lieu le lendemain au cimetière à leur mémoire. Dix-neuf jeunes et beaux garçons privés du droit à l'existence. Pourquoi ? Pour qui ? Quelle émotion étreint la population européenne réunie là au grand complet ! Aucun musulman n'est présent à cette cérémonie. Ceux qui auraient eu envie de s'y associer ont trop peur d'être considérés comme des provocateurs et lynchés, ou d'être repérés par des agents du FLN et subir le sort réservé aux collaborateurs et aux mouchards. « Ils ont fait héroïquement leur devoir », tel est le leitmotiv des éloges qui leur sont décernés. « Le devoir, c'est un mot qui sert à payer l'héroïsme des autres », aurait ajouté Roland Dorgelès [4].

Curieusement, les mois de mars et avril sont relativement calmes. Nous en cherchons les raisons. Les quelques informateurs qui nous restent nous apprennent que le FLN est très occupé à une grande restructuration, ajoutant qu'il doit refuser des volontaires faute d'armement à leur confier.

À l'état-major du secteur, discutant entre nous, nous émettons une autre hypothèse. Les chefs de la résistance algérienne n'ont-ils pas placé leurs espoirs dans le nouveau gouvernement français présidé par le socialiste Guy Mollet auprès duquel figu-

4. *Sur la route mandarine*, Albin Michel, 1925.

rent des partisans d'une certaine Algérie algérienne, comme le général Catroux [5] ? Ce dernier a d'ailleurs remplacé l'intransigeant Jacques Soustelle au poste de gouverneur général, mais devant le tollé des ultras, Guy Mollet dut lui substituer un homme réputé conciliant, Robert Lacoste, qui reçoit le titre de ministre résident.

Enfin, l'indépendance accordée au Maroc le 2 mars 1956 et à la Tunisie le 20 encourage les nationalistes à penser que le tour de l'Algérie est proche.

« Votre Guy Mollet est un guignol, nous fait remarquer le commandant Fourgeaud. Il a fait campagne aux législatives avec le Parti socialiste pour la paix en Algérie, et lors de sa première visite à Alger, le 6 février, quelques tomates reçues sur la gueule l'ont amené à déclarer : "La France restera présente en Algérie. Les liens entre la France et l'Algérie sont indissociables !" »

Pour les ultras du village, le calme est dû à la répression qui a suivi l'embuscade du 21 février. D'après eux : « C'est ce qu'il faut faire après chaque attentat, ils se lasseront avant nous. »

Pour ma part, je suis convaincu du contraire. Je pense même que la défaite d'Indochine ne nous a pas servi de leçon. Nous répétons les mêmes erreurs : refus d'admettre la fin des empires coloniaux, refus de s'entendre avec les représentants authentiques des peuples colonisés en marche vers leur indépendance,

5. Peut-être aussi, mais je ne l'apprendrai que bien plus tard, le FLN ne voulut-il pas entraver par des actions offensives les possibilités de réussite de mouvements pour la recherche de la paix, en cours de formation. Parmi eux, la Fédération des libéraux d'Algérie regroupe autour d'Albert Camus des intellectuels comme l'écrivain Emmanuel Roblès, le docteur Jean Gonnet, Charles Poncet, Jean de Maisonseul, le pasteur Capien, le révérend père Cuoq… Avec le professeur Mandouze se retrouvent des chrétiens progressistes, les abbés Scotto, Declerq, Augros, encouragés par Mgr Duval, évêque d'Alger, des universitaires comme Charles-Robert Ageron, Marcel Emerit, Paul Houdart, etc. Des intellectuels musulmans libéraux, dont certains proches du FLN, appuient ces initiatives. Parmi eux, Mouloud Mammeri, Mouloud Amrade, Amar Ouzegane, Mohamed Lebjaoui, le docteur Khaldi. Hélas, ils ne seront pas plus entendus que ne le furent Germaine Tillion et Vincent Monteil !

refus d'appliquer les droits de l'homme dont la France a pourtant signé la déclaration. Je développe ces critiques sur les courriers que j'adresse à ma famille et à mes amis.

Son nom ? Maurice Papon

Voici trois mois que j'ai quitté ma compagnie, toujours stationnée à Béni Aïcha et Dardara. Mes anciens officiers, sous-officiers et chasseurs m'adressent des lettres chaleureuses. Au cours des reconnaissances aériennes en Piper, je largue mes réponses sur leurs postes avec leur courrier venant de France qui leur parvient ainsi deux ou trois jours plus tôt. Les libérables de la classe 54/1 m'envoient une lettre datée du 26 mars qui me touche beaucoup [6]. Allant les saluer, lors de leur passage à El Milia, sur le chemin de la libération, je suis ému des marques de sympathie qu'ils me témoignent tous.

Quelques jours plus tard, un message radio du 4e BCP nous apprend que mon remplaçant à la tête de la 2e compagnie, le lieutenant Lamant, et deux chasseurs tombés dans une embuscade viennent d'être blessés à coups de chevrotines. Ils ont été évacués et hospitalisés mais leurs jours ne sont pas en danger.

Le chef en titre du 2e bureau devant quitter la demi-brigade début juin, le colonel me convoque pour m'annoncer qu'il me réserve cette fonction. Il m'invite à partir en permission dès que possible – nous sommes début mai – afin d'être là au départ du titulaire et il ajoute : « Mon temps de commandement se termine. À votre retour, je serai peut-être remplacé. Je laisse à mon successeur le soin de vous confirmer au 2e bureau ou de vous affecter au 3e qui sera bientôt libre. »

Le chef du 2e bureau a pour mission de recueillir tous les renseignements possibles provenant des bataillons, de

6. Voir, en annexes (p. 249), la photocopie de cette lettre.

la gendarmerie, de la police judiciaire, de l'administrateur, des caïds, des indicateurs. Il les étudie, les trie, les compare, les recoupe, élimine ceux qui sont périmés ou sans importance et présente pour exploitation ceux qui sont intéressants au 3e bureau, au chef d'état-major et au colonel. Dans un contexte différent, ce serait un métier passionnant.

D'autres renseignements, obtenus sur le terrain par les compagnies ou les bataillons, sont aussitôt exploités par les unités qui rendent compte au PC du secteur.

Ce faisceau de renseignements permet d'établir et de tenir à jour l'organigramme de l'organisation du FLN, ses effectifs, son implantation, le nom de ses chefs, puis de supputer ses possibles actions offensives afin de pouvoir les contrer. Le chef rebelle local est un certain Bouali Messaoud sur lequel nous avons établi une fiche très détaillée. Nous courons après lui depuis longtemps, mais en vain.

Une des autres contraintes de l'officier du 2e bureau consiste à rédiger une synthèse mensuelle des renseignements du secteur et à la porter à Constantine au PC de la ZNC (zone Nord-Constantinois) vers le 20 de chaque mois. C'est l'occasion pour toutes les personnes de la zone ayant à connaître du renseignement d'assister à une « grand-messe » sous l'autorité d'un officier supérieur. Depuis janvier, je m'y suis rendu chaque mois, soit en doublure, soit seul. En fin de réunion, le général Thomas de Labarthe, commandant la zone (ou son adjoint, le général du Passage), vient parfois donner des directives. Il arrive qu'il soit accompagné de l'IGAME. Au cours de ses interventions, ce dernier se montre partisan des formules les plus répressives chères à Soustelle, à Bourgès-Maunoury et autres ultras. Son nom ? Maurice Papon, dont je découvrirai plus tard l'activité antijuive et antirésistante à Bordeaux pendant l'Occupation, puis sa responsabilité dans les ratonnades et noyades d'Algériens à Paris en octobre 1961.

L'organisation de la résistance algérienne nous est maintenant bien connue. Le FLN, pourvu de responsabilités politiques, diplomatiques, militaires, coiffe l'ALN (Armée de libération nationale) et l'OPA (Organisation politico-administrative).

Les « rebelles » étaient de tous âges et des deux sexes

Parti en permission début mai 1956 avec mon épouse, je reviens avec elle début juin. Au cours de ce congé, je dois répondre aux questions de mes compatriotes. La plus communément posée est celle-ci : « Comment se fait-il qu'étant plus nombreux et mieux armés que les rebelles, vous ne parveniez pas à en venir à bout ; au contraire, ils semblent de plus en plus forts ? »

La réflexion la plus sidérante me vient d'un camarade de cours complémentaire et d'École normale, Pierre Pétinay, bon socialiste, auquel je soutiens que nous devons trouver un moyen honorable de quitter l'Algérie. « Tu n'y penses pas, m'explique-t-il, la France a découvert là-bas des gisements de pétrole prodigieux. Ils nous appartiennent et nous évitent de nous approvisionner à l'étranger. Nous n'avons pas le droit de les abandonner. »

Pendant ce congé, j'apprends les manifestations qui se déroulent depuis quelque temps en divers points du territoire pour protester contre l'envoi d'appelés et rappelés en Algérie. À Noyers-sur-Cher, les manifestants ayant bloqué le départ d'un train de soldats, des heurts violents se sont produits avec les CRS. Parmi les protestataires, le maire ceint de son écharpe fut brutalisé. Choqué, il décéda peu après. Pour les organisateurs de cette forme de résistance, « la prise de conscience devait avoir lieu avant l'embarquement pour l'Algérie ou jamais. Car, ensuite, le bourrage de crâne faisait son effet [7] ».

7. Jean-Pierre Vittori, *Nous les appelés d'Algérie*, Stock, 1977.

À mon retour à El Milia, je me présente au colonel L. Y. qui vient de remplacer le colonel Mosnier. Il me produit une forte impression par son charisme, sa chaleur communicative et son parcours militaire. Prisonnier en 1940, il fut le premier évadé de la citadelle de Colditz, en Poméranie, épopée que j'ai découverte dans *L'Express* en lisant le « Bloc-notes » de son beau-père, François Mauriac, lequel se prononce nettement contre la torture. Ayant appris qu'il avait eu d'importantes responsabilités dans la Résistance, surtout au Vercors, je lui déclare être moi-même ancien résistant.

« Je vous confirme provisoirement, me dit-il, dans les fonctions de chef du 2e bureau. Nous verrons par la suite. »

Renouant avec une habitude prise les mois précédents, je me rends en Jeep dans les mechtas voisines, avec deux hommes de protection, pour y juger l'ambiance générale. Là où je recevais un accueil normal, je rencontre des visages fermés, des regards fuyants ou réprobateurs, sans pouvoir obtenir d'explication. À mon retour, je m'en ouvre à mon collègue du 3e bureau.

« Le 11 mai dernier, me dit-il, aux abords de la mechta Oudjehane, entre El Milia et El Hanser, la compagnie du capitaine R. U. fut accueillie par des coups de feu qui blessèrent un chasseur ; après quoi, un groupe d'individus se jeta sur un fusil-mitrailleur de l'une des sections dans le but de s'en emparer. Il s'ensuivit une fusillade qui fit soixante-dix-huit morts parmi les rebelles [8]. » Quelques jours plus tard, j'apprends que les « rebelles » étaient de tous âges et des deux sexes…

D'autres actions eurent lieu pendant mon absence, dont une

8. Depuis, j'ai lu ce glorieux fait d'armes sur un opuscule intitulé *Des rappelés témoignent*, rapporté avec quelques nuances par un médecin du contingent (Éd. Comité de Résistance spirituelle (chrétien), 1957, p. 33). André Décérier, professeur retraité à Lyon, ex-sergent appelé du 4e BCP, m'a confirmé cet "exploit", enrichi des témoignages de ses camarades, acteurs du drame, et précisant que la seule arme trouvée sur place était un combiné de téléphone, transformé par *La Dépêche de Constantine* en standard téléphonique. Voir aussi, sur ce sujet, *L'Événement du jeudi*, 18 octobre 1990.

tentative d'attaque du bourg d'El Milia, le 8 mai, par un groupe qui se heurta aux défenses et subit quelques pertes.

L'activité rebelle aurait récemment connu une assez nette recrudescence dans toute l'Algérie. Par exemple, le 19 mai, l'embuscade de Palestro au cours de laquelle 19 soldats furent tués, le même nombre qu'à El Milia le 21 février. Faut-il voir là un des effets de la fameuse restructuration du FLN, le ralliement de Ferhat Abbas, Ahmed Francis, Tewfik El Madani à ce mouvement qui rassemble toutes les fractions de la Résistance algérienne, comme ce fut le cas en France en 1943 sous l'autorité de Jean Moulin ? Sans doute aussi l'échec des tentatives de paix de Camus, Mandouze et leurs amis n'y est-il pas étranger ?

Courant juin, un sergent de mon ancienne compagnie, en liaison à El Milia, vient me voir et raconte :

« Savez-vous, mon capitaine, ce qui se passe de plus en plus souvent dans les unités ? Voici un exemple : le lieutenant Lamant qui a été blessé en avril est parti à l'hôpital, puis en permission. Un nouveau sous-lieutenant, R. X., a commandé la compagnie pendant son absence. Dans une mechta, il a découvert la femme d'un rebelle. Il l'a interrogée pour qu'elle dise où se cachait son mari. Comme elle ne voulait pas parler, il l'a fait déshabiller, suspendre par les pieds, et emplir le ventre d'eau par le vagin. Elle a continué à se taire. Il a dû la relâcher car nous lui avons dit notre écœurement devant de tels procédés auxquels nous n'étions pas habitués. Si l'on rencontre un jour le mari de cette femme, je pense qu'il ne nous fera pas de cadeau ! »

Je n'avais rien su de ce fait qui s'était pourtant produit avant mon départ en permission.

Fin juin, le gardien du service des Ponts et Chaussées m'annonce que son fils de dix-sept ans a été blessé et me demande de le faire soigner. Cet ancien tirailleur ne parvient pas à m'expliquer ce qui est arrivé.

« Où est ton fils ?
– Il se cache derrière les barbelés. »

J'envoie une Jeep avec son père pour le chercher. À leur retour, je constate qu'il a reçu une balle dans une jambe, qu'il présente une écorchure à une main et souffre de contusions multiples. Je le fais conduire à l'infirmerie où il est soigné. Comme il n'a rien de grave, je le mets en confiance, lui promets qu'il ne lui sera fait aucun mal, puis je l'interroge.

« J'avais quitté ma mechta située à trois kilomètres d'ici avec un voisin âgé de soixante ans pour me rendre au village lorsque nous avons été arrêtés par une patrouille », articule-t-il péniblement. S'enhardissant, il poursuit : « Les militaires m'ont mis un poste radio sur le dos et nous ont dit à tous deux d'aller avec eux. Nous avons marché dans la forêt. À un moment donné, un militaire a dit au vieux : "Allonge-toi là." Le vieux a obéi. Il lui a caché la figure avec son chapeau de paille. Un autre militaire s'est approché et l'a tué d'une rafale de mitraillette. "À ton tour", m'a-t-il dit. Si j'obéissais, j'étais sûr de mourir. Comme on m'avait retiré le poste radio un peu avant, j'ai préféré me sauver. J'ai fait un bond et me suis mis à courir très vite. Le militaire m'a tiré dessus. J'ai senti une douleur à la jambe et une autre à la main, mais je ne me suis pas arrêté. J'ai entendu les militaires rigoler. J'ai continué à courir et suis rentré chez moi en me cachant. »

Je commande un véhicule avec escorte et lui dis de me conduire sur les lieux. Nous y relevons des traces de sang et ramassons des douilles. Le cadavre du vieux a dû être enlevé entre-temps par la famille. J'en rends compte au colonel, qui m'ordonne d'effectuer une enquête. Celle-ci me conduit à une section d'une compagnie du 17ᵉ BCP, cantonnée au Kef Zerzour, mais où, évidemment, une version des faits très différente m'est présentée. Le chef de section prétend que sa patrouille a reçu des coups de feu – c'est possible – et que, dans sa riposte, elle a tué un des agresseurs qui s'enfuyait. Je lui fais remarquer que le mort est un homme âgé mais ne lui parle pas du blessé, de crainte qu'il ne soit ultérieurement sanctionné pour être allé se plaindre.

Je crois intimement que ce dernier m'a dit la vérité, mais ne puis le prouver. C'est ce dont je rends compte au colonel, qui invite le commandant du 17e BCP à suivre cette affaire. Je n'en ai plus rien su.

Les interrogatoires des prisonniers sont l'affaire des polices

Profitant de cet « incident », je rends compte au colonel que des actes semblables me sont signalés dans d'autres unités, mais ils ne sont pas ébruités et je ne puis lui en fournir les preuves.

« Je condamne et interdis formellement ces méthodes, me répond-il. Je vais d'ailleurs diffuser une note dans ce sens à toutes les unités du secteur. Je refuse également le recours à la torture par l'armée. Les interrogatoires des prisonniers sont l'affaire des polices : gendarmerie, police judiciaire, renseignements généraux, services spéciaux de l'administrateur. Ce sont des professionnels qui savent interroger et obtenir des renseignements qui, j'en conviens, nous sont indispensables. À nous ensuite de les exploiter en combattant nos adversaires sans faiblesse, mais sans malpropretés. J'en profite pour vous confirmer, si vous en êtes d'accord, dans vos fonctions au 2e bureau. »

Comment refuser mon concours à un homme animé de si bonnes intentions ? Me dérober serait peut-être laisser la place à un ultra qui pourrait interpréter les directives du patron ou lui cacher des actes répréhensibles. Je décide donc d'accepter. Plusieurs fois, il m'emmène avec lui visiter son secteur. Le courant passe d'autant mieux entre nous que nous échangeons des souvenirs de Résistance et nous découvrons un ami commun.

Pour collecter les renseignements, il me faut être en relation constante avec tous les organismes susceptibles d'en fournir. Depuis mon arrivée à l'état-major du secteur, j'ai d'excellents rapports avec les gendarmes. Le maréchal des logis-chef Jamet refuse formellement la pratique de la torture, ce qui lui vaut les critiques acerbes de certains de ses subordonnés. Deux inspecteurs des renseignements généraux, récemment arrivés de la région de Clermont-Ferrand, qui font le déplacement de Constantine un jour par semaine, me confient leur écœurement de ce qu'ils découvrent quotidiennement. Dans l'entourage de l'administrateur, c'est le secret le plus absolu, mais on chuchote que deux pieds-noirs et quelques goumiers ne s'embarrassent d'aucun scrupule.

Reste la police judiciaire. Deux inspecteurs de cette fameuse PJ viennent de Constantine soit systématiquement trois jours par semaine, soit à la demande en cas d'urgence. Ils logent dans une des pièces de la gendarmerie et ont installé dans les sous-sols un « laboratoire » secret auquel mes fonctions me donnent accès.

Les suspects sont enfermés dans les prisons de la gendarmerie, de la commune mixte ou des bataillons. Pour chacun d'eux est établie une fiche à son nom avec mention de ce qui lui est reproché. Les inspecteurs de la PJ détiennent un grand fichier récapitulatif de tous les individus recherchés. Ils le compulsent attentivement avant tout interrogatoire, lequel se passe en plusieurs temps.

Le premier consiste à recueillir toutes informations d'identité, empreintes digitales, photos et déclarations spontanées de l'intéressé. Comme celui-ci déclare généralement ne rien savoir, il doit se dévêtir, c'est le deuxième temps.

Viennent alors les menaces contre lui-même, contre sa famille, agrémentées de quelques coups, tout aussi inefficaces.

C'est dans un troisième temps que les choses sérieuses commencent. Le malheureux subit successivement le gavage d'eau, l'immersion de la tête dans un baquet, le courant électrique de 110 volts transmis par deux électrodes branchées l'une à l'oreille, l'autre au sexe. D'autres procédés sont employés, je le sais, mais je ne les ai pas vus. Je me dégoûte d'assister aux tortures sans rien dire. Pour excuser mon manque de courage et me donner une vague bonne conscience, je me persuade qu'il faut des témoins pour qu'elles soient un jour connues du grand public.

Les sévices sont entrecoupés de pauses au cours desquelles les suppliciés ont droit à de délicates attentions : cigarettes, casse-croûte apprécié après une période de jeûne, paroles aimables, propositions de coopération. Après quelques heures de ce régime – deux ou trois jours pour les plus coriaces –, les enquêteurs obtiennent presque toujours des aveux. Quelle en est la valeur ? Parfois exploitables, ils permettent à l'autorité militaire de monter une opération. Souvent ils sont périmés ou faux, soit que le « questionné » ne sache rien et invente pour se soustraire aux souffrances, soit que, résistant authentique, il trompe ses tortionnaires pour sauver ses camarades, ou tout au moins gagner du temps.

Un problème se pose alors : que faire de ces pauvres diables après « usage » ? Celui qui a parlé facilement, ou contre lequel aucune charge n'est relevée, est libéré. Celui qui fournit de bons renseignements est conduit auprès de l'unité chargée de les exploiter. Celui dont la culpabilité est retenue est présenté à l'autorité judiciaire. Celui qui est trop abîmé ou jugé irrécupérable est rendu à l'unité qui l'a livré, en vue de son envoi au paradis d'Allah.

Vengeance ! Vengeance !

Comme en Indochine, me voici donc aux prises avec ma conscience. Le combat intérieur resurgit. Pendant mes nuits de veille, ou lors d'insomnies, des questions m'assaillent.

La torture me révulse. Elle avilit l'homme qui la subit et celui qui la pratique, mais aussi celui qui la regarde sans réagir, et surtout celui qui l'ordonne ou la laisse faire. Les suppliciés rendus à la société deviennent des êtres humiliés, animés d'un désir de vengeance décuplé, propagateurs de la révolte, ennemis jurés de la société qui a engendré leurs persécuteurs. Quant aux « irrécupérables » assassinés, ils sont autant de martyrs dont le sacrifice peut soulever les masses et servir d'exemple.

Malgré cela, aucun des responsables civils et militaires que je connais ne dénonce les tortures et les exécutions sommaires. Moi-même, par mon mutisme, je m'en fais le complice. Ces méthodes seraient-elles indispensables et inévitables ?

Souvenons-nous de l'occupation allemande. Que de Français n'osèrent s'engager dans la Résistance de crainte d'être arrêtés, interrogés, déportés ! Les maquisards, redoutant des représailles sur la population, renoncèrent à bien des attentats et sabotages. La certitude de l'impunité ou de la modération des sanctions eût encouragé notre agressivité. En contrepartie, la répression fut le meilleur pourvoyeur des maquis et rejeta progressivement vers la Résistance la partie hésitante de la population.

Les racistes prétendent que les Arabes ont une mentalité différente de la nôtre et ne connaissent que la force. Je prétends, au contraire, qu'ils sont des hommes comme les autres et réagissent à peu près comme nous. « Les ratissages, les interrogatoires, les tortures nous amènent tous les jours de nouveaux combattants », déclarait le 16 février 1955 Ben Boulaïd, prisonnier, au commandant Monteil dépêché par Soustelle pour l'interroger.

Pour faire taire tout scrupule, le rapport de l'inspecteur général Wuillaume, paru en 1955, banalise ainsi la torture : « On recommande les méthodes utilisant l'eau et l'électricité avec précaution ; elles produisent un choc plus psychologique que physique et ne constituent pas une cruauté excessive ; j'incline à croire que ces méthodes sont acceptables et ne sont pas plus brutales que la privation d'aliments, de boisson, de tabac » !

La plupart des Français qui utilisent ces procédés sont originaires d'Algérie et parlent l'arabe couramment, ce qui les rend plus efficaces. L'un des inspecteurs de la PJ auquel je demandais de faire cesser les souffrances d'un suspect interrogé me regarda dans les yeux et me déclara :

« Si, comme moi, vous aviez découvert à Philippeville, où mes fonctions m'appelaient, les corps affreusement mutilés d'une centaine de nos compatriotes, hommes, femmes et enfants, vous ne pourriez plus jamais avoir de pitié pour les Arabes. Cette vision me poursuit et me rend insensible à la douleur de ceux qui passent entre mes mains.

– Si une populace déchaînée s'est livrée à de tels actes, lui répondis-je, c'est sans doute qu'elle aussi avait des morts à venger, familles brûlées dans des mechtas ou mitraillées par les avions, parents et amis exécutés sommairement, et en bien plus grand nombre que les victimes françaises [9].

– C'est sans doute vrai, convint-il, mais dans cette sorte de vendetta, on ne peut quand même pas rechercher dans la nuit des temps celui qui a commencé et le tenir pour responsable des vengeances en chaîne qui ont suivi. »

Vengeance ! Vengeance ! Voilà bien le mot clé de cette guerre. Que de fois l'ai-je entendu en Indochine ! Il réapparaît ici lancé par toutes les communautés : d'un côté, par les pieds-noirs après les attentats contre les leurs, par nos petits soldats devant les corps inanimés de leurs copains, par les familles musulmanes francophiles spoliées ou dont des membres ont été égorgés par le FLN ; de l'autre côté, par les patriotes algériens et les populations victimes de la répression.

Comment mettre fin à cet engrenage de vengeances et de violences ? Il y a peu d'espoir d'y parvenir si le nombre des extrémistes et des fanatiques s'accroît sans cesse dans chaque camp. Les propos belliqueux des colons de Laverdure me reviennent en mémoire, ainsi que les confidences de ce jeune Algérien de Clairefontaine, de retour de la médersa de Tunis où lui avait été enseignée la guerre sainte contre les infidèles.

9. À Philippeville et à El Halia, 17 Algériens pour 1 Français (voir p. 61, note 2).

Ainsi vont mes réflexions qui se compliquent encore lors de conversations avec des Français d'Algérie ; par exemple, ces propos tenus par le docteur Nicoli, médecin du village :

« Ma famille est originaire de ce pays depuis plusieurs générations. Ici, c'est ma patrie, comme pour près d'un million de mes compatriotes. J'ai autant le droit d'y vivre que les Arabes qui, eux aussi, sont des conquérants de l'Algérie. Ils l'ont prise au vaillant peuple berbère, auquel ils ont imposé leur religion en faisant couler beaucoup de sang. »

Quant aux musulmans devenus français, de cœur ou par intérêt, fonctionnaires, pensionnés, commerçants, peut-on leur en vouloir ? Je me sens décontenancé, d'autant plus que je ne peux avoir la prétention de détenir la vérité.

Mon colonel, devant lequel je laisse percer mes doutes sur la justesse de notre combat, achève de me convaincre de devoir assumer loyalement les fonctions qu'il m'a confiées.

« Si nous vivions en dictature, m'assure-t-il, nous aurions le droit de contester, mais la France est une démocratie. Par la voix du suffrage universel, notre peuple a élu librement des parlementaires qui ont choisi un gouvernement, lequel a décidé le plus légalement du monde notre intervention en Algérie. Ce choix est donc bien celui de la nation, au service de laquelle est l'armée. Les membres de cette armée doivent obéir aux ordres sans états d'âme. »

On a bien le droit à cet amour-là

Les opérations mobilisent des moyens de plus en plus importants et variés : artillerie, patrouilles aériennes, commandos héliportés.

Fin juillet, au cours d'une opération, une partie d'un groupe de l'ALN que nous avions accroché parvenait à s'enfuir en laissant sur le terrain quelques morts et des paquetages. Fouillant l'un de ces derniers, je trouve parmi les documents une enveloppe blanche contenant quatre lettres datées des 11, 12, 13 et 14 juillet, adressées à un certain Abd par une jeune universitaire française. En les lisant, je relève ces passages :

« … Je savais depuis longtemps que je ne pourrais aimer qu'un homme que j'admirerais. Tu es celui-là. Je suis pure pour toi, je suis douce pour toi…

« J'ai eu ta lettre du 6 juillet que tu n'avais pas voulu envoyer. Comme tu souffres, comme il faut que tu aies mal… Tu me demandes ce qu'il en sera après les événements. Je ne sais pas. Comment savoir ? Comment décider, trancher ? Il y a deux ans que nous hésitons. Les événements eux-mêmes se chargent de nous séparer. Restons encore ensemble, toujours près l'un de l'autre. Ça t'aide, n'est-ce pas ?… C'est pur, c'est désintéressé. On a bien droit à cet amour-là tant que nous sommes seuls en cause…

« Pourtant je sais, n'est-ce pas, que tu vaux au moins le CRS qui te fouille. Mais ça doit être insupportable. Vingt ans que tu sens ça autour de toi ! Et sans doute avec plus d'acuité que toute ta famille…

« Il y a trois mois et demi que nous ne nous sommes vus. Alors il faut qu'on espère pour toi d'abord, pour ton pays, pour nous… Abd, mon amour, je ne peux pas croire que tu deviendras fanatique. [Signé] Thérèse… »

Que faire de ces lettres ? Les rendre à cette jeune fille après mon retour en France ? Et si son Abd était au nombre des morts au combat ? Et si, vivant, il avait décidé de rompre pour mieux se consacrer à la lutte pour l'indépendance de son pays ? Et si elle-même avait choisi un autre compagnon ? Je décide donc d'enfouir cette correspondance avec mes notes et de n'y plus penser, car je me sens honteux d'être entré par effraction dans l'intimité de ce couple.

C'est en recherchant mes carnets de souvenirs que je viens d'exhumer ces lettres après quarante années d'oubli.

Les individus contre lesquels nous avons de sérieux griefs doivent disparaître

À l'occasion d'une autre opération, un groupe de rebelles est localisé dans une grotte, au sommet d'un djebel. L'aviation intervient. Une compagnie encercle l'endroit et se prépare à donner l'assaut, lorsqu'un hélicoptère léger se pose devant notre poste de commandement. Le général du Passage en descend, képi en tête, tenue et souliers de ville. Il nous avertit qu'il désire assister à l'attaque de la grotte. L'hélicoptère va le déposer à proximité et revient aussitôt par mesure de sécurité. Au cours de l'attaque, des nuages bas et froids envahissent la montagne. Notre PC descend de quelques centaines de mètres pour leur échapper, ainsi que l'hélicoptère qui ne peut retourner chercher son passager. L'épais brouillard empêchant de donner l'assaut final avant le lever du jour, notre fringant général en tenue légère doit passer la nuit transi de froid au milieu des chasseurs qui, me dirent-ils, ont bien ri de le voir claquer des dents.

Il me souvient que, lors de l'une de nos réunions à Constantine, il nous déclarait : « La justice n'est pas assez sévère. Les individus contre lesquels nous avons des griefs sérieux doivent disparaître purement et simplement. » Sans doute traduisait-il la pensée de notre super-préfet Maurice Papon ?

Comment se déroula l'attaque de la grotte et quel en fut le résultat ? Je ne m'en souviens plus. Ce dont je suis certain, c'est que nous n'avons heureusement pas réédité l'« exploit » des colonels Pélissier et Saint-Arnaud qui, avec les félicitations du général Bugeaud, enfumèrent les grottes du Darha en 1845, desquelles furent retirés plus de six cents cadavres.

Un autre jour, je suis témoin d'un fait peu banal. Un indicateur doit nous conduire vers un PC rebelle à une dizaine de kilomètres au nord d'El Milia, en pleine forêt de chênes verts et de chênes-lièges. J'accompagne un détachement ayant reçu mission de localiser et de détruire ce PC. « C'est à cinq cents mètres d'ici », nous affirme l'indicateur à un moment donné.

Le commandant de compagnie dispose son unité en carré et la section de tête en ligne. Après deux ou trois cents mètres de marche en forêt, un rideau de feu s'élève devant nous. Impossible de progresser plus avant. Le capitaine donne l'ordre à sa section de gauche d'avancer à son tour, à la gauche du feu. Un nouvel incendie s'allume devant elle. Même essai par la droite, même réaction adverse. Découvrant soudain des flammes sur nos flancs, n'ayant plus que l'arrière comme issue, notre seul recours est le repli, que nous entamons dare-dare. Au cours de cette action, aucun coup de feu ne fut tiré, et aucun incendiaire ne fut aperçu. Savante tactique d'un adversaire qui sut préserver son sanctuaire.

Parmi les chefs de bande régionaux dont nous connaissons les noms, figure Lakhdar Ben Tobbal, qui deviendra l'un des leaders historiques de la révolution algérienne. Comme chacun d'eux, il porte plusieurs noms de guerre, dont le plus connu des populations est Si Larbi. Dans les mechtas reculées des djebels, nous demandons s'il a été aperçu. Les quelques hommes que nous rencontrons répondent négativement, mais des femmes nous déclarent qu'elles le voient souvent. À notre question « Où est-il ? », voici la réponse de l'une d'elles :

« Si Larbi, il est comme Allah. Il est pas là, et tout d'un coup, on ouvre les yeux, il est là sur son cheval blanc. On ferme les yeux, il n'est plus là. On les ouvre, il est là encore. Si Larbi, il est comme Allah : il est partout, il voit tout, et il est jamais là. Si je te demande où il est Allah, tu ne peux pas me répondre. Alors moi, pour Si Larbi, je ne peux pas te répondre non plus. »

Après tout sabotage de pylône, un pendu se balance

En cet été 1956, les attentats au couteau ou au pistolet contre des Algériens francophiles se multiplient, les sabotages et les harcèlements de convoi également. Les auteurs de ces actes n'étant pas attrapés, un climat de frustration face à leur impunité s'installe dans nos rangs. Les directives du colonel interdisant les représailles aveugles ne pouvant être ostensiblement transgressées, il s'en pratique discrètement à l'initiative de subordonnés, chefs de bataillon, commandants de compagnie, chefs de section. N'ayant pu vérifier les échos qui m'en parvenaient, je répéterai seulement les aveux de certains officiers.

Ainsi le capitaine P. T. nous confie que, lorsqu'une mine est découverte sur une route de son sous-quartier, il la fait exploser après avoir fait asseoir dessus un suspect notoire, solidement attaché. Son chef de bataillon proclame qu'« après toute destruction de pylône électrique, un pendu se balance sur un poteau voisin. C'est, assure-t-il, le seul moyen de préserver notre infrastructure, sinon il ne resterait bientôt plus un seul pylône debout », ce qui est certainement vrai.

Le lieutenant C. A. se vante de « buter des fells par dizaines », mais comme c'est un hâbleur, il est impossible de discerner la vérité de l'affabulation.

Parmi les ripostes aux sabotages, l'une d'elles est à la fois triste et cocasse. Voici quelque temps, l'idiot d'une mechta située au nord de Tissemiran fut surpris à couper des lignes téléphoniques avec des silex tranchants. Il continua sa besogne en présence des chasseurs qui le regardaient, ce qui prouve son inconscience. Pour ce dégât, il fut sérieusement rossé. À quelques jours de là, il récidiva. La meilleure façon de mettre fin à ses plaisanteries de mauvais goût était de s'en débarrasser. Le chef de patrouille qui l'avait découvert demanda un volontaire pour s'acquitter de cette tâche, au poignard pour plus de discrétion. Le bourreau et sa victime partirent donc bras dessus, bras dessous, derrière des rochers, dans le chabet Dardar. Le premier bâillonna le second pour étouffer ses cris ; après quoi, la besogne accomplie, il lui subtilisa une oreille, à titre de souvenir.

Le lendemain matin, notre médecin voit arriver à l'infirmerie un convoi de quatre hommes brancardant un blessé qui, d'après eux, aurait été agressé par des fellaghas. Aucune de ses blessures n'étant mortelle, le toubib le soigne avec les moyens dont il dispose. Appelé à l'infirmerie, je comprends rapidement qu'il a été victime d'un amateur, et sans doute pas d'un musulman qui, lui, l'aurait égorgé. Vu le lieu où il a été trouvé et après interrogatoire des convoyeurs, je fais le rapprochement avec le sabotage de Tissemiran qui m'avait été rapporté. Une enquête me permet d'obtenir les détails qui manquaient. Notre ressuscité est considéré comme victime de hors-la-loi, ainsi l'honneur est sauf. Dès qu'il sera remis sur pied (mais avec une seule oreille), il sera rendu à sa famille, et peut-être à ses occupations d'apprenti saboteur. Je n'aurai plus l'occasion d'entendre parler de lui…

Au cours d'une grande opération déclenchée fin août, un groupe de goumiers de la commune mixte est affecté à la garde rapprochée de notre PC. Une bande de rebelles nous étant signalée, l'aviation intervient. Comme souvent en pareil cas, les pilotes, ne parvenant pas à repérer les rebelles, mitraillent les mechtas voisines. « C'est pas bon ça, me dit un goumier. C'est surtout les femmes et les enfants qui sont tués. » Le voyant très ému, les larmes aux yeux, et pressentant qu'il a envie de parler, je le mets en confiance. « Je suis allé en permission dans ma famille qui habite la ville arabe de Tébessa, me confie-t-il. J'étais avec mon ami Mammoud, goumier comme moi à la commune mixte. Des légionnaires étaient passés dans nos maisons quelques jours avant et avaient tué des civils. La femme de mon ami Mammoud a été tuée avec d'autres personnes que je connaissais. C'est pas bon ça. »

Dès notre retour, j'avise l'administrateur du mauvais moral

de ses goumiers. Quelques jours plus tard, huit d'entre eux désertent avec leurs armes.

Les désertions ne sont pas propres à El Milia. Bien que les communiqués officiels et la presse les passent sous silence, des rumeurs nous révèlent qu'elles seraient assez fréquentes, surtout dans les Aurès et en Oranie. On parle aussi d'une compagnie de tirailleurs ayant rejoint le FLN entre Guelma et Souk-Ahras. Le 3e RPC de Bigeard l'aurait détruite sans subir de pertes, ce que confirmera Yves Courrière [10]. Qui donc, même ignorant du métier des armes, pourrait croire que 150 tirailleurs aguerris, bien armés, combattant pour leur pays, dans leur milieu, se soient laissé exterminer par un régiment de jeunes paras peu expérimentés, bien que très solidement encadrés ! Que s'est-il passé exactement ? Le précédent des « exploits » du 3e RPC à El Milia donne libre cours à bien des suppositions.

Le bruit se répand également, mais sans précisions, qu'un très gros effectif aurait déserté en Kabylie. Il nous faudra attendre quelques années pour apprendre l'existence d'une mystérieuse opération baptisée « Oiseau bleu », à l'issue de laquelle un commando du 11e Choc et une compagnie du 3e RPC (encore lui) auraient anéanti 600 des 1 500 déserteurs sans qu'aucune perte ne soit signalée de notre côté [11] !

Pour qu'Yves Courrière rapporte tant d'invraisemblances et d'affabulations, il faut qu'il ait été abusé par les vantardises d'officiers hâbleurs. Concernant l'événement de Kabylie, Camille Lacoste-Dujardin [12] a récemment rétabli la vérité, qui est tout autre.

10. *Le Temps des léopards*, *op. cit.*, p. 319. Bigeard, quant à lui, dresse le bilan de cette action dans *Ma guerre d'Algérie* : 126 déserteurs tués et 15 prisonniers pour un seul mort de son côté (*op. cit.*, p. 26).
11. *Le Temps des léopards*, *op. cit.*, p. 249-263.
12. Cf. *Opération Oiseau bleu*, La Découverte, 1997.

Il propose des solutions humaines

En raison de l'insécurité grandissante, je recommande à ma femme de rentrer en France et de ne revenir que si le climat s'améliore. Le 1er septembre, elle s'envole en avion-taxi jusqu'à Philippeville, d'où elle rejoint Paris à bord d'un Constellation.

Depuis son départ, je prends mes repas à la popote du colonel et réponds à quelques invitations de militaires et de civils. Le salon le plus coté de la cité est celui de M. Waddington, d'origine américaine, gros propriétaire terrien. Divorcé, il vit seul avec sa fille de vingt ans qui joue les maîtresses de maison, fume à longueur de journée du gros tabac noir et affectionne les verres de rosé sur le zinc en compagnie de sous-officiers. Sa voix grave et éraillée tranche avec son jeune et charmant minois.

Elle est courtisée par un sous-lieutenant de réserve, spécialement rengagé pour participer aux opérations en Algérie. Envoyé en mission par le haut commandement, ce jeune pédant a obtenu une chambre chez les Waddington, ce qui lui permet d'être au plus près de sa belle. Au cours des repas qu'il prend à la popote des officiers, il laisse percer sa prédilection pour un régime monarchiste et son admiration pour les combattants de la Légion des volontaires français contre le bolchevisme pendant la dernière guerre mondiale. Il a fort heureusement peu de crédit auprès de son auditoire et il n'insiste pas en présence du colonel au glorieux passé de résistant.

Ainsi une place de choix est-elle réservée à ce triste individu dans les armées de la République, alors que le brave vieux capitaine Caillet, consciencieux officier du matériel, est invité à quitter son poste et, qui sait ?, mis sur la touche, car la sécurité militaire a découvert que son épouse, qui l'a rejoint à El Milia, aurait été militante communiste.

Parmi les accrochages, le 6 septembre, route de Constantine, après un violent échange de coups de feu, l'adversaire se replie, laissant deux morts sur le terrain, dont un des huit goumiers déserteurs de la commune mixte.

Le 14 septembre, le colonel me donne l'ordre de convoquer dans la grande salle du nouveau foyer tous les musulmans influents du village et des douars voisins. Une trentaine répondent à cette invitation avec, semble-t-il, la bénédiction du FLN peut-être désireux de jauger les intentions, réputées pacifiques, du commandant du secteur.

Depuis mon arrivée à El Milia, j'ai noué de bonnes relations avec beaucoup de notables, aussi le colonel tient-il à ce que je sois le seul Français à ses côtés. Dans son allocution, il cherche à apaiser les esprits. Il propose des solutions humaines pour rétablir le calme. Il souhaite que la vie de tant de jeunes Français et de jeunes Algériens soit épargnée, des vies qui serviraient à la prospérité du pays. Il parle aussi des tentatives effectuées dans cette voie par le gouvernement français et le ministre résident Robert Lacoste.

« Le projet de nouveaux statuts de l'Algérie doit donner l'espoir d'un prochain règlement pacifique du conflit, dit-il. Aussi je vous engage à rechercher avec moi une solution dans ce sens. »

L'auditoire affiche un docile acquiescement mais ne manifeste nul enthousiasme. Aucune initiative concrète n'est enregistrée les jours suivants. Au contraire, l'adversaire poursuit son lot quotidien d'agressions, dont l'assassinat du bachaga Titah. Simultanément, nous continuons nos opérations, de plus en plus appuyées par des tirs d'artillerie.

Je suis comptable de la vie de mes hommes

Parmi les embuscades subies par nos troupes, la plus meurtrière est celle tendue le 30 septembre à un détachement du

4e BCP, au nord d'El Hanser. Neuf de nos chasseurs y trouvent la mort et plusieurs sont blessés. À la suite de cette action, le commandant M. T., cédant peut-être à ses extrémistes, aurait ordonné d'emplir un camion de suspects pour les faire exécuter sur les lieux mêmes de l'agression. Ce chef de bataillon qui, à son arrivée en Algérie il y a quelques mois, était loin d'être un tueur, est exaspéré par les attaques à répétition que subissent ses unités. « Je dois y mettre un terme, me déclare-t-il. Je suis comptable de la vie de mes hommes qui serait de plus en plus menacée si je ne prenais pas des mesures d'intimidation et de dissuasion. »

C'est aussi le 30 septembre – la presse diffusera le fait les jours suivants – que deux bombes explosent à Alger dans deux bars fréquentés par des Européens, la Cafétéria et le Milk Bar. Elles tuent deux personnes et en blessent une centaine. Ces actes terroristes aveugles provoquent l'indignation générale.

J'apprendrai de divers historiens, mais longtemps après la guerre, que, d'après le FLN, ces attentats étaient une réplique à un autre, infiniment plus meurtrier, qui eut lieu le 10 août : dans un immeuble musulman de la rue de Thèbes, on retira des décombres 16 cadavres et de nombreux blessés. C'était l'œuvre d'un groupe activiste de pieds-noirs, animé par le docteur Pérez, qui deviendra en 1960 l'un des instigateurs de l'OAS. La presse algérienne avait attribué cet attentat au FLN.

Courant octobre, je me rends pour raison de service chez l'administrateur M. Faure. Cet homme pondéré et sympathique me tient le raisonnement suivant :

« L'Algérie est peuplée d'Arabes, de Berbères, de Juifs, d'Européens. La France a mis ce pays en valeur et lui a donné une unité qu'il n'avait pas auparavant, Ferhat Abbas lui-même en a convenu. La France, en raison de son long passé historique, de sa réputation mondiale de pays des droits de l'homme, peut seule obtenir entre les quatre communautés un équilibre qui ne lèse aucune d'elles. Connaissant bien ce pays, je suis sûr qu'un jeune État algérien serait musulman et vraisemblablement fanatique, comme la plupart de ceux issus d'une révolution. Il serait intolérant envers les autres communautés qui seraient soit soumises, soit obligées de quitter le pays, soit exterminées. Devant un adversaire résolu à faire triompher ses exigences par la force, que reste-t-il à la France, sinon de répondre par une force supérieure pour faire prévaloir la solution de sagesse ? »

La crainte ne peut servir de base à l'adhésion de tout un peuple

Le dernier trimestre de l'année 1956 voit soudain régner un calme étrange à la faveur duquel mon épouse vient me rejoindre. Même l'ordre de grève générale lancé par le FLN pour le 1er novembre, jour anniversaire du déclenchement de l'insurrection, n'est pas suivi. Pour les ultras, c'est le résultat du raidissement de nos réactions. Peut-être faut-il y voir plutôt les conséquences d'un faisceau d'événements extérieurs. Le 16 octobre, le plus important convoi d'armes à destination du FLN a été saisi lors de l'arraisonnement du navire *Athos*. Le 22 octobre, Ben Bella et les principaux leaders du FLN ont été capturés après interception en vol de l'avion qui les transportait de Rabat à Tunis. Enfin, en peu de jours, début novembre, les troupes anglo-franco-israéliennes ont infligé à l'Égypte une défaite cuisante bien que sans lendemain.

Parallèlement, nous parviennent les comptes rendus des événements tragiques en Europe de l'Est ; ils n'ont certes aucune incidence sur le déroulement de la guerre d'Algérie, mais cependant ils nous interpellent.

En Pologne, puis en Hongrie, les populations se soulèvent contre le pouvoir communiste. Or, on ne se révolte pas lorsqu'on est satisfait et heureux. Le gouvernement de Nikita Khrouchtchev serait-il fragilisé pour avoir voulu rompre avec le stalinisme et apporter plus d'humanité à la société communiste ? Tocqueville avait-il raison en prétendant : « Il n'est pas de pire moment pour un mauvais gouvernement que lorsqu'il commence à devenir meilleur » ? Pour éviter l'effondrement du système, la réaction de l'Armée rouge est sanglante. Comment un régime qui prétend être l'émanation des peuples peut-il noyer dans le sang les revendications apparemment justifiées de ces mêmes peuples ? Cette question de simple bon sens, beaucoup de communistes la posent, surtout des intellectuels comme Roger Vaillant, Claude Roy, Claude Morgan, Jacques-Francis Rolland. L'exclusion ou le blâme sont la réponse de la direction du PCF qui, s'alignant sur les positions de l'URSS, attribue à la CIA la responsabilité des révoltes.

C'est aussi à cette époque que mon travail à l'état-major du secteur se trouve modifié. Les 5e bureaux en charge de l'action psychologique n'existaient jusqu'alors qu'aux sommets de la hiérarchie. Ils sont maintenant systématisés jusqu'à l'échelon des secteurs, dans un premier temps en association avec les 2e bureaux : cette charge m'échoit donc. D'après les directives de Constantine, je dois relever le moral des troupes et des populations et assurer le contrôle économique, en liaison étroite avec les services de l'administrateur qui a perdu le contact des douars en raison du repli des caïds et de la dangerosité des déplacements.

La tâche essentielle consiste à s'opposer aux réquisitions de l'ALN en réglementant la production et le transport des denrées alimentaires. Or, par crainte de représailles, personne dans la population n'accepte de nous prêter son concours. Dans la pratique, nous parviendrons à bloquer l'approvisionnement de jour, mais la nuit il s'effectuera en partie clandestinement. Les régions déficitaires seront lourdement pénalisées.

Comme en Indochine, les populations sont prises entre le

marteau et l'enclume. Les notables doivent ruser pour donner des gages des deux côtés.

Comme en Indochine, les partisans de la guerre à outrance sont convaincus que les populations obéiront au plus craint des deux belligérants. C'est vrai dans l'immédiat, mais, comme en Indochine, la crainte ne peut servir de base à l'adhésion de tout un peuple, au contraire.

Comme en Indochine, cette adhésion se fera bon gré, mal gré, en faveur des enfants du pays et non des « roumis », ces Européens dont beaucoup se sont enrichis par le travail du peuple algérien.

L'un des notables musulmans de la ville, maître Taleb, avocat, faillit payer de sa vie son attitude ambiguë. Cible d'un tueur au couteau, il ne dut son salut qu'à l'épaisse couche de graisse qui l'enrobait. Et pourtant, il passait aux yeux d'une majorité de Français pour un espion au service du FLN !

À la même période, Mouloud, notre jeune « employé de maison », arrive un matin à notre domicile pour « prendre son service » les yeux embués de larmes. « Madame, dit-il à ma femme, j'ai de la peine. Je viens de rencontrer dans la rue le grand lieutenant qui a tué mon père. Je l'ai bien reconnu, il est capitaine maintenant. »

Au début de novembre, j'avais supposé que Mouloud avait peut-être rejoint le maquis car je ne l'avais plus revu après le départ en vacances de ma femme, mais dès le retour de celle-ci, il est réapparu, ne voulant pas laisser sa place à un autre, les occasions de gagner un peu d'argent étant trop rares.

Les fêtes de fin d'année se passent dans un calme relatif, comme si une trêve avait été implicitement conclue entre les deux camps. Quelques réceptions chez des militaires et des civils sympathiques marquent la période des réveillons et font un peu oublier le sombre quotidien.

Au cimetière, le nombre de tombes augmente

Cette trêve est de courte durée, car, dès la mi-janvier, tout recommence de part et d'autre. Au cimetière français, le nombre des tombes augmente. Parmi les nouvelles victimes figure un commandant de compagnie, le capitaine Jonquet, ancien footballeur ayant joué en équipe de France.

Les inspecteurs de la PJ, qui avaient eux-mêmes mis une sourdine à leur triste besogne, la reprennent de plus belle. Un jour, ils m'appellent pour me présenter trois malheureux gamins âgés d'une quinzaine d'années, loqueteux, maigres, tremblants, tuméfiés.

« Ce n'est pas nous, me dit l'un des policiers, qui les avons mis dans cet état. Nous ne faisons ça ni avec les gosses ni avec les femmes. Ils arrivent de Catinat où ils ont été interrogés par le sergent-chef musulman Belaïd de la brigade de gendarmerie, individu que je connais et qui ignore tout du métier. Il pose des questions auxquelles on ne peut répondre que par oui ou par non. Le sujet est “traité” tant qu'il n'a pas dit oui. Pour que cesse la souffrance, il finit par avouer tout ce que l'on veut.

« Ces trois malheureux gosses nous ont été envoyés car ce sont d'anciens élèves de l'école communale d'El Milia et ils ont déclaré que leur directeur dirige un vaste réseau de résistance auquel appartiennent d'autres notables musulmans du pays.

« Reprenant l'interrogatoire à zéro, sans violences, nous avons constaté de telles contradictions que nous sommes obligés de conclure à l'aberration de cette histoire. Voici notre rapport. À vous d'en faire ce que vous voudrez. »

Mon premier geste est de réconforter les trois adolescents, puis je donne des ordres pour qu'ils soient lavés, soignés, nourris, hébergés ; après quoi, ils seront relâchés. Où iront-ils ? N'en avons-nous pas fait de futurs maquisards ? Je rédige ensuite un rapport contraire à celui de Catinat qui innocente le directeur d'école et ses amis.

Retournant voir nos inspecteurs de police, l'un d'eux me raconte l'histoire suivante : « Nous avions un jour obtenu, par nos méthodes habituelles, les aveux d'un suspect concernant un meurtre. Tout paraissait clair et logique. Présenté à la justice, notre "client" attendait le verdict lorsque le hasard nous fit découvrir le véritable auteur du crime. Nous avons repris notre faux coupable et lui avons dit de revenir sur ses déclarations, afin qu'il soit libéré. Il n'a jamais voulu, pensant que c'était un piège pour le remettre à une unité qui l'emmènerait en "corvée de bois". Alors, croyez-moi, pour lui faire admettre son innocence, nous avons dû lui infliger quelques-uns des traitements qu'il avait déjà subis pour avouer sa prétendue culpabilité ! »

« Le métal, on peut le tordre, le fer on peut le fondre, alors que peut-on faire de l'homme avec la douleur [13] ? »

Nous allons faire justice nous-mêmes

Circulant dans le village un jour de cette fin janvier 1957, les habitants me manifestent plus de déférence qu'à l'accoutumée et une certaine gêne. Le lendemain, des indiscrétions m'apprennent que les principaux notables algériens de la commune s'étaient rendus dans un douar voisin sur convocation du FLN. (C'étaient à peu près les mêmes qui avaient répondu à l'invitation du colonel le 14 septembre.) Aucun d'eux n'a averti les autorités militaires ou l'administrateur. Après accord entre ce dernier et le colonel, tous ceux qui peuvent être trouvés sont arrêtés et parqués dans une baraque entourée de barbelés située près du terrain d'aviation et baptisée « Centre de tri et de transit » (CTT).

13. Ces propos furent tenus par Ben Hamdi après s'être rétracté du meurtre d'un maire, Amédée Froger, que les « bérets verts » du 1er REP lui avaient fait avouer sous la torture, bien qu'il n'en fût pas l'auteur. Il sera néanmoins exécuté pour ce crime le 25 juillet 1957 (cf. Pierre Vidal-Naquet, *La Torture dans la République*, Éd. de Minuit, 1972, p. 75).

Début février, peu après ces internements – en relation ou non avec eux –, M. Faure, l'administrateur, est poignardé à mort par un étudiant, qui est aussitôt abattu par les gardes de la commune mixte. La loi prévoit qu'en pareil cas l'enquête doit être diligentée par le chef de brigade de la gendarmerie, en l'occurrence le maréchal des logis-chef Jamet. Tous les collaborateurs de l'administrateur qui n'affichaient pas à l'égard de la France un loyalisme inconditionnel, dont le secrétaire général, sont arrêtés pour interrogatoire. Comme j'assiste à ceux-ci, c'est l'une des rares fois que, pour un événement d'une telle importance, je ne relève pas de sévices à l'encontre des inculpés. En dépit de nombreuses pressions, le maréchal des logis-chef Jamet s'y refuse expressément. Je lui fais part de mon soutien.

Le colonel lui-même approuve, car si ces hommes honorables, vraisemblablement innocents de ce crime, avaient été remis entre les mains de la PJ, nul doute qu'ils auraient subi le traitement habituel. Quelle publicité c'eût été pour la cause de la France lorsqu'ils auraient été relâchés ! Dans la communauté française, les noms de « défaitiste » et de « couille molle » fusent à l'encontre du chef de brigade.

« Puisqu'il est incapable de conduire une enquête, nous allons faire justice nous-mêmes », déclare le capitaine D. T., conseiller militaire de l'administrateur. Flanqué de son copain H. N., employé lui aussi à la commune mixte, et comme lui souvent entre deux vins, il se saisit de Belkacem, gendarme musulman de la commune. Ils l'accusent d'avoir renseigné l'assassin, l'emmènent sur le pont de l'oued El Kébir, lui logent deux balles dans la tête et font basculer le corps dans le fleuve. Pour faire bonne mesure, les deux compères entrent dans une maison voisine et y ramassent deux jeunes gens auxquels ils font subir le même sort.

Outré de ces actes intolérables, le maréchal des logis-chef Jamet demande à ses supérieurs l'autorisation d'arrêter les deux meurtriers, ce qui lui est refusé.

Ne me donnez plus jamais de mission semblable

La révolte gronde chez les pieds-noirs. Afin d'éviter de nouvelles représailles aveugles et incontrôlées, et pour dissuader le FLN de renouveler un tel acte, le colonel me donne l'ordre de désigner quatre suspects dont nous avons la certitude qu'ils sont très favorables à l'adversaire et de les faire exécuter.

Quel nouveau cas de conscience ! Refuser serait désavouer ce grand soldat qu'est mon colonel, qui, j'en suis sûr, n'a pris sa décision qu'après mûre réflexion, estimant qu'elle est la moins mauvaise. Refuser serait quitter mon poste et le laisser sans doute à un « dur ». Refuser serait certainement m'exposer à une mutation d'office, comme en Indochine, auprès d'un nouveau chef chargé de me mater. Enfin, refuser serait présenter aux yeux des populations française et musulmane la discorde au sein de l'armée, avec toutes sortes de conséquences possibles, dont le renforcement du moral du FLN et l'affaiblissement du nôtre.

Après cette rapide réflexion, je me mets au garde-à-vous pour bien montrer que c'est l'officier et non l'homme qui va exécuter les ordres. Je me rends à mon bureau, compulse les fiches des prisonniers et, avec désespoir, désigne quatre d'entre eux. Sur quels critères ? Je choisis d'abord l'âge : la mort de jeunes gens m'est plus insupportable que celle d'hommes ayant déjà bénéficié de la vie ; ensuite la duplicité : ceux qui jouent un double jeu ont moins de crédit à mes yeux que des adversaires déclarés.

Ainsi j'ai droit de vie et de mort sur des hommes comme au temps de la féodalité ! Ainsi de ma décision dépend que telle famille plutôt que telle autre soit plongée dans le deuil !

Je confie l'exécution à l'adjudant Corne, un vieux sous-officier, qui avec un groupe de combat et les quatre condamnés se dirige vers un terrain vague. À son retour, il se plante devant moi, au garde-à-vous, avec certainement le même dégoût que moi quelques heures auparavant devant le colonel : « Mission accomplie, mon capitaine, mais je vous en supplie, ne m'en donnez plus jamais de semblable. Toute ma vie je me souviendrai des sanglots étouffés de ces quatre hommes qui, durant leur déplacement, avaient compris le sort qui leur était réservé. »

Apprenant que le capitaine D. T. et son acolyte H. N. s'étaient rendus au CTT, pistolet en main, invectiver les notables que nous y avons parqués, je demande à mon collègue du 3e bureau de faire renforcer la garde pour les protéger.

Qu'allons-nous faire de ces hommes ? Les présenter à la justice ? Mais les faits qui leur sont reprochés sont minces comparés à d'autres. Dans ce cas, ils devraient passer entre les mains de la PJ et leurs dossiers seraient longs à établir.

Après en avoir délibéré, le colonel prend sa décision : ceux qui nous sont apparemment les moins favorables – ou les plus hostiles – seront envoyés dans un camp d'internement, Djorf ou un semblable ; les autres seront libérés mais assignés à résidence à l'intérieur des limites de la commune mixte.

Le jour du départ en camion de la première fraction, je tiens à aller les saluer. Devant soutenir leurs regards méprisants, je devine ce qu'ils pensent : « Tu nous faisais bonne figure, tu semblais nous comprendre, mais tu es comme les autres, comme tes frères de race. Tu n'as rien fait pour nous éviter internement et déportation. » Que j'eusse préféré être à leur place plutôt qu'à la mienne !

Devant cette nouvelle détérioration du climat général et l'annonce de notre prochain départ pour Biskra, mon épouse repart à nouveau pour la France.

Fin février et début mars s'effectue le transfert de notre 2e demi-brigade de chasseurs avec ses trois bataillons. Elle est remplacée à El Milia par le 3e Régiment étranger d'infanterie. Le 15 mars 1957, je quitte la garnison le dernier, après avoir passé à mon homologue de la Légion des consignes sur le pays, l'adversaire, la population. En fait, comme celui des paras de Bigeard, il y prête assez peu d'attention. Les légionnaires ont, paraît-il, leurs méthodes, autrement plus énergiques et efficaces que celles des petits chasseurs, appelés du contingent.

« D'ailleurs, me fait remarquer un capitaine avec une certaine condescendance, c'est sans doute parce que vous n'avez pas très bien réussi dans cette région qu'on vous envoie au soleil et qu'on appelle la Légion pour rétablir la situation. »

Longtemps après, je découvrirai semblable appréciation sous la plume de l'arrogant et prétentieux Bigeard qui, à l'issue de ses « prouesses » au nord d'El Milia, exprimait son mépris à l'égard de la plupart des unités du contingent : « Ceux qui les commandent ne sont pas à la hauteur. Dommage… Tout ça fait que la véritable guerre, les vraies batailles, ce sont les fameuses unités d'élite (paras, Légion) de Massu, Jeanpierre, Bigeard et quelques autres qui les mènent. À eux de redresser les erreurs des autres [14] » !

Les nouvelles d'El Milia qui me parviendront au cours des mois et années suivants m'apprendront que, en dépit de la rigueur des successeurs, les résultats ne furent pas plus brillants. Même les méthodes expéditives bien connues du colonel Trinquier, qui commanda le secteur en 1960, ne parvinrent qu'à renforcer la résistance algérienne.

La boulimie de combats de Bigeard est d'autant plus incompréhensible qu'il écrit (mais seulement trente-cinq ans plus tard) en exergue de ce même ouvrage : « Dédié à […] à ceux enfin qui sont morts pour une guerre peut-être encore plus inutile que les autres. »

14. *Ma guerre d'Algérie*, *op. cit.*, p. 20.

Chapitre 4

Biskra : encore au 2e bureau

1957

« On dira : "Étaler de telles choses, c'est souiller le drapeau, c'est déshonorer notre pays." Je réponds : "Ce qui souille et déshonore, c'est de les faire, non de les dire." »

LANZA DEL VASTO[1].

Chaque attentat lui coûtera l'élimination de plusieurs des siens

À Biskra, première grande oasis aux confins du Sahara, nous sommes effectivement au soleil.

La région est-elle plus calme que celle d'El Milia ? Assurément, oui ; mais la ville elle-même, certainement pas.

El Milia est un gros bourg entouré de barbelés, dont les issues sont gardées par des postes de police. Les attentats y sont donc devenus rares. En revanche, le bled est aux mains du FLN.

À Biskra, c'est l'inverse. Dans les environs, oasis et villages du secteur, les officiers des SAS (Sections administratives spécialisées, héritières des Affaires indigènes) circulent librement

1. Adepte de Gandhi et de la non-violence, cet écrivain mystique entreprit un jeûne, du 1er au 20 avril 1957, avec des amis, pour alerter l'opinion française sur les tortures en Algérie. Il fut approuvé par François Mauriac, l'abbé Pierre, René Capitant, Louis Massignon, Denise et Robert Barrat...

sous la protection de leurs *maghzen*[2] constitués de natifs du pays. Les caïds sont en place et l'administration française fonctionne cahin-caha. Les moghazni et les employés de l'administration qui cherchent à préserver leur emploi ne font pas parler d'eux. Sans doute cotisent-ils au FLN pour acheter leur tranquillité.

La ville est une importante sous-préfecture qui compte 60 000 habitants. Très étendue et ouverte sur l'extérieur de tous côtés, elle est le repaire idéal des groupes de « terroristes ». Pas de jour sans qu'ils ne se manifestent : sabotages, agressions de musulmans francophiles, lancers de grenades, etc.

Plusieurs de mes camarades officiers supposent, à tort ou à raison, que le général commandant la subdivision militaire de Constantine, n'ayant pas apprécié les modestes résultats et la politique jugée trop laxiste de notre colonel à El Milia, aurait expédié ce dernier avec sa demi-brigade dans ce fief du terrorisme pour le contraindre à plus de fermeté ou, s'il s'y refusait, à contrarier sa carrière.

Comme toute ville de cette importance, Biskra est le siège de multiples organes de police : gendarmerie, renseignements généraux, police judiciaire, police municipale et services de renseignement de l'armée. Très vite, nous constatons que chacun d'eux travaille pour son propre compte, ignorant souvent ses voisins, d'où méprises, confusions et maladresses.

Fort de ses prérogatives de commandant d'armes, le colonel réunit les responsables de toutes les polices.

« Nous devons, leur dit-il, coopérer la main dans la main. Tous les renseignements doivent être signalés et centralisés au 2e bureau du secteur. Aucune intervention ne doit être effectuée sans que ce même 2e bureau soit informé, afin que toute unité susceptible de s'y trouver soit retirée de la zone d'action, ce qui

2. Groupes armés dont les soldats sont appelés *moghazni*.

n'empêche pas plusieurs polices de collaborer, avec l'appui de la troupe si nécessaire [3].

« Nous devons aussi prévenir les attentats. Pour cela, nous n'avons pas le choix : nous devons dissuader l'adversaire d'en commettre ; il est essentiel que les conséquences de ses actes lui apparaissent plus négatives que positives, donc qu'il redoute des représailles et sache que chaque attentat lui coûtera l'élimination de plusieurs des siens. Nous ne pouvons plus tolérer que des musulmans soient égorgés pour avoir entretenu de bonnes relations avec nous, ni que des bombes explosent et causent d'innocentes victimes. »

Mon bureau, qui a plus de problèmes à régler qu'à El Milia, doit être étoffé. Un officier et un sous-officier supplémentaires me sont adjoints. Jouissant de l'entière confiance de mon chef, je n'ai pas le droit de le trahir par un quelconque sabotage. Ma seule alternative est soit de remplir ma mission au mieux de mes moyens en limitant le plus possible les irrégularités, soit de refuser d'obéir et démissionner de l'armée. Comme à El Milia, et pour les mêmes raisons, j'opte pour la première formule.

Assez souvent, je vais visiter les organismes chargés du renseignement, sans toutefois, comme à El Milia, entrer dans les « salles de travail » où je ne serais admis que si « je mettais la main à la pâte », ce qui est hors de question. À la PJ, les passages à la torture sont permanents et banalisés.

Périodiquement, il me faut présider les réunions avec les responsables locaux du renseignement qui semblent apprécier cette méthode car elle met fin à l'anarchie précédente.

Comme à El Milia, je dois aussi me rendre aux réunions mensuelles consacrées au renseignement. Elles ont lieu à Batna, chef-lieu de la zone Sud-Constantinois, dont Biskra fait partie et qui est commandée par le général Vanuxem. Cet agrégé de philosophie est diversement apprécié de ses subordonnés. Pour

3. C'est à cette époque que le général Massu, pourvu de tous les pouvoirs à Alger par le ministre résident Lacoste, tenait de semblables propos à toutes les polices de la ville : « Le rôle de l'armée doit être celui de catalyseur. »

les uns, il est un chef de guerre charismatique et un brillant penseur militaire[4] ; pour d'autres, le personnage est cruel et sans scrupules. Un capitaine sous ses ordres en Indochine m'apprendra que, en 1947, alors qu'il commandait le 6e RTM et le pays Muong, il expulsa de Hoa Binh où était son PC plusieurs centaines de Vietnamiens et de Chinois en leur faisant franchir la rivière Noire par bac. À peine débarqués sur l'autre rive, les malheureux furent matraqués par des tirs de canon de 105. Le lendemain matin, les blessés furent achevés et les cadavres jetés à l'eau. Dans la prison centrale de Hoa Binh, les interrogatoires étaient à l'égal de ceux de la *kempétaï* japonaise. Pour les hommes qui devaient disparaître, la phrase code était « à envoyer à Port-Saïd ». Ils étaient exécutés au-delà du terrain d'aviation, près de la rivière Noire dans laquelle les corps étaient ensuite précipités.

C'est Allah qui veut ça !

Ces activités ne me privent pas d'évasions sur le terrain. Je me déplace aussi souvent que possible, soit seul avec un élément léger de protection, soit en accompagnement du colonel.

Avec un lieutenant, chef d'une SAS près de Tolga, je rends visite à un notable, qui me présente sa propriété :

« Ces dix palmiers que tu vois sont à moi. Ils donnent de quoi manger à ma famille. Jadis, toute la palmeraie appartenait à mon grand-père qui était très riche. Il a eu beaucoup d'enfants qui se la sont partagée et ont eu à leur tour des enfants qui ont encore partagé. Ma part à moi, ce sont les dix palmiers que je t'ai montrés. Comme j'ai eu six enfants, ils n'en auront même pas deux chacun et leurs enfants n'auront droit qu'à des régimes de dattes.

4. C'est l'avis qu'on retrouve en lisant Erwan Bergot, *Algérie : les appelés au combat*, Presses de la Cité, 1991, p. 43.

– Pourquoi, lui répondis-je, faites-vous tant de gosses ? Comment parviendrez-vous à vous nourrir lorsque vous serez quatre ou cinq fois plus nombreux ?

– C'est pas notre faute. C'est Allah qui veut ça ! », ajoute-t-il en levant les bras vers le ciel, comme pour s'en remettre à celui qui, là-haut, serait responsable de tout.

Nous prenons congé.

« Si rien ne change, soupire le lieutenant de la SAS, dans quelques générations, ils seront plusieurs dizaines de millions sur un sol incapable de les nourrir tous. Ne seront-ils pas alors tentés d'aller partager les palmiers et autres biens avec les peuples assez sages pour ne pas proliférer comme eux ? »

Je ne puis m'empêcher de compléter cette remarque de bon sens : « Et ce ne sont hélas pas les religions, musulmane ou catholique, qui leur conseilleront, à eux et à d'autres populations semblables, de pratiquer le contrôle des naissances ! »

Fabre-Luce traduira nos appréhensions : « À combien d'hommes peut-on donner une vie qui ne soit pas absorbée par l'effort de survivre ?... Le désir de limiter sa progéniture pour lui permettre de s'élever est peut-être à notre époque la plus grande force de progrès. Les bigots qui la dénoncent luttent au nom de la charité contre une forme très haute de la charité [5]. »

Pour la plupart de nos missions, nous nous déguisons en fellouzes

Parmi les unités spéciales du secteur, il en est une avec laquelle je dois collaborer, mais qui garde son autonomie, c'est le GLI (Groupement léger d'intervention), précurseur des futurs DOP (Dispositifs opérationnels de protection) de triste mémoire. Les GLI ont été mis en place dans les secteurs de sa zone par le général Vanuxem lui-même. Dépendant directement de lui, ils

5. Cf. *Six Milliards d'insectes*, Arthaud, 1962, p. 185.

échappent à l'autorité des commandants de secteur. Chaque chef de GLI est seulement tenu de prévenir le chef du 2e bureau du secteur, non pas de l'action qu'il se prépare à effectuer, mais du moment et du périmètre à l'intérieur duquel elle se déroulera, afin d'éviter toute méprise avec des éléments amis qui pourraient s'y trouver.

Aux ordres d'un certain lieutenant P. R., le GLI de Biskra se présente sous la forme d'un commando d'une quinzaine d'hommes, dont une partie de pieds-noirs au type méditerranéen accusé, ayant l'arabe pour seconde langue maternelle, et une autre partie de Maghrébins, dont plusieurs anciens fellaghas ralliés. Ils occupent une villa assez isolée aménagée en blockhaus et disposent de véhicules légers.

Notre colonel connaît l'existence de cette unité mais préfère ignorer à quelles sales besognes elle se livre, et il évite son chef. « Ce type me donne la nausée », m'avouera-t-il un jour. Mes fonctions m'imposent d'établir avec le lieutenant P. R. une liaison permanente. Fonctions qui, à ses yeux, font de moi l'officier le moins suspect du secteur, même le plus complice. Je me prête à cette complicité car, entrant dans un monde dont je ne connais que théoriquement l'existence, ma curiosité est piquée au vif. Sur ce point, je ne suis pas déçu.

« Notre rôle, m'explique cet officier, est d'une part d'obtenir des renseignements à la source, d'autre part d'éliminer des individus ennemis de la France. Pour une mission donnée, nous pouvons recevoir des renforts de Batna comme nous pouvons renforcer un autre GLI, mais c'est assez rare.

– N'êtes-vous pas un peu un État dans l'État ?

– Si vous voulez, mais soyez sûr que, conformément aux ordres, je n'agirai jamais sans vous prévenir. »

Mis en confiance, P. R. se laisse aller à plus de confidences. Un jour, nous avons un long entretien dans son cantonnement.

« Vous êtes peu nombreux, lui dis-je, et lorsque vous opérez loin de votre base, vous devez avoir des problèmes. Or jamais vous ne nous demandez d'aide. Pourquoi ?

– Comme nous devons nous débrouiller nous-mêmes pour éviter toute indiscrétion, nous avons notre tactique. Pour la plupart de nos missions, nous nous déguisons en fellouzes et nous prenons un armement hétéroclite pareil au leur. Aux musulmans que nous “visitons”, nous présentons des documents de l’ALN récupérés sur des rebelles, ainsi nous sommes authentifiés sans méfiance. Il nous suffit alors de jouer avec nos interlocuteurs le jeu de l’Algérien patriote, de nous déclarer ennemis jurés du colonialisme et du capitalisme en général et des Français en particulier. Certains tombent dans le piège et nous fournissent les renseignements recherchés que nous transmettons à Batna par radio ou que nous exploitons nous-mêmes. D’autres flairent la supercherie ou bien ont été avertis de notre présence et de nos procédés et ne veulent rien dire. Ils peuvent aussi donner de fausses informations. Ils sont alors fichés. S’ils n’ont pas eu la sagesse de prendre le maquis, on les retrouve très souvent et ils peuvent être abattus en tentant de s’enfuir, vous connaissez…

– Bien sûr.

– Une autre de nos techniques consiste à jouer habilement des dissensions entre groupes, tantôt entre UDMA de Ferhat Abbas et MNA de Messali Hadj, tantôt entre Arabes et Berbères-Chaouias. Si celui que nous visons est UDMA ou Arabe, nous nous présentons, toujours déguisés en fellouzes, comme partisans de Messali ou Chaouias, et inversement. Nous simulons un jugement de l’ALN et le liquidons sur place, ou si nous voulons lui extraire des renseignements, nous l’emmenons avec nous et le cuisinons tranquillement à notre cantonnement.

– Ne craignez-vous pas que si ces faits sont connus de l’opinion publique française, nous ne soyons considérés comme criminels de guerre, vous comme exécutant, moi comme complice ?

– Ça me paraît impossible, car on ne peut laisser les lampistes seuls trinquer. Il faudrait condamner d’abord ceux qui ont mis sur pied ces systèmes, mais également presque tous les cadres de l’armée et de l’administration, les uns pour leur connivence, les autres pour leur silence. Nous, nous allons jusqu'au bout de notre acceptation. Nous avons les mains dans le cambouis, ceux qui se voilent lâchement la face gardent les gants blancs [6].

« Dans des journaux de métropole, nous sommes souvent traités de tortionnaires. À première vue, c'est vrai, mais nos compatriotes savent-ils que les musulmans entre eux sont plus cruels que nous, et que si nous faisons ça, ce n'est pas pour notre plaisir, mais pour la France et les Français, pour que l'Algérie nous reste avec ses richesses, avec son pétrole ? D'ailleurs, tous nos chefs de gouvernement, de droite comme de gauche, ne cessent de répéter que l'Algérie c'est la France.

« Moi encore, comme vous, nous pouvons prétendre à de l'avancement, sauf gros pépins, alors que mes gars, originaires du pays, pieds-noirs et Arabes réunis, pourquoi croyez-vous qu'ils font ce sale boulot ? Les uns par vengeance, car les fells leur en ont fait baver, à eux et à leurs familles ; les autres, pour ramasser une solde, maigre à nos yeux, mais importante aux leurs, qui permet à leurs femmes et à leurs gosses de vivre à peu près correctement. Quant à leur avancement, vous vous doutez de ce qu'il peut être ! Si la France devait quitter l'Algérie, ce serait pour eux l'égorgement assuré, et s'ils parvenaient à s'en tirer à temps, la peau de leur famille ne vaudrait pas cher. C'est pourquoi ils tiennent tant à ce que la France reste, et elle restera. »

Un peu abasourdi par ce long plaidoyer, et comprenant son attitude sans l'approuver, je ne sais comment lui laisser deviner ce que je peux ressentir au fond de moi sans le heurter. Je m'en sors par une pirouette :

« En ce qui me concerne, dis-je, je me classe parmi ceux qui gardent en partie les gants blancs, car si j'ai assisté à des tortures, je n'en ai jamais pratiqué. Lorsque je rédige les bulletins

6. En Indochine, un lieutenant, après interrogatoire d'un prisonnier qui se coupa la langue pour ne pas parler, me tint des propos semblables.

de renseignements, je sais quelle somme de souffrance se cache derrière les mots et les chiffres, souffrance de ceux qui subissent surtout, mais aussi souffrance de ceux qui font subir, car un homme qui en fait souffrir un autre ne peut pas ne pas souffrir lui-même.

– Merci de le penser, me répond-il, c'est en partie vrai, mais en partie seulement car à ce jeu on s'endurcit, on se blinde. Pour en revenir à nos chefs qui ne veulent pas connaître les détails de notre action, eh bien, moi, je vais vous les dire, ces détails : lorsque je reçois l'ordre de faire disparaître quelqu'un, voici comment nous procédons. Tout d'abord, le condamné doit cracher tout ce qu'il sait. Je ne vous fais pas un dessin. Il arrive qu'il meure au cours de l'interrogatoire. Sinon, et si c'est un coriace, après exploitation on lui loge une balle dans la nuque, ou, s'il ne faut pas faire de bruit, on l'étrangle au lacet. Reste à faire disparaître le corps. On le déshabille et on brûle ses vêtements. Puis on le charge sur un Dodge 4 x 4, et direction le sud. Dans le désert, il est enterré dans une dune, là où l'on sait que le sable, poussé par le vent, le recouvrira pour toujours. Il nous est arrivé, pour plus de sûreté, de retirer la tête que l'on fait bouillir avec de l'acide sulfurique[7]. Le résidu se mélange à la terre du jardin sans laisser de traces.

– Ainsi, parmi les hommes retrouvés assassinés ou portés disparus, certains auraient été exécutés par vos soins, même si, comme c'est généralement le cas, les procès-verbaux de gendarmerie concluent à un règlement de comptes entre bandes rivales.

– Oui, mais c'est peut-être aussi les fells qui font la même chose que nous avec les francophiles. Sans oublier la PJ et d'autres, qui ne se privent pas non plus.

– C'est, comme vous le dites, un sale boulot que vous faites. Le mien n'est pas drôle, mais le vôtre l'est encore moins.

7. M. et S. Bromberger raconteront que, à la même époque, Ortiz et le docteur Pérez procédaient ainsi à la villa des Sources à Alger (cf. *Barricades et Colonels*, *op. cit.*, p. 91).

– C'est vrai, mais si nous ne le faisons pas, qui le fera à notre place ? Qui veut la fin doit accepter les moyens. Déjà le général Bugeaud l'avait dit et appliqué avant nous. »

Après cette longue discussion, le capitaine aux gants blancs laisse le lieutenant les mains dans le cambouis. « Aux gants blancs » ! C'est beaucoup dire. À ses yeux peut-être, pas aux miens. Pour lui, la lâcheté dont il qualifie certains cadres, c'est de ne pas vouloir se mouiller pour préserver leur avancement. Pour moi, la lâcheté, c'est le silence : « Celui qui ne sait pas est un ignorant. Celui qui sait et se tait est un malfaiteur » (Bertolt Brecht).

Le soir, allongé sur mon lit, je me remémore ce que P. R. m'a dit et je me demande lequel de nous deux est le plus ignoble. Lui, au moins, agit sans arrière-pensée, pour son idéal qui est l'Algérie française, mais moi, l'ancien maquisard, qui suis de cœur avec ceux qui luttent partout dans le monde pour l'indépendance de leur pays, je fais chorus avec ceux qui s'y opposent.

Dans mon insomnie, je me cherche des excuses, et celles-ci se bousculent dans ma tête. En choisissant le métier des armes, j'ai fait le serment moral d'obéir aux ordres. La base de l'instruction militaire est d'apprendre à tuer des hommes appelés ennemis. Un soldat ne peut pas se conduire en petite fille pleurnicharde, il doit regarder la mort en face, celle des autres comme la sienne possible. Si l'on évoque la religion, lors des guerres chaque camp prétend que Dieu est avec lui (*Got mit uns*), mais c'est l'Islam qui actuellement fabrique le plus d'intégristes. « Tu ne seras pas un fanatique, n'est-ce pas ? » écrivait cette jeune universitaire à son Abd bien-aimé. Enfin, en cas de prise du pouvoir en Algérie par des extrémistes musulmans, d'après ceux-ci, tous les Français devront quitter le pays. A-t-on le droit de les abandonner, ainsi que les Algériens qui, de bonne foi, ont fait le choix de la France ? Et quel serait leur sort ?

J'ai vécu la plus triste journée de toute mon existence

Mes gants blancs, qui sont déjà bien gris, vont vite se ternir de suie.

Le 19 avril, l'inspecteur principal de la PJ est assassiné. Ce meurtre n'est-il pas le fruit de la vengeance d'un frère ou d'un ami d'une de ses victimes ? Il me ramène treize ou quatorze ans en arrière lorsque des patriotes attentaient à la vie de membres de la Gestapo ou de l'Abwehr.

« Si nous voulons que les attentats cessent, nous n'avons pas le choix : dix prévenus pour complicité de terrorisme seront exécutés », m'annonce le colonel après m'avoir convoqué dans son bureau. Je tente de faire réduire le nombre. « Impossible, ajoute-t-il. J'en ai promis dix au commissaire de police et j'ai avisé le sous-préfet. Votre camarade G. U. du 3e bureau règle les modalités de l'exécution. À vous de désigner les dix, de les présenter pour accord à la PJ, et de les convoyer sur le lieu où tout sera prêt pour les accueillir. »

Je claque les talons sans répondre et rejoins mon bureau.

« Prenez le fichier et cochez-moi les noms de dix de nos détenus les plus suspects de complicité de terrorisme, dis-je à l'adjudant Dufour, l'un de mes collaborateurs.

– Pour quoi faire ? me répond-il. Encore des otages sans doute. Alors ne comptez pas sur moi, désignez-les vous-même. »

Honteux et vexé de m'être déchargé sur un subordonné au lieu d'assumer mes responsabilités, je me ressaisis et lui réplique : « Vous avez raison, donnez-moi le fichier. »

Je choisis les dix condamnés sur les critères de l'appartenance au FLN, de la duplicité et de l'âge, épargnant les plus jeunes.

Me rendant en Jeep à la prison, je me fais livrer les dix malheureux qui, sous escorte, grimpent dans un camion bâché. Nous passons à la PJ. Des inspecteurs sont là, très agités, qui contrôlent le chargement et enfournent une onzième victime, un colosse au visage tuméfié, âgé tout au plus de vingt-cinq ans.

« Ce n'est pas prévu, leur dis-je, il y en a déjà dix.

– Il partira avec les autres, me lance un inspecteur, sinon nous le liquiderons ici, avec encore quelques-uns si nécessaire. »

Je juge inutile d'insister, d'autant que, en le leur rendant, il subirait de nouvelles tortures avant une mort certaine.

Un véhicule de la PJ se joint au convoi. Au lieu fixé – un terre-plein entre deux pâtés de maisons apparemment inoccupées –, deux groupes de combat sont là, de part et d'autre du chemin, toutes armes en batterie. Le camion s'arrête à leur hauteur. Un sous-officier en soulève la bâche arrière. Avec les hommes d'escorte, il fait descendre les condamnés et leur crie, en arabe puis en français : « Sauvez-vous ! » Ce que font les malheureux en courant et se bousculant.

Le camion vide avance de quelques mètres pendant que les rafales des soldats fauchent les fuyards. Lorsque plus un seul ne bouge, un officier donne à chacun le coup de grâce, et les inspecteurs de la PJ s'assurent qu'il ne reste aucun survivant. Chacun remonte dans son véhicule et regagne ses cantonnements. Je remarque au passage la mine grave des petits chasseurs du contingent qui viennent de faire un carton sur des cibles vivantes, certains pour la première fois. Les cadavres restent sur place, attendant que leurs familles viennent les reconnaître et les portent en terre.

Au retour, j'interpelle mon camarade G. U. du 3e bureau :

« C'est odieux ce que nous venons de faire. En exécutant des otages, nous nous conduisons comme les nazis que nous avons blâmés.

– Cette méthode est normale pour que cessent les attentats, me répond-il. De plus, réfléchis un peu : crois-tu que les victimes civiles de l'aviation anglaise à Brême, Dresde, Hambourg n'étaient pas, elles aussi, des otages infiniment plus nombreux et plus innocents que les nôtres ? Les Alliés les sacrifièrent sans scrupule pour dissuader les Allemands de lancer des V2 sur

Londres. Quant aux Japonais d'Hiroshima et de Nagasaki, ils étaient non seulement des otages, mais aussi des cobayes. Ne nous apitoyons pas sur le sort d'une poignée de fellouzes ou de leurs aides. »

Le soir, je ne puis dîner et ne parviens pas à m'endormir : « Tempête dans un crâne », écrivait Victor Hugo... Le colonel et mon camarade G. U. auraient-ils raison ? Pour empêcher de nouveaux attentats, existe-t-il une méthode plus dissuasive ? Toutes les armées du monde l'ont pratiquée. Souvenons-nous des pelotons d'exécution allemands de Nantes, Châteaubriant, Bordeaux, le mont Valérien... Dans le Loir-et-Cher, une scène en tous points comparable s'est déroulée le 12 juin 1944 à Pontijou où dix otages furent fusillés après le meurtre de deux soldats allemands [8].

Le lendemain, pour la part active que j'ai prise dans cette action, j'épanche mon remords dans la lettre que j'adresse à mon épouse : « ... J'ai vécu hier la plus triste journée de toute mon existence. J'ai dû faire un travail épouvantable que je ne peux te dire par lettre et j'en suis accablé [9]... » Le surlendemain, 21 avril, jour de Pâques, je tente tant bien que mal de me ressaisir et lui écris : « ... Je m'efforce de vivre sans penser à ce drame... Comme je te l'ai dit hier, c'était soit exécuter les ordres, soit démissionner de l'armée. »

Le 22 après-midi, le colonel m'invite à dîner pour le soir même, en tête à tête, au restaurant de l'hôtel Transatlantique. À mon attitude, il a fort bien saisi le fond de ma pensée, telle est la raison de cette soudaine invitation. Devant une bouteille de son

8. Depuis mon retour en France, je me rends chaque fois qu'il m'est possible à la cérémonie du souvenir organisée tous les 12 juin à Pontijou. Devant le monument et en présence d'une foule recueillie, la barbarie nazie y est stigmatisée. Alors les images de la tuerie du 19 avril à Biskra m'apparaissent inexorablement devant les yeux. J'ignore si à Biskra un monument du souvenir a été érigé et si le fait est commémoré, mais j'en doute, il y en aurait tant, et les musulmans semblent plus enclins que nous à l'oubli.

9. Voir annexes, p. 250.

vin préféré, le gewurztraminer, je lui fais part de mon remords. Il me comprend, étant lui-même affecté par sa décision, qu'il justifie ainsi :

« Souvenez-vous, lorsque nous étions l'un et l'autre dans la Résistance, en France, si nous avions été assurés de l'impunité, nous aurions infligé aux Allemands des pertes beaucoup plus sévères. Si nous ne voulons pas ici en subir de plus cruelles, nous devons dissuader le terrorisme de continuer à sévir. L'adversaire assassin doit savoir que nous sommes résolus à punir celui qui agit sous la couverture de l'apparence civile, de la nuit et traîtreusement. Nous le punirons avec la seule arme qu'appelle sa manière de conduire sa guerre : les représailles. Il doit savoir quel sera le prix de ses attentats. Ce seront des siens qui paieront et non pas des otages désignés au hasard. Sinon, le terrorisme reprendra de plus belle, des petits chasseurs seront tués, des civils français seront tués, des musulmans innocents seront tués. J'ai le devoir de préserver leurs vies. C'est la situation de guerre qui m'oblige à agir ainsi. Or cette situation est acceptée par la majorité du peuple français, puisque, comme je vous l'ai déjà dit à El Milia, notre gouvernement et notre Parlement, élus démocratiquement par nos concitoyens, en ont décidé ainsi. L'armée est à leur service pour assumer la mission qu'ils lui ont confiée : cette mission est de rétablir l'ordre.

« Enfin, croyez-moi, il vaut mieux que notre riposte soit réglementée, contrôlée, limitée, sélective, sinon elle serait aveugle et pourrait engendrer des massacres d'innocents [10]. »

Ces explications, fournies par un homme au passé si glorieux, que j'admire et estime, auraient fait taire en partie mes scrupules si les représailles s'étaient exercées à la suite de l'explosion d'une bombe tuant au hasard. Dans le cas présent, le meurtre était ciblé sur le principal artisan des tortures…

10. La plupart des officiers supérieurs responsables de secteurs réagissent aux attentats par des mesures de rétorsion : les uns comme mon colonel ; les autres plus sournoisement ; d'autres encore, comme le colonel Argoud, beaucoup plus ostensiblement et vigoureusement (voir p. 68).

Tu as conscience de ne pas être dans le bon camp

En cette fin d'avril 1957, le capitaine Léon Horard arrive de France pour prendre la direction du 4e bureau chargé de la logistique, donc des transports. Le commandant C. R., chef d'état-major, me convoque avec le capitaine G. U. pour nous prévenir que ce nouvel arrivant est resté plusieurs années sans affectation au dépôt de Versailles en raison de ses origines FTP et probablement communistes. Il nous recommande à son égard une vigilance sans acrimonie.

Une fois de plus, me voici dans une situation fausse : moi, ancien FTP, chargé de surveiller un camarade FTP ! Dans les semaines qui suivent son arrivée, Horard est unanimement apprécié pour sa jovialité, son bon sens et ses qualités professionnelles. Je profite d'une soirée où nous avons du temps libre pour lui parler franchement.

Je lui révèle les consignes de méfiance dont il est l'objet, ce qui ne le surprend nullement, puis je lui apprends que je suis aussi un ancien FTP. Nous nous trouvons des amis communs. Je lui confie mes cas de conscience en Indochine et maintenant ici. Enfin quelqu'un auprès de qui m'épancher sans arrière-pensée.

« Je te plains, me dit-il, d'avoir été affecté au 2e bureau, et je ne voudrais pas être à ta place. »

Je lui explique pour quelles raisons je n'ai pas refusé cette fonction, d'autant plus que notre colonel était animé de bonnes intentions en arrivant de France. Je lui raconte comment, insensiblement, l'un et l'autre avons dérivé vers la répression, sans trop nous en rendre compte, comment je me suis coulé dans le moule commun au point d'assister aux tortures et de désigner des otages la mort dans l'âme mais sans m'insurger. Je vois dans son regard une forte réprobation et cependant dans sa réponse il ne me condamne pas ouvertement :

« Malgré ce que tu as fait, tu as conscience de ne pas être dans le bon camp. En Indochine, quelques-uns de nos camarades FTP ne se sont pas posé de questions et ont allégrement cassé du Viêt. Quelques autres, au contraire, des purs, se sont rangés aux côtés des colonisés pour les aider à se libérer. La majorité, dont tu faisais partie, a fait son métier loyalement, sans zèle, attitude que je te conseille d'avoir ici. Pour ma part, j'exécuterai correctement les ordres, sauf s'ils sont contraires aux conventions de Genève. »

Ces conventions, du 12 août 1949, signées par presque tous les pays du monde, dont la France, prescrivent que « sont interdits en tout temps et en tout lieu : la prise d'otages, les exécutions sans jugement régulier, la torture, de même que tout traitement cruel ou déshonorant ». Elles précisent que « sont assimilés aux membres des forces armées : les membres des milices et corps de volontaires non rattachés à l'armée régulière, y compris les mouvements de résistance organisés... ».

Reprenant l'argumentation développée par le colonel le 22 au soir, je lui donne mon avis : « En dépit du remords que j'éprouve, j'en suis arrivé à la conviction qu'il n'est plus possible d'agir autrement, aussi longtemps que la France aura décidé de poursuivre cette guerre. Si je débarquais aujourd'hui de France et découvrais ce qui se passe ici, je serais horrifié et aurais une réaction semblable à la tienne. Mais lorsqu'on est dans cette ambiance depuis dix-huit mois, la vue des morts, les actes de cruauté du FLN, la présentation orientée des événements par le haut commandement et surtout la nécessité d'intimider l'adversaire pour qu'il cesse ses attentats font que l'on acquiert un état d'esprit tout différent, d'où nos réactions musclées. Ce glissement est effectif dans la plupart des cas. En très haut lieu, Soustelle, puis Lacoste l'ont vécu. Notre colonel et moi-même, je m'en rends compte, n'y avons pas échappé. Me rendant chaque mois au PC de la zone Sud-Constantinois, je constate que, encouragés par Vanuxem, bien des commandants de secteurs réagissent plus vigoureusement encore qu'à Biskra [11]. »

11. Pierre-Henri Simon traduira parfaitement cette dérive : « Beaucoup de Français, qui sont arrivés en Afrique avec des intentions généreuses, quand ils

Après un silence, Léon tente d'atténuer mon repentir : « En t'écoutant, je pense à un homme pour lequel j'ai une profonde admiration, Paul Vaillant-Couturier. Ardent pacifiste internationaliste, il fut un valeureux combattant de la guerre 14-18, après laquelle il eut le courage de dévoiler les ignominies dont il fut témoin ou acteur. Je vais te lire quelques extraits de ses confidences : "La guerre 14-18 a rationalisé le crime. Toutes les méthodes ont été perfectionnées, depuis la strangulation et le couteau de cuisine jusqu'à l'avion et au gaz... J'ai pillé comme tout le monde... J'ai appris à incendier...Rien n'est plus relatif que les atrocités, la morale, la conscience et le remords dans la guerre. La nuit qui suivit le jour où, avec mon tank, j'ai anéanti une unité allemande, j'ai dormi du sommeil du juste... Il n'y a pas plus de guerre humanitaire que de balles humanitaires [12]..." »

Les effectifs des katibas grossissent

Après le 19 avril, les attentats en ville diminuent. L'un d'eux a lieu le 8 mai, certainement pour marquer l'anniversaire des révoltes de 1945 : une grenade lancée sur un groupe de conducteurs de l'état-major fait trois blessés, dont un grièvement. Chacun s'accorde à dire que cette accalmie est la conséquence de nos réactions énergiques. Sans doute aussi est-ce un effet de la coopération entre les polices qui permet de mieux connaître les noms des collecteurs d'impôts, propagandistes, ravitailleurs. Quelques coups de main précis, des arrestations et les prisons se remplissent. À partir d'interrogatoires, nous établissons l'orga-

---

ont été pris dans le rythme de la lutte corps à corps avec un peuple fanatisé, ont eu tôt fait de perdre patience, d'entrer dans la grande colère de l'armée et de se convertir aux moyens durs : en telle séance de torture, c'était, me dit-on, un bon petit séminariste qui tournait le téléphone » (*Contre la torture*, Éd. du Seuil, 1957, p. 96).

12. *Ce que j'ai appris à la guerre*, Éd. Montaigne, « Cahiers contemporains », 1927.

nigramme de la rébellion dans le secteur et recueillons les noms des auteurs d'attentats. Ceux-ci, sentant l'étau se resserrer, préfèrent rejoindre les maquisards dans la montagne, entraînant avec eux leurs complices. Alors que le terrorisme s'atténue dans la ville, par un système de vases communicants les effectifs des katibas grossissent dans les djebels.

Tout est cependant loin d'être idyllique au sein de l'ALN. Les renseignements recueillis nous apprennent les dissensions qui divisent les Chaouias des Aurès (de langue berbère) et les Arabes. Les autorités françaises qui en ont la possibilité – SAS, administrateurs, militaires – envoient des agents envenimer les discordes, avec plus ou moins de réussite. Ce manque d'union, qui se manifeste aussi dans d'autres régions, est vraisemblablement une des causes de l'accalmie actuelle.

À Mélouza, le 29 mai, 300 Kabyles partisans du MNA sont assassinés par des unités de l'ALN. Parmi les victimes figure le garde champêtre que j'avais rencontré l'an dernier lorsque j'étais cantonné à M'Sila. Leur chef, le général Bellounis, a demandé la protection des troupes françaises. Cette situation n'a pas d'incidence pratique sur nos activités. Bataillons et compagnies arpentent sans cesse les djebels à la recherche des groupes armés qui leur sont signalés. Des accrochages se produisent, mais les pertes sont assez faibles. Le plus sérieux a lieu le 10 mai : une compagnie du 17e BCP déplore cinq tués et plusieurs blessés.

Des bavures sont à déplorer, mais leurs auteurs ne s'en vantent pas, craignant les réactions du colonel. L'une d'elles concerne Lamoudi Youcef, un instituteur de l'école Lavigerie. Considéré comme agent du FLN, il est arrêté par une unité de l'armée, qui le remet à la PJ le 10 mai. Il succombe au cours de l'interrogatoire. Rendu aux militaires, le corps est transporté par eux sur une route et criblé de balles. Le *BRQ* (*Bulletin de renseignements quotidien*) mentionne : « Un suspect, tentant de s'enfuir, est abattu. »

Un autre personnage important de la ville, Mida Abdallah,

gros transporteur, disparaît mystérieusement sans laisser de traces. Sa famille le réclame. N'aurait-il pas rejoint le maquis ? Rencontrant le lieutenant P. R. du GLI peu après, je lui demande si ce n'est pas un de ses clients. Il ne dit mot, mais son sourire est éloquent. Un commandant de compagnie, le capitaine V. R., se vante d'avoir « fait rafaler une centaine de gus » depuis son arrivée en Algérie. Vérité ou bluff ?

Après une permission en France, du 10 juin au 10 juillet, je constate à mon retour à Biskra que la situation dans la ville s'est améliorée alors que dans les djebels les katibas se renforcent.

Pour le 14 juillet, une centaine d'anciens combattants musulmans des environs, transportés par les officiers des SAS, assistent aux cérémonies, drapeaux déployés et décorations pendantes, bravant les interdits du FLN. Mais on les sent mal à l'aise. Peut-être ont-ils été l'objet de pressions, peut-être supposent-ils qu'en refusant de venir leur pension cesserait de leur être versée, peut-être craignent-ils davantage les mesures de rétorsion des Français que celles du FLN, peut-être ont-ils été sensibles aux communiqués de victoire de la bataille d'Alger ?

En effet, celle-ci touche à sa fin. Quelques bombes sont encore lancées, mais elles sont le fait d'individus traqués. Les paras de Massu tiennent le haut du pavé tant dans la ville européenne que dans la casbah. La sécurité est pratiquement rétablie mais au prix de méthodes impitoyables. Pour justifier l'emploi de la torture, le général Massu expliquera qu'« il s'agissait d'obtenir le renseignement opérationnel urgent dont dépendait la vie d'êtres innocents, délibérément sacrifiés par le FLN à son objectif », ajoutant : « Pour l'ensemble de la division, la figure de proue est le lieutenant-colonel Bigeard » et « les plus hautes autorités civiles de l'époque, MM. Bourgès-Maunoury, Max Lejeune, visitèrent les centres d'interrogatoires et encouragèrent hautement cette formule »[13].

13. *La Vraie Bataille d'Alger*, *op. cit.*, p. 153.

Assez longtemps après ces événements, je découvrirai les dessous de cette bataille, l'ampleur des tortures infligées aux coupables et aux suspects, les disparitions : plus de 3 000, affirmera Paul Teitgen, secrétaire général de la préfecture d'Alger. Des individus gênants furent précipités en mer du haut d'hélicoptères, les pieds pris dans des cuvettes de ciment rapide, que ce même Paul Teitgen désignait sous le nom de « crevettes Bigeard ». Des Français, comme Germaine Tillion, tentèrent, mais en vain, de faire cesser ces méthodes déshonorantes. Henri Alleg décrira les supplices que plusieurs officiers français lui firent subir [14] et Pierre Vidal-Naquet publiera les témoignages d'Algériens et de Français torturés dans les centres d'interrogatoire d'Alger, ou éliminés physiquement, comme le mathématicien Maurice Audin [15]. J'apprendrai aussi avec stupeur, de la voix même du général Massu [16], qu'il n'a « jamais assisté à un interrogatoire » bien qu'il en ait ordonné ou couvert un grand nombre ; il s'est vanté également d'avoir expérimenté la gégène sur lui-même !

Je n'admets pas l'intransigeance des oulémas

Le 18 juillet à l'aube, nous sommes avisés qu'une unité vient de capturer plusieurs individus qui paraissent intéressants. Le colonel m'envoie aussitôt par hélicoptère au poste où ils sont retenus. Après un rapide interrogatoire, je constate que l'un d'eux parle correctement le français. Plutôt que d'avoir recours à un interprète, je m'installe dans une pièce, seul avec lui, et demande au chef de poste de nous faire apporter café, boissons, casse-croûte. Au lieu de me placer en inquisiteur face à lui, séparés par la barrière d'une table, je m'assieds à son côté pour

14. *La Question*, Éd. de Minuit, 1958.
15. *La Torture dans la République*, *op. cit.*
16. *La Guerre d'Algérie vingt-cinq après*, cassettes Radio-France, 1987.

ne pas marquer de supériorité et le mettre en confiance. Je m'adresse à lui sans employer l'habituel tutoiement.

« Comme presque tous mes concitoyens de métropole, je voudrais que, partout où la France a un rôle à jouer, elle mette en application la devise de la République : "Liberté-Égalité-Fraternité", ce qui exige que les pauvres soient aidés et bien considérés.

– Je suis reconnaissant à la France, me répond-il, de m'avoir donné une bonne instruction, mais j'espérais qu'elle appliquerait ce qu'elle nous apprend. D'autre part, pourquoi a-t-elle accordé l'indépendance au Maroc et à la Tunisie et pas à nous ? Nous ne sommes pas moins que les Marocains et les Tunisiens.

– La France était prête à mettre en œuvre de nouveaux statuts qui, tôt ou tard, auraient débouché sur l'indépendance. Malheureusement, certains de vos amis, trop pressés, ont déclenché les hostilités le 1er novembre 1954. »

Pour toute réponse, il m'adresse un sourire incrédule, accompagné de ces quelques mots : « Pourquoi, alors, les dirigeants français de droite et même de gauche répètent-ils sans arrêt que l'Algérie fait partie de la France pour toujours ? »

Constatant ne rien pouvoir en tirer en poursuivant sur ce thème – c'est même lui qui développe les arguments les plus logiques –, je change de sujet. Ayant remarqué que, contrairement à la plupart des musulmans, il ne ponctue pas ses phrases du rituel « Inch Allah », je l'entreprends sur le thème de la religion :

« Je ne suis ni chrétien, ni musulman, ni bouddhiste. Pourquoi devrais-je choisir un dieu plutôt qu'un autre ? Au cours des siècles passés, les catholiques ont tué et persécuté pour faire triompher le leur. Aujourd'hui, les musulmans font de même et prêchent la guerre sainte. Ils sont tout aussi condamnables.

– C'est aussi mon avis, m'assure-t-il, et c'est ce qui me sépare de beaucoup de mes camarades. Je suis né musulman, mais je ne pratique pas, car je n'admets pas l'intransigeance des oulémas, surtout lorsqu'il s'agit de la condition des femmes.

Mon éducation acquise dans des écoles françaises m'a ouvert les yeux.

– Vous voyez bien que nous pourrions nous entendre sans nous livrer cette guerre stupide. D'ailleurs, d'autres Berbères comme vous, les Kabyles du général Bellounis, l'ont fort bien compris. Après le massacre de Mélouza, ils se sont ralliés aux autorités françaises.

– J'ai été très découragé d'apprendre ce massacre, et d'autres que vous ignorez. Moi, qui suis berbère des Aurès, je ne peux admettre que d'autres Algériens, parce qu'ils sont arabes, se conduisent aussi sauvagement. »

Cette fois, j'ai frappé juste et je tente une proposition :

« Montrez-nous par des actes que vous êtes prêt à une entente avec nous et au retour de la paix. Si les sommes considérables qui sont englouties pour la guerre étaient utilisées pour la paix, elles relanceraient l'économie et feraient progresser la société algérienne vers plus de démocratie.

– Que m'accorderez-vous si je vous dis ce que je sais ?

– D'abord, je vous promets de ne pas vous remettre entre les mains de la police, vous échapperez donc aux tortures. Ensuite, si vous nous donnez des renseignements intéressants, vous serez récompensé. »

Après un moment de réflexion, il me confie : « Je connais une grotte, du côté de la frontière tunisienne, où des armes sont cachées. »

Avec son concours, je situe sur la carte le lieu approximatif de cette grotte dans un coin perdu des Némentcha, à l'est de Seïar. Par radio, je le communique à mon camarade du 3e bureau qui, après en avoir référé au colonel, me donne l'ordre de transporter immédiatement par hélicoptère le prisonnier au détachement le plus proche du 4e Régiment étranger d'infanterie, qu'il prévient de mon arrivée.

L'hélicoptère est un Bell, le plus petit du parc, et ne peut véhiculer qu'un seul passager près du pilote, mais il peut être équipé de deux brancards pour le transport de blessés. Ceux-ci sont disposés au-dessus des glissières d'atterrissage, pour maintenir l'équilibrage. J'installe donc mon prisonnier sur l'une des deux civières et prends place sur l'autre. Nous mettons le cap sur Seïar. Parvenus à destination, je détache mon « colis » et le remets à un lieutenant de la Légion auquel je fais promettre qu'il sera traité correctement.

« Je vous donne ma parole d'honneur, m'affirme-t-il, que s'il nous livre un bon tuyau, il sera bien considéré et largement récompensé. »

Je repars à la fois rassuré par les propos de cet officier, certain qu'il respectera la parole donnée, et troublé par le regard anxieux que me lance le prisonnier avant notre séparation. Il semble me dire : « Je t'ai fait confiance et maintenant que tu as obtenu ce que tu voulais, tu m'abandonnes à des inconnus qui vont peut-être me traiter comme tant d'autres. »

Sur le chemin du retour, nous devons effectuer une halte technique de ravitaillement en kérosène à Zéribet-el-Oued, où j'ai la surprise de rencontrer un jeune médecin originaire de Blois, Jacques Labé, que je connaissais par des amis communs. Appelé du contingent, il effectue son service au 4e REI. Nous sympathisons.

En route vers Biskra, survolant les paysages lunaires des Némentcha, je suis saisi d'une appréhension : si le renseignement était faux ou les armes déménagées, la peau de mon prisonnier ne vaudrait pas cher.

Nous apprenons le lendemain par un message radio que la fouille de la grotte a permis la découverte de vingt armes de guerre et 21 000 cartouches. La rapidité d'exécution, l'action s'étant déroulée dans la journée, a permis de devancer toute tentative de transfert du dépôt par l'adversaire. Au cours de la nuit suivante, je réfléchis à ce brillant résultat. J'en suis d'autant plus fier que je n'ai pas touché un cheveu de mon prisonnier. Pourtant, si je me reporte à mes années de Résistance, qu'aurais-je pensé d'un Allemand qui, par un excès d'amabilité, aurait abusé de la crédulité d'un Français pour lui extorquer un secret ?

Je tente de me tranquilliser en constatant que je n'ai fait tuer personne dans cette aventure. Si cette prise a privé le FLN d'un important stock d'armes, elle évitera peut-être la mort de jeunes soldats. Quant à mon prisonnier, dois-je m'attribuer le mérite de sa révélation ? Peut-être n'a-t-il parlé que par crainte d'être torturé par la police ou par lassitude de la guerre ? J'avais déjà tenté ce genre d'interrogatoire pacifique avec d'autres, sans résultat. Mais avec un homme instruit, peut-être était-ce le meilleur moyen de le convaincre de parler et surtout de ne pas lui faire détester la France.

Ça ne laisse aucune trace

Chaque mois, entre le 20 et le 25, je me rends à Batna, à la réunion concernant le renseignement de zone. Lors de celle de juillet, j'ai recueilli de mes collègues des témoignages horribles que je ne citerai pas, ne pouvant les vérifier, certains relatant des égorgements par le FLN, d'autres des représailles par nos troupes. J'y apprends des trahisons de moghazni et de tirailleurs dont les communiqués ne font pas état. À la « récréation », chacun livre ses méthodes d'interrogatoire, comme de bons cuisiniers s'échangeant des recettes. Celui qui enseigne la meilleure a droit à l'hilarité générale. La palme revient à celle-ci :

« Tu cherches une grosse fourmilière. Tu mets ton prisonnier à poil, tu lui enduis le cul et le zob de confiture, tu lui attaches les pieds et les poignets ensemble et tu le suspends à une potence au-dessus de la fourmilière. Pour que son arrière-train ne la touche pas, il est obligé de se soulever. Comme il ne peut pas longtemps bander ses muscles, il se relâche et s'assied sur la fourmilière. Il remue et cherche à se libérer, ce qui rend les fourmis furieuses. C'est sacrement jouissif à en juger par ses hurlements. Je n'en connais aucun qui, soumis à ce régime, n'accouche d'un renseignement intéressant et ça ne laisse aucune trace ! »

Au cours de cette réunion, nous apprenons le bilan de la bataille d'Alger qui touche à sa fin. Nous sommes invités à nous inspirer des méthodes musclées de la 10e DP pour redresser toute situation délicate.

L'efficacité de la ligne Morice, barrage électrifié le long de la frontière algéro-tunisienne, nous est également vantée. Ce qui ne nous est pas dit et que j'apprendrai bien plus tard, c'est que cette remarquable réalisation est l'œuvre d'une entreprise de Nantes (qui, pendant l'Occupation, participa à la construction du mur de l'Atlantique) et dont notre ministre, André Morice, est l'administrateur ! Quant à son efficacité, elle est à ce moment-là relative si l'on en croit Erwan Bergot : « Malheureusement, il faut bien l'avouer, nous n'avons jusqu'ici [fin 1957] pu intercepter qu'un dixième environ des effectifs ennemis [17]. » Les années suivantes, l'ouvrage, renforcé, deviendra moins perméable.

À mesure que les effectifs des katibas enflent, nos services de renseignement parviennent à mieux les localiser. L'une d'elles vient d'être anéantie le 22 juillet dans le secteur d'El Outaya, au nord de Biskra. 98 *djoundi* ont été tués, mais nos troupes ont subi des pertes importantes : 16 morts et 25 blessés. En guérilla, plus les maquisards se regroupent et plus ils sont vulnérables. Nous en avons fait l'expérience le 17 juin 1944 à Souesmes-en-Sologne : nous étions 150 ; attaqués, nous avons perdu 14 des nôtres. Le Vercors est un autre exemple, plus célèbre.

En ce mois d'août, les sorties ne manquent pas, soit avec le colonel, soit avec une unité, parfois dans un simple but touristique, comme à El Oued et Ouled Djellal, oasis sahariennes particulièrement pittoresques.

D'El Milia, je reçois une lettre d'un couple, puis d'une voisine. Ils me font part d'attentats contre des personnes de notre connaissance : assassinat de deux gardes forestiers, Aubespin et

17. *Algérie : les appelés au combat*, *op. cit.*, p. 26.

Vincensini, tentatives de meurtre contre le pharmacien Lucas et le fameux capitaine D. T., conseiller militaire de l'administrateur, sans compter d'autres civils français et musulmans que je ne connaissais pas. Quant à nos remplaçants du 3e REI, ils subiraient des pertes plus importantes que les chasseurs pour des résultats à peine meilleurs. Peu après notre départ, ils avouèrent 12 tués, dont le lieutenant-colonel adjoint, et 12 blessés au cours d'un combat.

L'une des victimes titulaire de citations acquises en Italie

Le 15 août, un compte rendu laconique du 10e BCP fait état de l'attaque d'un poste au cours de laquelle neuf rebelles auraient été tués. Le colonel L. Y. étant en permission, son adjoint, le lieutenant-colonel H. I., m'envoie effectuer une enquête car cette action lui paraît étrange.

Le chef de poste est un jeune sous-lieutenant, réserviste en situation d'activité, c'est-à-dire engagé à titre temporaire pour la durée des événements en Algérie. Arrivé sur place, j'écoute sa version des faits :

« Mon poste a été attaqué dans la nuit du 13 au 14. Voyez sur le mur les traces d'impacts et voici les douilles retrouvées à proximité. Nous avons riposté et pourchassé la bande rebelle qui a laissé neuf morts sur le terrain.

– Combien d'armes avez-vous récupérées ?

– Aucune. Sans doute les survivants ont-ils pu les emporter.

– Alors, montrez-moi les munitions, car les fuyards n'ont certainement pas eu le temps de les prendre sur les morts.

– Je n'en ai pas trouvé.

– Les rebelles ont-ils laissé des blessés sur le terrain et en avez-vous eu vous-même dans votre section ?

– Aucun. »

Tout cela me paraît suspect. La mine des soldats du poste n'est pas celle de héros ayant accompli un exploit. Je vais donc sur les lieux où les rebelles ont été abattus. Dans les habitations voisines du poste, je découvre des femmes et des enfants en larmes qui, à ma vue, se mettent à crier et à pleurer plus fort. Ne voyant aucun homme, je fais interroger les femmes par mon interprète. Elles m'expliquent qu'hier matin les militaires sont arrivés dans les maisons, ont fait sortir les hommes et les ont tués. Elles me montrent les emplacements où elles les ont retrouvés. Selon la coutume, les morts ont été enterrés aussitôt.

Mon opinion est faite, je retourne au poste et mets le jeune officier face à ses responsabilités. Fort des déclarations des femmes, je n'ai aucune peine à lui faire admettre qu'il a abattu ses neuf voisins par représailles, suite au harcèlement de son cantonnement.

« Les rebelles, ajoute-t-il pour sa défense, n'auraient jamais pu approcher si près de mon poste s'ils n'avaient pas eu de complices. Les hommes de la mechta voisine étaient certainement de connivence avec eux. »

Après l'avoir sérieusement sermonné, je me rends au PC du 10e BCP. Le chef de bataillon étant absent, je suis reçu par son second, auquel je fais part du résultat de mon enquête.

« Je suis au courant, me dit-il. Ce jeune sous-lieutenant a commis une erreur, j'en conviens, mais il est si brillant, si plein d'ardeur, que j'ai cru devoir couvrir cet acte irréfléchi.

– Qui a causé la mort de neuf innocents ! Je vais en rendre compte au colonel qui vous dira ce qu'il en pense. »

Ce que ne m'a pas dit le sous-lieutenant, mais que j'ai fort bien compris, c'est que ses supérieurs ne se privent pas d'exercer des ripostes sanglantes. Il s'est donc cru autorisé à les imiter à la suite d'une action des rebelles contre son poste, mais aveuglément et sans discernement sur le choix de ses victimes.

Avant de quitter Tolga, je passe saluer le lieutenant qui commande la SAS voisine, avec lequel j'ai de bons rapports.

« Vous ne m'apprenez rien, me dit-il, et je suis outré du comportement de ce jeune fanatique. Tout le travail que je fais pour ramener à nous les populations se trouve anéanti par des actes de ce genre. Les victimes, que je connaissais bien, n'étaient pas anti-françaises, au contraire. Maintenant, leurs familles le sont. Deux des hommes assassinés étaient d'anciens combattants présents à Biskra aux cérémonies du 14 juillet, dont l'un, titulaire de citations acquises en Italie, devait se voir attribuer prochainement la médaille militaire. Inutile de vous dire que la famille refusera la décoration à titre posthume. »

À mon retour, le colonel, mis au courant des faits, convoque le chef de poste et lui inflige une sévère sanction d'arrêts de rigueur, qui remplacera la citation qu'il espérait en récompense de sa « bravoure ».

La ligne de chemin de fer Batna-Biskra fonctionne toujours, mais elle est fréquemment sabotée. Chaque train est précédé d'une draisine qui ouvre la voie pour détecter d'éventuelles mines. Lorsque celles-ci sont bien camouflées, elles ne sont pas repérées et la draisine déraille ou explose. Me trouvant sur les lieux immédiatement après l'un de ces sabotages, qui fit trois morts et cinq blessés, je découvre un spectacle étrangement macabre. Le conducteur de la draisine, un musulman, a été scalpé par l'explosion. Son crâne est encastré dans les débris de la machine et nous retrouvons la peau de son visage projetée à plusieurs mètres.

À l'hôtel Transatlantique descendent de temps en temps des personnages intéressants, tel ce magistrat de Batna, qui nous raconte : « Lorsqu'il nous arrive de juger des individus dangereux contre lesquels nous n'avons pas de preuves suffisantes, nous les relâchons en leur accordant un non-lieu, après avoir prévenu les services spécialisés de l'armée qui les cueillent à la sortie et les font disparaître » (sans doute le GLI de Batna).

En cette fin d'août 1957, je reçois mon avis de mutation pour l'École d'application de l'infanterie de Saint-Maixent. Je dois quitter Alger le 10 septembre, mon successeur devant arriver un peu avant. En attendant mon départ, je compte bien lever le pied et si possible effectuer quelques promenades dans les oasis du Sud. Profitant d'un transport aérien, je fais une incursion à Ghardaia et à Laghouat.

Je le vois s'écrouler en arrière

Alors que je commençais à préparer mes cantines et attendais mon remplaçant, l'officier de renseignement du 10e BCP m'apporte, le 29 août, un courrier, destiné à un chef de katiba, trouvé sur un agent de liaison du FLN qu'il a intercepté. Interrogé par ses soins, ce dernier n'a pas donné l'emplacement de la katiba. Après recoupement avec d'autres documents, nous parvenons à la situer dans le djebel Mékrisane. Cette montagne dépend du secteur voisin d'El Outaya-El Kantara tenu par le 7e Régiment de tirailleurs algériens. Après un message très urgent envoyé à ce secteur, une reconnaissance aérienne confirme une présence insolite au lieu indiqué. Une opération éclair héliportée est aussitôt déclenchée à laquelle je reçois l'ordre de participer.

Le départ a lieu d'El Outaya par hélicoptères H21 à double rotor appelés « bananes [18] ». En quelques minutes l'objectif est encerclé. Surpris, les djoundi se retranchent sur des emplacements de combat aménagés dans les rochers au sommet du djebel et à mi-pente. J'accompagne l'une des sections qui progresse vers les hauteurs. Des tirs nourris d'armes automatiques crépitent de part et d'autre. Entre deux rochers, le chef de section, un sergent-chef, examine le terrain en quête d'un cheminement pour faire progresser ses hommes. Je me porte à ses côtés. Nous cherchons le meilleur itinéraire possible lorsque, voulant lui adresser la parole, je le vois s'écrouler en arrière, frappé par une ou deux balles. Espérant qu'il n'est que blessé, je me précipite pour, hélas, constater qu'il a été tué sur le coup.

18. La forme allongée de ces gros engins rappelle celle d'une banane.

La densité des tirs augmente. Des tirailleurs de la section sont touchés. Certains reculent. Mes galons d'officier m'imposent une seule attitude possible. Je leur crie : « Je remplace votre chef de section, suivez-moi. » L'odeur de la poudre, le feu de l'action, les tirs en tous sens font que la peur préalable au combat est remplacée par une sorte d'inconscience composée d'excitation et de crainte résiduelle. C'est alors que l'un des hélicoptères sanitaires qui arrivent pour charger les blessés explose à quelques mètres de nous, une de ses pales ayant heurté un rocher à la suite, semble-t-il, d'un tir adverse sur le moteur ou le pilote. Ce dernier est tué dans l'explosion.

La résistance est jugée par le commandant de l'opération trop solide pour que l'assaut puisse être lancé. Afin de limiter les pertes, il donne ordre à toutes les unités de se tenir hors d'atteinte des tirs de l'aviation qui vient d'être appelée. Deux patrouilles de Mistral se relaient pour strafer et arroser de napalm les défenseurs du piton rocheux. Après plusieurs passages, les armes automatiques se taisent. Seuls subsistent des tirs isolés. L'assaut peut être donné. Parvenant au sommet, nous découvrons un spectacle horrible : des dizaines de corps calcinés gisent empestant l'atmosphère, enchevêtrés au milieu d'armes et de paquetages éventrés et brûlés. Je suis pris de nausées et ne suis pas le seul. 67 rebelles ont été tués, 11 sont faits prisonniers et 54 armes de guerre récupérées, mais je n'ai pas noté nos propres pertes.

Dans l'avion qui me ramène en France une semaine plus tard, je rêve au bonheur de retrouver mon épouse et de vivre auprès d'elle une vie normale. Pourtant, ma joie est ternie par les images terribles des scènes vécues ces derniers mois. Je réalise aussi que je ne serais pas assis sur ce siège confortable si, lors du combat du djebel Mékrisane, au lieu de me porter à la droite du sergent-chef, je m'étais dirigé sur sa gauche. L'espace entre les rochers où nous nous trouvions ne pouvant accueillir que deux hommes, c'est moi qui aurais reçu la ou les balles mortelle(s). Déjà à Orbigny, le 21 août 1944, lorsque François Marteau fut tué, nos épaules se touchaient, et là aussi j'étais à sa droite.

Mes pensées s'envolent alors vers ce valeureux et infortuné sous-officier, mon compagnon de quelques instants, et je me surprends à regretter de n'être pas allé à sa gauche pour observer le terrain. Je n'aurais pas aujourd'hui à supporter la honte qui m'envahit lorsque je me rends compte que moi, l'ancien maquisard, avocat de l'émancipation des peuples colonisés, j'ai entraîné une section de tirailleurs algériens à l'assaut de leurs frères luttant pour leur indépendance.

II

SAINT-MAIXENT

1958-1959

« Si vous saviez quel était le prestige de la France, le pays des droits de l'homme, en Scandinavie... et jusqu'où l'ont rabaissé les guerres d'Indochine et d'Algérie ! »

JULIA HENDERSON [1], décembre 1958.

S'ils sont repris, ils doivent être fusillés !

Dès mon retour en France, en septembre 1957, je rejoins avec mon épouse l'École d'application de l'infanterie à Saint-Maixent (Deux-Sèvres) comme instructeur de transmissions, ma spécialité au 93e RI.

Attiré par toutes les publications sur l'Algérie, je suis particulièrement impressionné par une brochure de Raymond Aron, chroniqueur au *Figaro*, dont j'extrais ces phrases prophétiques : « La perte de l'Algérie n'est pas la fin de la France. Économiquement, l'Algérie est une charge... Il est possible que l'on n'ait le choix qu'entre l'abandon pur et simple et la guerre indéfinie [2]. » Je me procure aussi un livre paru en mars précédent, *Contre la torture*, de Pierre-Henri Simon, dans lequel cet

1. Directrice des Affaires sociales aux Nations unies. Cf. René Dumont, *Terres vivantes*, Plon, 1982, p. 301.
2. *La Tragédie algérienne*, Plon, 1957, p. 32.

agrégé de lettres condamne la torture au nom de la mission chrétienne de la France, sans pour autant prôner l'indépendance. Il appuie son indignation sur des témoignages parus peu avant dans un recueil à la tonalité plus radicale émanant du Comité de résistance spirituelle, *Des rappelés témoignent*, précédés de grandes signatures comme celles d'Henri Marrou, Jean-Marie Domenach, André Philip, Paul Ricœur, Lanza del Vasto, Jean de Miribel, René Rémond, de plusieurs prêtres-ouvriers et d'une cinquantaine d'autres intellectuels. Du même auteur, je lirai un peu plus tard *Portrait d'un officier*[3] et m'identifierai en partie au personnage en proie au « conflit moral de l'homme de guerre quand sa culture et sa conscience l'obligent à être un homme, son tempérament et sa profession un guerrier ».

En cette rentrée 1957, j'apprends par *Le Monde* la création d'un Comité Maurice Audin, animé par des humanistes comme le professeur Montagnier, futur découvreur du virus du sida, Michel Crouzet, l'historien Pierre Vidal-Naquet, et combien d'autres brillants intellectuels. Par leur engagement courageux, ces hommes ne rendent-ils pas à la France une part de son honneur souillé ? « Ceux qui ont protesté pour Audin, écrit l'un d'eux, Laurent Schwartz, mathématicien de réputation mondiale, n'ont pas entendu dissocier son cas des autres, faire de lui un martyr privilégié. Ils ont voulu en faire un symbole, comme d'autres déjà, dont les noms sont sur toutes les lèvres, sont devenus des symboles. Dreyfus aussi a été un symbole ; dans tous les cas, c'est au nom de la même raison d'État qu'on cherche à éviter la lumière[4]. »

Dans son « Bloc-notes » de *L'Express* que je lis souvent, François Mauriac lance lui aussi un cri d'alarme le 2 décembre 1957 : « Un intellectuel de gauche… Je songe avec quel mépris ces mots sont imprimés dans une certaine presse. Maurice Audin était l'un d'eux. Il appartenait à ce qui subsiste chez nous

3. Éd. du Seuil, 1958.
4. *L'Express*, 16 janvier 1958.

de plus noble, de plus pur. Qu'avez-vous fait de lui [5] ? » J'espère secrètement que celui de mes anciens chefs pour lequel j'éprouve toujours de l'estime ne désavoue pas son beau-père.

Quant aux officiers assassins de Maurice Audin et de ses amis algériens, aux tortionnaires d'Henri Alleg, du docteur Hadjadj et de milliers de musulmans, j'ai surtout à leur égard de la pitié car, pour ceux qui ont une conscience, qu'il doit être douloureux d'en sonder le fond sans se culpabiliser ! Bien que s'étant laissé emporter vers de terribles extrémités, et je sais par expérience combien c'est facile lorsque le contexte s'y prête, ils ne sont pas plus coupables que les généraux et les politiciens qui les encourageaient du fond de leurs bureaux. Et puis, n'a-t-on pas cherché à masquer leur culpabilité en leur accordant avancement et décorations au nom de la France reconnaissante ?

Décidément, je n'ai entrevu en deux ans et demi qu'une petite fraction de la partie émergée de l'iceberg de cette maudite guerre. Et je regrette de n'avoir qu'une connaissance encore plus partielle, par des reportages sporadiques, des atrocités du FLN, ce qui m'empêche de juger en toute impartialité.

Au sein des promotions de jeunes officiers de Coëtquidan venus effectuer leur année d'application à Saint-Maixent figurent quelques ressortissants de notre Empire et des Français musulmans d'Algérie. L'indignation est à son comble chez les instructeurs lorsqu'ils apprennent que plusieurs de ces derniers ont déserté pour rejoindre le FLN.

« Pendant des années, nous leur avons enseigné les règles de la guerre, de la guérilla, de la contre-guérilla, et ils vont les appliquer contre nos troupes ! Quelle félonie ! S'ils sont repris, ils doivent être fusillés ! »

Ces propos m'amènent à évoquer ceux du lieutenant Rahmani, puisés dans la lettre qu'avec une cinquantaine de ses

5. Rappelé dans *Bloc-notes*, t. 1, Flammarion, 1958 ; réédité par le Seuil en 1993, p. 551.

compatriotes ils avaient adressée au président de la République en décembre 1956 : « La situation des officiers algériens est rendue intenable par la lutte sanglante qui oppose nos camarades français et nos frères de sang[6]. »

Surviennent les événements de mai 1958 et l'investiture du général de Gaulle à la présidence du Conseil. Une large majorité de mes collègues salue ce retour du chef de la France libre comme un renouveau salutaire. Une minorité d'activistes et de nostalgiques de Vichy s'en défie. Pour d'autres, dont je suis, les déclarations du grand homme le 5 juin à Oran : « L'Algérie est organiquement une terre française, aujourd'hui et pour toujours » et le lendemain à Mostaganem : « Vive l'Algérie française ! », font redouter la poursuite d'une guerre interminable.

Au cours des mois suivants, je révise en partie mon jugement à la lumière des distances que prend prudemment le Général à l'égard de ceux qui l'ont porté au pouvoir. Fin août à Brazzaville ne va-t-il pas jusqu'à proclamer « le droit à l'indépendance des peuples d'outre-mer » ? Même si, s'arrêtant à Alger au retour, il annonce que « l'évolution nécessaire de l'Algérie doit s'accomplir… dans le cadre français ». Le 26 septembre, avant-veille du référendum constitutionnel, il évoque « les Algériennes et les Algériens des différentes communautés ». Début octobre à Constantine, il reconnaît « l'existence de la personnalité algérienne ». À la fin du mois, il propose au FLN une paix des braves dont nous ne percevons pas clairement qu'elle est une demande déguisée de reddition et il ne dément point les propos des gaullistes historiques, comme son Premier ministre Debré ou son ministre de l'Information Soustelle, qui clament haut et fort leur attachement indéfectible à l'Algérie française.

6. Rahmani fut ensuite emprisonné pour avoir proposé de servir d'intermédiaire entre le gouvernement français et le FLN. La conclusion de son ouvrage contient cette phrase d'une logique implacable : « Il dépend de la France seule que la libération de l'Algérie se fasse avec elle ou contre elle » (*L'Affaire des officiers algériens*, Éd. du Seuil, 1959, p. 40 et 172).

« Prince de l'équivoque », selon son ministre Robert Buron, le Général semble naviguer entre des forces contraires et des convictions diverses. Conscient du fardeau que représente l'Algérie, il ne peut se résoudre à abandonner un héritage revalorisé par la découverte des hydrocarbures du Sahara.

Le moment est venu de tordre le cou à la gueuse

Ces deux années de répit me réservent aussi des moments merveilleux, l'un d'eux surtout. Répondant à une publicité avec mon épouse, nous entreprenons pour la première (et la dernière) fois de participer à un grand concours national et, ô miracle, nous réussissons à décrocher l'un des quatre premiers prix : le tour du monde par avion pour deux personnes, d'une durée de vingt-cinq jours. Notre mois de juillet 1959 est donc consacré à ce voyage, qui se déroule comme un rêve, en compagnie de six autres gagnants fort sympathiques. Pour la petite histoire, avant le départ, au consulat US de Bordeaux, nous dûmes déclarer sur l'honneur « n'appartenir ni au Parti communiste, ni à une organisation para-communiste, ni avoir l'intention d'assassiner le président des États-Unis ». *Sic* !

Au retour, je retrouve la sombre réalité. Lors de sa visite en Algérie du 27 au 30 août, le Général s'est voulu rassurant vis-à-vis de jeunes officiers exprimant leurs craintes : « Comment pouvez-vous penser que de Gaulle abandonne jamais quelque chose ? » Aussi le 16 septembre 1959, sa célèbre proclamation, diffusée par toute la presse, admettant « le droit des Algériens à l'autodétermination, après pacification, par voie de référendum, dont l'objet serait : sécession, francisation ou association », produit-elle l'effet d'une bombe.

« C'en est trop ! De Gaulle nous a trompés ! De Gaulle est un traître. »

Ces accusations sont de plus en plus répandues dans les mess et réunions d'officiers et de sous-officiers, la logique voulant qu'une autodétermination sans truquages débouche inévitablement sur l'indépendance.

Quelques-uns ne se gênent même plus pour crier leur révolte, comme le capitaine G. K. lors de manœuvres au camp de La Courtine : « Notre futur chef ne s'est pas encore dévoilé, mais il va bientôt apparaître et nous devrons le porter au pouvoir, quitte à renouveler l'épopée franquiste. »

D'autres s'en prennent au régime, tel le lieutenant S. N. qui ne cache pas ses opinions royalistes et avec lequel j'ai cette altercation :

« Le moment est venu de tordre le cou à la gueuse [7], déclare-t-il.

– Vous êtes bien content de recevoir de cette gueuse votre solde et votre pension d'invalidité.

– Ce n'est pas elle qui me paie, c'est la France, car c'est pour servir la France que j'ai perdu une jambe en Indochine. Là-bas votre République, avec son juif de Mendès France, a trahi la patrie. »

Agis selon ta conscience

C'est dans ce contexte que je suis avisé d'un prochain départ pour l'Algérie en octobre. De même que pour l'Indochine, je me demande que faire. Rester dans les unités combattantes de l'armée ? Chercher une échappatoire ? Ou démissionner ?

Je m'en vais quérir l'avis de plusieurs de mes amis, dont André Vieuguet, un de mes camarades de Résistance [8]. Membre

7. La gueuse, c'est la République. Plus tard, lisant le témoignage d'Henri Alleg (*La Question*, *op. cit.*, p. 36), je relèverai des propos similaires tenus à Alger en 1957 par le lieutenant Erulin qui, tout en torturant Alleg, lui criait : « Ce qu'on te fait ici, on le fera en France. Ton Duclos et ton Mitterrand, on leur fera ce qu'on te fait, et ta putain de République, on la foutra en l'air aussi. » (Erulin, devenu colonel, commanda le 2e REP qui sauta sur Kolwezi en 1978.)

8. Cf. mon *Combat intérieur*, *op. cit.*, p. 87.

du comité central du PCF, il me rappelle la ferme opposition du Parti à la poursuite de la guerre. En mars 1956, m'explique-t-il, tout en appelant à voter les pouvoirs spéciaux demandés par Guy Mollet qui les aurait obtenus de toute façon, Jacques Duclos s'est dit convaincu que le fait national algérien finirait par être reconnu et a préconisé qu'il le soit donc au plus tôt. À l'Assemblée nationale, Laurent Casanova réaffirmait, le 20 mars 1957 : « La seule question qui se pose aujourd'hui est de savoir si le peuple algérien accédera à l'indépendance avec l'aide de la France ou contre elle. » Nos concitoyens semblent de plus en plus nombreux à partager ce point de vue.

« Pourquoi, m'interroge-t-il, quitterais-tu l'armée ? Tu y as ta place beaucoup plus que les officiers vichystes et ceux qui aspirent à un régime fasciste ou royaliste. Tu as prouvé être un bien meilleur Français qu'eux. Tu dois seulement éviter de te compromettre dans des actions répréhensibles. Tu peux même les dénoncer si tu en es le témoin, et faire comprendre à tes soldats combien cette guerre est injuste et ruineuse pour la France.

– Comment, lui demandai-je, supposes-tu que le général de Gaulle va traiter le problème ?

– Avec lui, il est difficile de prévoir. Il a crié “Vive l'Algérie française”, il soutient le plan de dictature militaire du général Challe et, d'autre part, il commence à laisser entendre qu'on pourrait négocier. Il vaut mieux compter sur les forces progressistes pour combattre les ambitions colonialistes. La présence en Algérie de cadres républicains peut être déterminante pour aboutir à des relations d'intérêts mutuels entre la France et l'Algérie.

– Donc, d'après toi, mon devoir est de retourner là-bas ?

– Oui, et reprenant le conseil d'Élie Mignot avant ton départ en Indochine : “Bonne chance et agis selon ta conscience.” »

Sage précepte qui rejoint ceux de nombreux philosophes. « Ne faites jamais rien contre votre conscience, même si l'État vous le demande », affirmait Einstein. Mais est-ce si facile à appliquer ? Mes premiers séjours m'ont appris que non. Notre voix intérieure n'est pas infrangible. Elle évolue au gré des événements, de leur appréhension, de l'entourage, de l'information. Elle peut même être trahie par souci d'intérêt, d'avancement ou simplement par lâcheté. Conscience n'est pas synonyme de vérité. À chacun la sienne.

Les inconditionnels de l'Algérie française sont convaincus de la justesse de leur cause et trouvent normaux les procédés employés. D'autres sont gagnés par le doute, comme le capitaine de parachutistes Allaire pendant la bataille d'Alger. Devenu colonel, il confesse : « J'ai assisté à ce type d'interrogatoires. En 1957, on se retrouvait vingt ans en arrière [quinze, en fait], avec le problème de la Résistance. Nous avions des états d'âme, mais nous avions une mission. Fallait-il démissionner ?... Je ne pense pas avoir perdu mon honneur en Algérie, j'y ai perdu un peu de mon âme [9]. »

Quelques officiers refusèrent de transiger avec leur conscience, tel le général de Bollardière. En 1957, il ne se soumit pas aux ordres de son chef direct, le général Massu, qui préconisait l'emploi de la torture. Conjuguée au soutien accordé à Jean-Jacques Servan-Schreiber qui la dénonçait, cette leçon de probité intellectuelle donnée aux arrivistes et autres suivistes lui valut soixante jours d'arrêts de forteresse.

Déjà en 1952, un saint-cyrien, héros de la France libre, expliquait ainsi son refus de retourner en Indochine : « Mon incapacité physique consécutive à une blessure reçue lors de mon premier séjour m'évita d'y repartir. Mais de toute façon, à ce stade de ma réflexion, je n'aurais plus accepté d'aller me battre contre des peuples en lutte pour leur indépendance, pour leur dignité. Désormais, on ne pouvait plus me raconter d'histoires : fidèle et loyal, je le restais certes, mais sans discernement, il n'en était plus question. J'étais entré dans l'armée pour sauve-

9. Émission *Les Brûlures de l'histoire*, Patrick Rotman (FR3, 1er février 1997).

garder nos libertés, notre indépendance, pas pour attenter à celles des autres, même si elles n'étaient qu'en gestation. Pourquoi refuser aux autres ce qu'on exige pour soi [10] ? »

10. Général X, *Moi un officier*, Stock, 1976, p. 73. Colonel en 1961, il accepta d'aller commander une base aérienne en Algérie, d'où il lutta contre l'OAS. De retour en métropole, il devint professeur à l'École supérieure de guerre, puis participa à l'élaboration de la haute stratégie militaire consécutive au retrait de la France de l'OTAN. Cet officier étant décédé, on peut révéler qu'il s'agissait du général Bécam.

III

SECOND SÉJOUR EN ALGÉRIE

1959-1962

Chapitre 1

Retrouvailles algériennes en Oranie

1959-1960

« Dans ce pays inondé de soleil, au fusil, on éteignait la lumière. »

SERGE DROUOT, *Témoignages*, FNACA, 1986, p. 765.

L'opium et le bâton

Alors que je débarque à Oran, le 4 octobre 1959, presse et radio encensent le général Challe, commandant en chef des troupes en Algérie : « La lutte contre la rébellion va encore s'intensifier jusqu'à la pacification intégrale », a-t-il lancé dans son ordre du jour du 22 septembre dernier.

La paix des braves offerte par le général de Gaulle en octobre 1958 ayant été refusée par le FLN, qui la considérait comme une supercherie [1], la guerre doit reprendre de plus belle. C'est ainsi qu'un rouleau compresseur progresse en Algérie d'ouest en est avec les opérations « Étincelle », « Pierres précieuses », « Jumelle »...

« Après l'opium de la paix des braves, la France choisit le bâton, c'est le plan Challe [2]. »

1. Cf. le commandant Azzedine, responsable de la wilaya (région FLN) IV : « La paix des braves, c'est la reddition. Si j'avais accepté, mes amis de l'ALN m'auraient exécuté et auraient eu raison. » Cf. *La Guerre d'Algérie vingt-cinq ans après*, cassettes Radio-France, 1987.
2. Mouloud Mammeri, *L'Opium et le Bâton*, Maspero, 1965.

Au soir de ma première journée algérienne j'ouvre un carnet sur lequel je consignerai mes observations et réflexions, régulièrement d'abord, épisodiquement ensuite :

5 octobre. Je me rends à Bou-Hanifia, à cent vingt kilomètres au sud d'Oran, pour me présenter à mon nouveau chef de corps, le lieutenant-colonel Suire. Cet officier supérieur commande le 19e BCP et le quartier de cette petite ville qui dépend du secteur de Mascara. Chaque secteur est divisé en quartiers, eux-mêmes découpés en sous-quartiers. Les uns et les autres sont généralement aux ordres de l'officier chef de la formation la plus importante qui y est implantée. Le lieutenant-colonel Suire, historien et littéraire de formation, m'accueille comme je le souhaitais :

« Vous commanderez la 3e compagnie et le sous-quartier de Dublineau, village situé au carrefour des routes Oran-Mascara et Mostaganem-Sidi-Bel-Abbès. Le capitaine M. O. qui en exerce le commandement ne doit partir qu'en novembre. Vous resterez donc un mois au bataillon avant d'aller prendre vos consignes. Vous en profiterez pour rencontrer les officiers de mon état-major et les autres commandants de compagnie. Je vous précise qu'au 19e BCP je tiens à ce qu'aucune exaction ne soit commise. Si des individus doivent être interrogés, je ne tolère pas qu'ils soient torturés. Ils doivent être dirigés sur l'échelon supérieur. »

Comblé par ces propos, je l'assure que ses ordres seront scrupuleusement respectés. Le soir même, je retrouve le lieutenant D. M. que j'ai connu lors de mon premier séjour. Il commande l'une des compagnies du bataillon.

« Dans mon coin, m'assure-t-il, on ne rencontre plus de réguliers. On n'a que de l'OPA [3] à se mettre sous la dent. Avec

3. Les réguliers sont des soldats de l'ALN, les djoundi. Les membres de l'OPA (Organisation politico-administrative) assurent leur logistique et la propagande.

notre patron, il faut se méfier, mais avec le commandant du secteur de Mascara, le colonel G. T., on peut y aller franchement : “Il faut détruire l'OPA physiquement, nous a-t-il recommandé, vous entendez : physiquement [4].” Récemment, je lui ai déclaré que mes OPA avaient disparu. “Comment ça ?”, me répondit-il. Je n'osais lui avouer. “Ah, je comprends, tu les as butés. Tu as bien fait, mais il fallait me le dire tout de suite, on dit tout à son colonel !” »

Rien ne serait donc changé depuis 1957. Comme alors, certains chefs recommandent ou admettent les « disparitions », d'autres refusent les tortures mais livrent leurs suspects là où chacun sait qu'elles sont pratiquées. Quant à nos dirigeants, ils feignent de les ignorer ou, à l'exemple de Malraux, estiment qu'elles ont cessé après la venue du général de Gaulle à Alger. Exactement comme Guy Mollet prétendait deux ans auparavant que « les actes répréhensibles pouvaient se compter sur les doigts d'une main » ! Même Jacques Chirac, lieutenant au 6e RCA d'avril 1956 à juin 1957, a déclaré : « Je n'ai jamais vu ou entendu parler pendant toute la période où j'étais en Algérie du moindre acte non conforme aux lois les plus élémentaires de la dignité humaine [5]. »

6 octobre. Je dois me présenter à ce colonel G. T., commandant le secteur de Mascara. Dans l'antichambre de son bureau

4. Ces recommandations étaient généralement verbales. Les quelques directives écrites de ce genre furent détruites. L'une d'elles, retrouvée, datée du 14 août 1959 et signée du colonel Renoult, commandant le secteur de Batna, préconisait « une lutte implacable contre l'OPA, aboutissant non à l'internement, mais à la destruction physique, à l'initiative du commandant de quartier sur le lieu même de son action… » (Pierre Vidal-Naquet, *La Torture dans la République*, Minuit/Maspero, 1975, p. 88).

5. Cf. *L'Événement du jeudi*, 18 octobre 1990. Cette déclaration pourrait peut-être s'expliquer par le vif désir que Chirac avait alors d'entrer dans l'armée d'active. Sa demande lui fut néanmoins refusée car il était « soupçonné de communisme pour avoir signé et fait signer l'appel de Stockholm », comme le signale le *Quid* 1998, p. 689. En 1951, il vendit parfois *L'Humanité-Dimanche*. Cf. Raymond Casas, *Mémoires à nos petits-enfants* (Blois, à compte d'auteur), p. 391.

arrive un capitaine de gendarmerie. Nous nous présentons. Il se nomme Plainard et commande la compagnie de gendarmerie du secteur. Je l'avise que je dois prendre prochainement le commandement de la 3e compagnie à Dublineau.

« Vous avez la chance d'avoir au 19e BCP un chef de corps comme il en faudrait beaucoup, enchaîne-t-il. Malheureusement, il doit bientôt quitter son commandement.

– Il m'a déclaré refuser les tortures dans son bataillon.

– Je le sais et c'est pourtant à la suite de l'une d'elles que je suis appelé par le commandant de secteur pour arranger l'affaire.

– Il s'agit sans doute d'un type qui a été tabassé, qui en est mort, et vous devez absoudre les responsables.

– Exactement, et l'action s'est passée précisément à Dublineau. J'espère qu'avec vous je n'aurai pas à intervenir pour des faits semblables.

– Vous pouvez en être assuré. Lors de mon premier séjour, je suis resté dix-huit mois dans un 2e bureau de secteur. Je sais comment les choses se passent et suis bien décidé à ne pas renouveler de telles expériences. Deux années de réflexion m'ont convaincu que ces méthodes salissent la France et lui portent préjudice beaucoup plus qu'elles ne la servent, d'autant plus que la vérité éclatera bien un jour.

– Je suis heureux de vous entendre parler ainsi car c'est aussi mon opinion. Pourtant, je suis assez fréquemment convoqué ici pour ordonner à mes chefs de brigade d'établir des procès-verbaux de complaisance pour les cas qui risqueraient d'être dévoilés à la presse, en particulier par les gars du contingent. Heureusement pour moi, la plupart des disparitions sont discrètes et me dispensent d'intervenir, sinon j'y laisserais ma chemise. »

L'ouverture de la porte du bureau du colonel met fin à notre conversation. Dix minutes après, le capitaine Plainard en sort et me lance brièvement : « Excusez-moi, je suis pressé, nous nous reverrons. »

J'entre à mon tour dans le bureau. L'entrevue est des plus banales. C'est normal : il n'a pas à se confier au premier venu.

Il y a pacification et pacification

16 octobre. Le capitaine Géraldy, médecin-chef du 19e BCP, se rend à la mechta Sidi Aïssa pour une tournée d'assistance médicale gratuite (AMG). Je lui demande la permission de l'accompagner.

Parvenus aux premières habitations, notre escorte met pied à terre, inspecte les lieux pour éviter toute surprise et s'installe en protection, après quoi l'équipe médicale pénètre dans le village. Nous ne découvrons que quelques femmes, vieillards et enfants tremblants et muets. Il est facile de comprendre à quoi ils s'attendaient. Après un bon quart d'heure de paroles aimables, de distribution de bonbons aux enfants et de cigarettes aux vieillards, les visages se décrispent, d'autres apparaissent. L'attirail du médecin, la vue de l'infirmière, les premiers soins dispensés achèvent de créer un climat de confiance. Un groupe de femmes nous offre le café ; même de jeunes hommes, jusque-là invisibles, se joignent aux consultants. Pendant plusieurs heures, le docteur ausculte, diagnostique, prescrit et, par moments, s'isole dans une pièce voisine pour examiner une femme. L'infirmière et un infirmier du contingent soignent les plaies, effectuent des piqûres et des pansements, distribuent des médicaments.

Sur le chemin du retour, le médecin capitaine, manifestement satisfait, me déclare :

« Il y a pacification et pacification. La vraie est celle que nous venons de pratiquer, tout comme l'instruction que de jeunes instituteurs dispensent dans les écoles. La fausse, c'est la répression, inséparable du maintien de l'ordre, paraît-il. Avez-vous remarqué la peur de ces pauvres gens lorsque nous sommes arrivés ? Ils s'attendaient à être bousculés, certains interrogés, leurs maisons fouillées. Dès qu'ils ont vu qu'au lieu de fusils et de "gégènes[6]", nos armes étaient pacifiques, les sourires sont apparus. Avez-vous remarqué comme ils sont sains et bien constitués ? Ils ne mangent pourtant pas de viande, ou très peu, mais ils vivent près de la nature, cultivent leurs champs et gardent leurs troupeaux. Ils n'ont pas tous les maux qu'on découvre dans les centres de regroupement où ils sont entassés et doivent supporter les conditions malsaines de notre vie moderne. »

17 octobre. J'accompagne mon chef de corps à Ouizert. Il va manifester son mécontentement au commandant de compagnie de la Légion étrangère dont une patrouille a abattu deux gosses qui s'enfuyaient à son approche. Le capitaine couvre ses hommes, prétendant qu'ils ont eu la détente facile car les rebelles auraient égorgé un musulman pro-français et ils auraient pris les adolescents pour des adultes.

24 octobre. Je pars avec une partie du bataillon qui, durant deux jours, participe à une grande opération au sud-ouest de Berthelot, où une katiba venant du Maroc a été signalée. À l'issue de cette intervention, le bilan ne nous est pas officiellement communiqué. Sous toutes réserves, environ trente rebelles auraient été tués et vingt se seraient constitués prisonniers. Nos pertes s'élèveraient à huit morts.

Lors du regroupement à Taria, en compagnie du capitaine Wolber, adjoint au commandant du 19e BCP, je fais la connaissance du colonel E. V., commandant en second le secteur de Mascara, grand bavard devant l'Éternel. Il nous dévoile que le 20e BCP, séjournant dans les régions de Mostaganem et d'Aïn Farès, a failli être dissous en raison d'histoires qui n'ont pu être toutes camouflées : des FSNA (Français de souche nord-africaine), appelés

6. Génératrice à main de poste radio, ou téléphone de campagne, destinée à produire du courant électrique lors des interrogatoires.

aussi Français-mususlmans, suspectés d'être des agents du FLN ont été descendus au cours d'opérations, y compris par leurs camarades FSE (Français de souche européenne) [7].

Il faut préciser que, depuis 1958, les unités d'appelés du contingent sont constituées pour les deux tiers ou les trois quarts de métropolitains et pour le reste de FSNA. Dans la plupart des compagnies, l'amalgame s'effectue sans difficultés; dans d'autres des heurts se produisent. L'incorporation des Français musulmans rappelle le STO sous l'Occupation : des convocations sont envoyées, auxquelles certains répondent; ceux qui refusent se camouflent ou rejoignent les maquis.

30 octobre. Je me rends au barrage hydroélectrique de Bou-Hanifia en compagnie d'un groupe d'officiers de réserve en voyage d'information. La visite est organisée par le capitaine N. I., Français d'Algérie d'origine corse. Son GMS (Groupe mobile de sécurité), qui comprend surtout des Français musulmans, en assure la protection. Les explications techniques sont fournies par un ingénieur, après quoi le capitaine N. I. met l'accent sur le rôle capital de la France dans le développement de l'Algérie, l'éducation des enfants, l'émancipation des femmes. Il assure à son auditoire que les Algériens souhaitent leur intégration à la société française.

« S'ils sont mal vêtus, dit-il, c'est parce qu'ils sont pauvres. Qu'ils aient de l'argent et ils s'habilleront comme vous et moi et auront un intérieur semblable au nôtre. Quant aux femmes, la plupart rêvent de s'affranchir progressivement du port du voile. »

Lors du putsch de 1961, cet officier adressera un message de soutien au général Challe.

7. Dans *La Décadence, l'imposture et la tragédie* (*op. cit.*, p. 184), le colonel Argoud rapporte les propos que lui tint, le 26 mai 1959, le lieutenant Bénésis de Rotrou du 20e BCP : « La région est complètement pourrie. Les harkas sont noyautées. La corvée de bois est élevée à la hauteur d'une institution... » Argoud ajoute : « Le général Challe n'ignore pas que la corvée de bois est utilisée dans tous les secteurs. »

Ce qui me réconforte le plus, c'est le reboisement des collines qui enserrent le barrage, bien qu'il représente peu par rapport à l'immense déboisement du reste du pays.

La troisième compagnie

11 novembre. Le capitaine M. O., qui cultive une réputation de baroudeur et de disciplinaire, doit quitter prochainement le commandement de son unité. Le chef de corps m'envoie à Dublineau prendre les consignes. Pendant une huitaine de jours, je comptabilise les véhicules, l'armement et autres matériels. J'établis des contacts avec des cadres et des chasseurs et visite le sous-quartier sur lequel sont implantés la compagnie, un groupe de harkis, une section autonome et un GMS.

13 novembre. Nous recevons la visite, en voisin, du commandant T. V., second du colonel commandant le 20e BCP, que j'ai bien connu à Saint-Maixent. Russe blanc d'origine, il est des plus spirituels et sympathiques, mais se rend parfois insupportable par l'âpreté de ses critiques. C'est un curieux personnage : il clame son anticommunisme, ce qui est naturel puisque, avec sa famille, il dut fuir son pays devant les bolcheviks, mais, cependant, il nourrit à l'égard des Russes une admiration sans bornes. Il fallait le voir à Saint-Maixent, le jour du lancement du premier Spoutnik, triompher en vantant le génie slave, à tel point que des questions sur ses activités furent posées à ceux qui le côtoyaient par un officier de la sécurité militaire venu de Poitiers. D'après ce dernier, contrairement à des idées reçues, les renseignements fournis aux Soviétiques émaneraient le plus souvent non pas de communistes français, mais d'exilés russes pour lesquels le nationalisme prime sur le régime.

25 novembre. Je prends en main ma nouvelle unité, remarquablement disciplinée, entraînée et aguerrie par mon prédécesseur. Je vais m'employer à l'orienter progressivement vers un but différent. De machine à « détruire du fellouze », je souhaite en faire un instrument de rapprochement avec les populations. Je voudrais que les habitants des douars ne soient plus effrayés à notre approche et qu'ils nous accueillent sans antipathie. Pour y parvenir, je compte beaucoup sur mes chasseurs d'origine maghrébine.

J'avoue ne pas comprendre le comportement de ces derniers : ils acceptent de combattre leurs compatriotes du FLN sans se poser apparemment de questions. Ils ne sont *a priori* suspects ni de désertion ni de trahison et s'entendent bien avec leurs copains de métropole. Je dois seulement veiller à ce que leur nourriture soit compatible avec les prescriptions de leur religion. Au cours des prochains mois, je m'efforcerai de découvrir le fond de leur pensée. Quant à mes harkis, ils sont tous volontaires et rétribués. Au nombre d'une vingtaine, ils vivent avec leur famille dans le village. Celui-ci étant entouré de barbelés et ses voies d'accès contrôlées par des postes de police, ils ne redoutent pas le FLN. Le général Maurice Faivre, ancien chef de harka, définit parfaitement leurs diverses motivations : « pression des notables et de l'armée française, attachement à l'ordre, francophilie, sévices du FLN, rivalités tribales et volonté de vengeance, désœuvrement et besoin alimentaire, option politique ou idéologique, contrainte policière et retournement d'opinion[8] ». Brahim Sadouni[9] et Mohand Hamoumou[10] ont eux aussi remarquablement expliqué les raisons du choix et de la fidélité des harkis à la France.

Parmi les morts au combat que déplore la compagnie depuis sa formation, l'image de l'un d'eux reste particulièrement vivace dans le cœur de ses camarades. Il s'agit d'un jeune caporal du contingent, Gaël Le Roy de Lunézy. En dépit de sa parti-

8. « Dossiers et documents », *Le Monde*, n° 203, octobre 1992, p. 9.
9. *Français sans patrie*, L'Harmattan, 1985, et *Le Drapeau. Écrit d'un harki*, L'Harmattan, 1990.
10. *Et ils sont devenus harkis*, Fayard, 1993.

cule, ce jeune intellectuel était fiché par la sécurité militaire, à tort ou à raison, pour idées progressistes. Doué d'une personnalité accusée et d'une vive sensibilité, artiste, poète, journaliste, son influence sur ses camarades indisposait le commandement qui le confia à mon prédécesseur pour lui faire courber l'échine. Dans ce but, le jeune Gaël fut souvent désigné pour des missions dangereuses. Fier, orgueilleux même, jamais il ne voulut flancher en dépit de problèmes de santé, forçant l'admiration de tous. Le 25 mars de cette année, au douar Amaria, à proximité d'un éperon rocheux, à la tête de son groupe, il reçut une balle mortelle.

Plutôt mourir debout que vivre à genoux

29 novembre. Je participe, pour la première fois, à la tête de ma compagnie, à une opération regroupant plusieurs unités. Les services de sécurité de Mascara ont obtenu un renseignement : un commando de fidayin qui terrorise la ville par ses attentats se cacherait dans un groupe de mechtas de la région. Celles-ci sont encerclées au petit jour. Ma compagnie est chargée de passer une partie de la zone au peigne fin. J'interdis le pillage et les brutalités. La fouille est effectuée sans résultats. Soudain, longeant une maison vide, j'avise une poule qui couve sur un nid recouvert d'une grande cloche de grillage. Avant de poursuivre mon chemin, je lance en plaisantant : « Si j'avais eu à creuser une cache, je l'aurais choisie sous cette poule stupide. »

Intrigué, un sous-officier fait dégager le nid, puis retirer l'épaisse litière de paille et de fientes de ce mini-poulailler. Le sol apparaît identique au reste de la cour, à l'exception d'une mince fente. Un chasseur astucieux y introduit un outil et s'écrie : « Il y a une cache là-dessous ! » Piochant la terre, il découvre un couvercle métallique, qu'il soulève. Une rafale est tirée du fond du refuge dans sa direction, sans l'atteindre. Par réflexe, le sous-officier qui était à ses côtés lance une grenade défensive dans le trou. Des cris de douleur en sortent ainsi qu'une épaisse fumée. Aucune résistance ne se manifestant plus, le sergent-chef fait apporter une échelle et descend dans la cache au fond de laquelle gisent cinq jeunes Algériens en uniforme de l'ALN. Quatre sont morts, le cinquième est blessé. Je m'approche, suivi des policiers et des services de renseignement du secteur. Le blessé est rapidement dégagé. Une ambulance le transporte à l'hôpital. Les morts sont à leur tour hissés hors du trou avec leurs armes et les documents récupérés par un inspecteur de police. Une importante somme d'argent est également trouvée, dont beaucoup de billets ont été détériorés par leurs détenteurs lorsqu'ils se sont sentis pris au piège – et par l'explosion de la grenade.

Je fais aligner correctement sur le trottoir les corps des quatre fidayin. J'envisage un instant de leur rendre les honneurs militaires, mais j'y renonce, cette marque de respect envers les morts eût été considérée comme une provocation. Toutefois, je dispose en évidence à leurs pieds en guise d'épitaphe un grand morceau de carton trouvé dans la cache, portant cette inscription : « Plutôt mourir debout que vivre à genoux. »

C'est alors que se produit un incident pitoyable. Un de mes chasseurs se jette sur l'un des cadavres et lui enfonce les doigts dans la bouche pour lui subtiliser des dents en or très apparentes. Je relève brutalement mon gars et lui grogne : « Tu n'as pas honte. Laisse ça tranquille. » Ce sera ma seule sanction car deux ou trois de ses camarades se chargent de le sermonner vertement.

« Depuis le temps qu'on recherchait ces terroristes ! s'exclame le chef de la police en me félicitant.

– Pour votre première sortie, c'est une réussite ! » renchérit le commandant de l'opération.

Hanté par la pensée que j'aurais pu me trouver dans la situation de ces vaincus lorsque je combattais dans la Résistance, j'ai le triomphe amer.

Arzew : fief de l'action psychologique

8 décembre. Comme tout officier nouvellement affecté ou réaffecté en Algérie, j'effectue un stage de huit jours au Centre d'instruction, de pacification et de contre-guérilla d'Arzew, plus communément appelé Centre d'action psychologique.

Dès notre arrivée à Arzew, charmant petit port à vingt kilomètres au nord-est d'Oran, nous sommes répartis par groupes de huit pour les travaux dirigés, les analyses et commentaires de conférences. Dans notre équipe, un leader s'impose aussitôt, un certain capitaine M. N., grande gueule, contestataire-né, supérieurement intelligent. Découvrant dès l'abord son hostilité à la poursuite de la guerre d'Algérie, je me range à ses côtés, ainsi qu'un lieutenant, alors que les cinq autres entonnent avec plus ou moins d'assurance les refrains officiels.

L'action psychologique fut découverte en Indochine par les prisonniers des camps Viêt-minh ; « cadeau empoisonné », selon l'expression de Serge Bromberger. Les colonels Lacheroy, Trinquier, Godard, Bigeard, Argoud et autres en sont les principaux instigateurs. Qualifiée d'« endoctrinement » et d'« intoxication » lorsque l'adversaire l'emploie pour obtenir l'adhésion des populations, s'attirer la sympathie des prisonniers et galvaniser le moral de ses troupes, elle se pare du terme attrayant d'« action psychologique » lorsque nous l'utilisons nous-mêmes aux mêmes fins.

Fort intéressantes, les premières conférences portent sur l'histoire de l'Algérie, de l'Islam, du monde musulman, de la condition de la femme maghrébine. Les suivantes magnifient l'œuvre civilisatrice de la France : 80 000 kilomètres de routes, 44 000 de voies ferrées, quatre aérodromes internationaux, des hôpitaux, des ports, des industries. Par-dessus tout, un grand effort de scolarisation : 2 500 écoles comptant 11 000 classes, 50 lycées et collèges, 5 000 étudiants dans les universités. La valeur de ces réalisations est irréfutable et nous en éprouvons une légitime fierté, bien que regrettant l'absence de démocratie dans la vie publique, l'injuste répartition des richesses produites et l'inégalité de l'accès à l'instruction.

La guerre révolutionnaire et ses parades sont au programme. Des cours sur le communisme nous sont dispensés par d'ardents adversaires de cette doctrine. Déjà à Saint-Maixent, nous avions reçu ce genre d'information. L'« ennemi éventuel » de nos thèmes de manœuvre était l'Armée rouge démarquée. En Algérie, les communistes sont considérés comme les inspirateurs et les alliés des rebelles. À leurs côtés, les intellectuels de gauche français, chrétiens progressistes, humanistes, libéraux, forment ce qu'il est convenu d'appeler l'« anti-France ». Les « traîtres » qui la constituent se nomment André Mandouze, Francis Jeanson, Frédéric Joliot-Curie, Pierre Mendès France, François Mauriac, Jean-Jacques Servan-Schreiber, Laurent Schwartz, Pierre Vidal-Naquet, etc.

Lors de nos commentaires, je n'ose faire état de l'avis du lieutenant Rahmani, que pourtant j'approuve : « Si un jour quelque chose de valable se construit entre l'Algérie et la France, c'est à ces Français torturés, malmenés, arrêtés par la police et cloués au pilori par la presse et le gouvernement que nous le devrons [11]. » L'anti-France n'est-elle pas plutôt constituée des individus qui, voulant maintenir leur domination, creusent le fossé entre les deux communautés ? Je me limite à rappeler les propos du général de Gaulle lors d'une conférence de presse, le 30 juin 1955 : « Aucune autre politique que celle qui tend à substituer l'association à la domination en Afrique du Nord française ne saurait être valable ni digne de la France [12]. »

Les méthodes de la guerre contre-révolutionnaire nous sont enseignées. Élaborées en Indochine, elles figurent, entre autres documents, dans la *Revue militaire d'information* et la *Revue*

11. *L'Affaire des officiers algériens*, *op. cit.*, p. 137.
12. Cf. confirmation dans *Mémoires d'espoir*, Plon, 1970, p. 49.

de la Défense nationale, signées du général Chassin et du colonel Lacheroy. Nos instructeurs nous en rappellent les bases : « Le problème numéro un, c'est la prise en main des populations qui servent de support et au milieu desquelles elle se passe ; celui qui les prend ou les tient a déjà gagné. » Clausewitz, suprême référence militaire, vient à la rescousse : « Plus que la masse, ce sont la vitesse et la capacité de se redéployer qui font l'art de la guerre. » L'application tombe sous le sens : « Déploiement des troupes, dispersion sur le terrain afin de pouvoir casser partout les éléments adverses et s'imposer à leur place auprès des populations. » Ainsi, aux ratissages ordonnés par le général Cherrière, puis au quadrillage cher au général Lorillot, doit succéder l'ère des commandos de chasse agréée par le général Challe.

Si la torture nous est suggérée pour obtenir d'indispensables renseignements, elle n'est pas inscrite au programme comme, paraît-il, au camp Jeanne-d'Arc à Philippeville, créé en mai 1958 par le colonel Bigeard. Dans ce centre, des cours y seraient dispensés sur les méthodes à utiliser[13]. L'une des applications les plus horribles eut lieu près de Constantine, à la ferme Améziane, où s'illustra un certain commandant Rodier[14].

Notre capitaine, M. N., commente avec logique cette série de conférences :

« Sans la torture, la bataille d'Alger n'aurait pas été gagnée. Tous les commentateurs militaires en conviennent, toutefois Camus a-t-il tort d'affirmer qu'"elle a sauvé des vies aux dépens de l'honneur, mais en même temps a créé de nouveaux terroristes qui causeront la mort d'encore plus d'innocents" ?

– D'après Lacheroy, "celui qui tient les populations a déjà gagné", c'est donc le FLN le vainqueur, ajoute le lieutenant D. D.

– Le FLN tient les populations par la terreur, rétorque un

13. Cf. *Témoignage chrétien*, repris par *Le Monde*, 19 décembre 1959.
14. Cf. Jean-Luc Einaudi, *La Ferme Améziane*, L'Harmattan, 1991.

jeune officier fraîchement débarqué. Si nous voulons nous imposer, nous devons être plus craints que lui.

– Les assassinats perpétrés par le FLN sont particulièrement odieux, réplique le capitaine M. N., mais si vous aviez déjà effectué un séjour comme moi, vous sauriez qu'il n'a pas le monopole de la cruauté : nous avons à notre actif plus de victimes que lui. »

« Les officiers français chargés de l'action psychologique lisent Mao Tsé-toung comme si les libérations du sol national pouvaient servir d'exemples aux impérialistes », ironisera Ferhat Abbas [15], ce que confirmera Gilles Perrault : « Ils [les combattants français] en vinrent alors, par un contresens évident, à tenter d'être comme des poissons dans l'eau avec le peuple qu'ils combattaient [16]. »

La politique du général de Gaulle constitue un autre sujet de controverse. Les uns considèrent que le président a trahi l'idéal national pour lequel il a été porté au pouvoir : l'Algérie française. Seuls les chefs qui maintiennent ce cap méritent d'être suivis. Pour les autres, le Général ne peut être suspecté de manquer de patriotisme. S'il a choisi la voie de l'autodétermination, donc d'un désengagement progressif du bourbier algérien, c'est qu'il a jugé en son âme et conscience que c'est pour la France la moins mauvaise solution [17].

Au cours de conversations informelles, j'ai pu recueillir des propos édifiants, du type de ceux-ci, entre deux anciens prisonniers des Viêts :

« On peut tuer avec des mots. Dans les camps, notre état de

15. *La Nuit coloniale*, Julliard, 1962.

16. *Les Parachutistes*, Éd. du Seuil, 1961.

17. De Gaulle aurait confié à Alain Peyrefitte, en mars 1959 : « L'Algérie française, c'est une fichaise et ceux qui préconisent l'intégration sont des jean-foutre… L'intégration, c'est une entourloupette pour permettre que les musulmans, majoritaires en Algérie à dix contre un, se retrouvent minoritaires dans la République française à un contre cinq. » Cf. *C'était de Gaulle*, Fayard, 1994, p. 50 et 56.

faiblesse dû à la sous-alimentation et aux maladies faute de médicaments nous rendait réceptifs à toute propagande. Notre commissaire politique nous répétait sans cesse que nous étions venus en Indochine pour soumettre un peuple luttant pour son indépendance. Il parvenait à nous donner mauvaise conscience et certains d'entre nous admettaient qu'il avait peut-être raison. Ces bourreurs de crânes étaient des criminels.

– Ne pouvant échapper aux séances de rééducation, répond l'autre, je m'enfermais dans une bulle pendant les causeries du commissaire politique. Je rêvais à mon retour en France, à ma famille, à de bons repas, à l'automobile que je m'offrirais. Aussi, je n'entendais pas les discours qui glissaient comme sur une toile cirée, ce qui m'a permis de toujours garder le moral. »

Deux jours avant la fin du stage, notre bouillant capitaine M. N. nous annonce : « Savez-vous ce que j'ai découvert hier soir ? Piqué au vif par les leçons de certains instructeurs nous préconisant de montrer l'exemple, comme si nous ne le donnions pas, j'ai discuté avec des appelés employés au Centre d'instruction. Ils m'ont avoué ne jamais pratiquer d'éducation physique. Notre serveur à table n'est pas allé à une séance de tir depuis dix mois, celui du foyer depuis vingt-deux mois. Aucun ne connaît ses emplacements de combat en cas d'alerte ! Quant aux panneaux de documentation du foyer de la troupe, ils sont vieux d'au moins un an. Alors, croyez-moi, je ne vais pas me gêner pour dénoncer cela publiquement. »

Homme courageux, il le fit avec fermeté mais humour et retenue. La leçon dut porter car les panneaux furent changés la nuit suivante. Nous ne pûmes pas vérifier si les autres remarques furent ou non suivies d'effets.

Avant de quitter le Centre avec des brassées de documents, je saisis cette réflexion d'un capitaine : « Si nos chefs politiques ne veulent pas s'engager davantage pour défendre notre droit à garder l'Algérie à la France, nous serons peut-être obligés de prendre le maquis. »

On ne fait pas boire un cheval qui n'a pas soif

23 décembre. Depuis mon retour d'Arzew, le but du stage m'apparaît plus clairement : convaincre les officiers de garder l'Algérie à la France, et pour cela abattre tout gouvernement qui n'adhérerait pas pleinement à cet objectif, en le remplaçant par un régime de type fasciste.

Que, par ce biais, des fils de colons pieds-noirs ou de la grande bourgeoisie veuillent préserver leurs privilèges peut se comprendre. Mais que des officiers d'origine modeste, anciens résistants ou déportés, se rangent aux côtés des exploiteurs est inexplicable. Certains d'entre eux ne seraient-ils pas aveuglés par l'accès à un rang social inespéré du temps de leur jeunesse, comme Bigeard et Roger Trinquier ? Ce dernier, fils d'un humble paysan des Basses-Alpes, poussé par son instituteur, intégra l'École normale. Il était alors socialiste d'idées, dit-on. Comment a-t-il pu se convertir en l'un des principaux théoriciens de la lutte contre l'indépendance des peuples coloniaux ? Comment a-t-il pu devenir l'un des principaux initiateurs de la torture ? Comment peut-il se retrouver dans le camp de ceux qui cherchent à renverser la République ?

24 décembre. La récolte des agrumes est commencée depuis plus de quinze jours et aucun colon n'en a encore offert pour l'ordinaire de la troupe. J'ai donc adressé une lettre aux plus gros producteurs, leur demandant courtoisement de bien vouloir nous éviter d'organiser nous-mêmes des cueillettes dans leurs orangeraies. En cette veille de Noël, les premiers cageots nous parviennent.

1er janvier 1960. Le maire, S. O., l'un des colons du village, invite les officiers à un apéritif. Cet activiste notoire a offert comme jouets à ses jeunes garçons des habits de paras, des jeeps, des pistolets.

« Il faut bien qu'ils sachent tirer, nous confie-t-il. S'il devait y avoir sécession, ils en auraient besoin. »

3 janvier. La compagnie passe une visite médicale au cabinet du médecin civil local, conventionné par l'Armée, le docteur S. E. Ce praticien me trouve une tache au poumon. Il m'envoie à Oran, à l'hôpital Baudens, et adresse un pli confidentiel au médecin-chef. Je suis très surpris, ne me sentant aucune faiblesse et n'étant affecté d'aucun toussotement.

5 janvier. Je partage une chambre d'hôpital avec le sous-lieutenant de réserve Violet, fils d'un petit industriel de la région parisienne. Nous bavardons longuement, surtout de la guerre en cours.

« Je pense, lui dis-je, que l'Algérie française est contraire aux intérêts de la France. "On ne fait pas boire un cheval qui n'a pas soif", aimait à répéter le célèbre pédagogue Freinet. De même, on ne peut pas obliger les Algériens à être français malgré eux et c'est une chance pour notre pays qu'ils ne le veuillent pas. S'il est possible d'intégrer une minorité d'étrangers, il serait désastreux de vouloir incorporer tout un peuple aux traditions, coutumes, religions différentes des nôtres. Quant à nos braves Bretons, Auvergnats et autres Solognots, comment réagiraient-ils en apprenant qu'il leur faudrait partager l'enveloppe affectée aux allocations familiales avec les familles super-prolifiques de neuf millions de nouveaux Français ? À moins de maintenir la discrimination actuelle, mais ce serait trahir nos promesses et ouvrir la porte à de nouvelles révoltes, y compris sur le territoire métropolitain. Je ne comprends pas que des hommes intelligents comme Michel Debré, Jacques Soustelle et tant d'autres s'obstinent à prôner l'intégration. Encore heureux qu'ils aient abandonné leurs illusoires projets d'assimilation !

– C'est bien mon avis, acquiesce mon compagnon de chambre, et celui de nombreux officiers de réserve, mais vous êtes le premier officier d'active qui me parle avec autant de bon sens[18]. »

Sans trop se prononcer sur mon affection, le médecin traitant de l'hôpital estime qu'un mois de repos m'est nécessaire. Il m'accorde une permission que je dois venir retirer le 11 janvier, veille de mon embarquement. En attendant, il m'envoie à Dublineau pour deux ou trois jours afin d'y régler les problèmes posés par mon absence. Dès mon arrivée, je me rends à Bou-Hanifia où j'assiste à une prise d'armes en l'honneur de la relève du lieutenant-colonel Suire par le commandant M. I., sosie de Mussolini.

Durant mon congé en France, l'interview scabreuse accordée le 18 janvier par le général Massu au journaliste allemand Kempski suscite le scandale : « Nous ne comprenons plus la politique du général de Gaulle... Notre plus grande déception a été qu'il soit devenu un homme de gauche... La question à se poser est de savoir quand lui viendra un successeur. » Cette virulente critique lui vaut son éviction du corps d'armée d'Alger[19].

À partir du 24 janvier, la semaine dite « des barricades » laisse craindre de sombres lendemains. La lecture du « Blocnotes » de François Mauriac dans *L'Express* confirme cette appréhension : « Je nie que le général de Gaulle soit d'abord

18. J'ignorais alors qu'à la même époque le général de Gaulle tenait à son confident Alain Peyrefitte des propos semblables : « Le maintien des départements algériens dans la France nous coûterait non seulement un grave préjudice moral dans le monde, mais un effort ruineux... On devrait assurer aux Algériens le même standard de vie qu'aux Français, ce qui est hors de portée. S'ils se détachent de la France, ils devront se contenter d'un niveau de vie très inférieur ; au moins, ils ne pourront plus en faire grief à la France, et ils auront une satisfaction de dignité, celle de recevoir le droit de se gouverner eux-mêmes » (*C'était de Gaulle*, *op. cit.*, p. 57).

19. Sa disgrâce ainsi que celle de Bigeard, qui l'un et l'autre s'étaient montrés favorables aux thèses activistes et aux méthodes musclées pendant la bataille d'Alger, leur vaudra de ne pas se retrouver mêlés aux événements d'avril 1961. Ils se referont ainsi une virginité politique auprès de De Gaulle, alors que les « pigeons » restés sur place connaîtront l'exil ou la prison.

venu pour mettre un terme à la guerre d'Algérie. Il est venu pour que les parachutistes ne débarquent pas à Marseille et à Paris. Que se serait-il passé alors ? La résistance eût été nulle : beaucoup d'entre nous auraient été fusillés. L'un des plus fameux colonels de ce moment-là se faisait une joie de m'abattre l'un des premiers [20]. »

Début février, j'apprends avec étonnement la décision du Conseil des ministres, autant dire du général de Gaulle, de supprimer les organismes d'action psychologique, cette pépinière de factieux. Ainsi donc, le centre d'Arzew devrait fermer ses portes, à moins qu'il ne perdure sous une autre étiquette ?

Il faut débarquer le Général au plus vite

14 février 1960. Lors de mon retour à Oran, la presse vante l'explosion à Reggane de « Gerboise », première bombe atomique française, entièrement bleu-blanc-rouge ! Réussite totale : cocorico ! Tenu de me présenter au médecin traitant de l'hôpital Baudens, celui-ci me prescrit de nouveaux examens : la tache au poumon a mystérieusement disparu…

À l'hôpital, je rencontre le capitaine J. E., un ancien du 19e BCP, qui, instructeur à Arzew, dispensait les cours de guerre contre-révolutionnaire. Foncièrement anticommuniste et antigaulliste, il approuve les propos tenus par Massu au journaliste allemand Kempski : « Qu'un des plus anciens gaullistes parle ainsi prouve que presque toute l'armée pense la même chose. Il faut débarquer le Général au plus vite [21]. »

20. Confirmé dans son *Bloc-notes*, t. 2, Flammarion, 1961. La menace sur Marseille et Paris portait le nom de « Plan Résurrection » ; quant au tueur présumé de Mauriac, d'après le ministre de la Justice Corniglion Molinier, ce serait le colonel Roger Trinquier (p. 477).

21. Dans *Barricades et Colonels*, M. et S. Bromberger nous apprendront (*op. cit.*, p. 25) que « dans le salon de Lucie Arpels, Massu et les députés J.-B. Biaggi et Le Pen se répandaient en imprécations contre de Gaulle », avec la bénédiction de Georges Bidault.

Il me commente ensuite les événements d'Alger du 24 janvier : « La seule victoire de l'armée française depuis vingt ans vient d'être remportée sur les barricades contre des Français. Au début de la manifestation, les parachutistes du colonel Gracieux se sont interposés entre les manifestants et les gendarmes, mais ils ont été relevés par des appelés qui voulaient taper sur les pieds-noirs. Les officiers, sans directives précises, étaient livrés à eux-mêmes. On connaît le résultat : vingt Français tués.

– La presse de métropole, répondis-je, rapportait que parmi les vingt morts figuraient six manifestants et quatorze gendarmes abattus par les commandos activistes d'Ortiz qui ont ouvert le feu les premiers.

– C'est faux, ce sont les gendarmes qui ont tiré les premiers.

– Exact, mais avec d'inoffensives grenades fumigènes, pour disperser les émeutiers, comme lors de toute manifestation, alors que les commandos d'Ortiz ont riposté au fusil-mitrailleur.

– Je vois, poursuit-il, qu'en métropole la presse est bien renseignée et qu'elle exploite tous les faits dans le sens du défaitisme.

– Dans le sens de la réalité !

– Je maintiens : dans le sens du défaitisme. Les Français sont des veaux : ils laissent leurs compatriotes d'Algérie à la merci des Arabes qui attendent le moment de les exterminer. Mais les pieds-noirs et l'armée n'accepteront pas ça. »

19 février. Regagnant Dublineau, je reprends en main ma compagnie. Dans l'optique d'un meilleur contrôle des populations, le commandement a décidé de détacher une de mes sections au milieu du douar Amaria, à six kilomètres au nord-est du bourg. Je décide de construire un fortin en moellons et parpaings sur l'éperon rocheux qui domine les mechtas et les vallées de l'oued Habra et de ses affluents. J'envisage aussi la construction d'une école à proximité.

Le lieutenant Tharreau, qui assurait mon intérim, m'apprend les nouvelles : « Des membres de l'Organisation politico-administrative capturés voici quelque temps viennent d'être libérés par les autorités judiciaires. Ils vont reprendre leurs activités, et il nous faudra monter de nouvelles opérations pour les capturer à nouveau. Ceci explique que des commandants d'unités envoient ces individus en "corvée de bois" pour éviter d'être la risée de la population. »

24 février. Je reçois la visite de l'adjudant Dupuy, commandant la brigade de gendarmerie. Il a une véritable vénération pour son chef, le capitaine Plainard. Il me fournit de précieux renseignements sur les personnes influentes (sûres ou douteuses) des deux communautés du village. Il me livre les noms de quelques musulmans qui jouent un double jeu – peut-on leur en vouloir ? – et de familles qui auraient un fils harki et un autre fellagha afin de préserver l'avenir.

« Le 25 janvier, ajoute-t-il, plusieurs pieds-noirs m'ont déclaré : "Heureusement que les quatorze tués des forces de l'ordre à Alger étaient des gendarmes et non des jeunes du contingent, sinon les appelés, ici et ailleurs, se seraient vengés sur nous." Parmi les activistes, le plus dangereux est le docteur S. E. Chaque 21 janvier, pour l'anniversaire de la décapitation de Louis XVI, il hisse un drapeau en berne devant sa demeure. Le 25 janvier dernier, il l'a accroché de nouveau, en signe de deuil, après la mort des six manifestants d'Alger. Méfiez-vous de lui, il ne vous aime pas et regrette votre prédécesseur. »

C'est le déclic : « Ne m'a-t-il pas découvert une fausse tache au poumon pour m'éloigner quelque temps de Dublineau, peut-être avec la complicité d'un médecin de l'hôpital d'Oran ?

– C'est plus que probable », estime l'adjudant.

Regain d'activités opérationnelles

26 février. À la faveur d'une opération de bataillon, ma compagnie se porte de nuit en embuscade au confluent très encaissé de l'oued Fergoug et d'un de ses affluents. Bien camouflés, nous interceptons un groupe de onze rebelles armés. Plusieurs sont tués sur le coup, les survivants se cachent derrière les rochers. Pendant une demi-heure, je somme ces derniers de se rendre, leur promettant la vie sauve et des soins aux blessés. Un seul, un bras pantelant, répond à cet appel. Les autres, redoutant sans doute d'être torturés après leur capture, préfèrent résister jusqu'à la mort. Ils blessent un de mes chasseurs qui s'approchait de leur repaire. Pour éviter d'autres pertes, je dois appeler l'aviation qui les réduit au silence. Sur neuf armes de guerre récupérées, figurent deux pistolets-mitrailleurs entièrement neufs, d'un modèle inconnu. Ils ressemblent aux Sten de 1943-1944 avec un aspect encore plus « quincaillerie ».

4 mars. Au cours d'une autre opération de nuit, une de mes sections débusque dans un gourbi un groupe de djoundi armés qui, eux aussi, se défendent vaillamment et blessent grièvement un de mes chasseurs français-musulmans. Dans cette action, deux des leurs sont tués ; trois autres, dont un blessé, se rendent.

5 mars. Un renseignement fourni par le secteur voisin de Saint-Denis-du-Sig, immédiatement exploité, nous permet d'investir une habitation isolée, dont les trois occupants sont capturés par surprise et leurs armes récupérées : un fusil, deux pistolets-mitrailleurs et deux pistolets automatiques. Sans trop de difficultés, les prisonniers nous conduisent vers une grotte où nous découvrons un important dépôt d'armes fraîchement arrivé du Maroc : vingt et un pistolets-mitrailleurs du même nouveau modèle que ceux récupérés le 26 février, un poste radio ANGRC9 flambant neuf, de fabrication germanique, et 19 000 cartouches.

8 mars. Ce matin, le sous-lieutenant V. O. du DOP de Saint-Denis-du-Sig me livre le gardien de la cache d'armes découverte le 5. Le pauvre diable nommé Moktar est dans un état pitoyable :

tuméfié de partout, il tient à peine debout. Par moments, il s'affale, tremble, se tient la tête à deux mains et sanglote.

« Voici trois jours, me dit V. O., que nous le travaillons. La première journée, nous n'avons rien pu en tirer. Hier, il nous a donné deux caches, et ce matin une troisième qui est dans votre secteur, c'est pourquoi je vous l'amène. Il nous a également livré le nom d'une femme à laquelle nous n'avons rien épargné et qui, malgré cela, est restée muette. »

Nous nous rendons aussitôt à l'endroit indiqué par le prisonnier, presque assurés de ne rien trouver, son silence de deux jours ayant à coup sûr permis à ses camarades de s'enfuir et de déménager le matériel s'il en existait. Parvenus sur les lieux, nous découvrons l'entrée d'un étroit boyau dans lequel nous nous engageons en rampant, le prisonnier en tête. Long de cinq à six mètres, il débouche dans une grotte capable de contenir une vingtaine de personnes. Munis de puissantes lampes torches, nous en explorons les recoins.

Nous trouvons une vieille valise contenant des documents, des cartes d'identité, des photographies, quelques armes anciennes inutilisables, réchauds et médicaments, le tout en désordre, preuve d'un départ précipité. Les parois de la grotte sont effritées, présentant des failles dont l'une d'elles nous conduit à une autre salle plus petite. Aucune présence n'est décelée nulle part. V. O. emporte les documents et rentre à Saint-Denis-du-Sig avec son prisonnier dont j'observe le visage apaisé. Lorsqu'il ne pourra plus rien révéler, il sera sans doute victime d'une « tentative d'évasion », à moins qu'il accepte de s'engager dans une harka.

16 mars. Trois djoundi, retranchés dans les rochers, luttent pendant deux heures jusqu'à la mort, en dépit de nos injonctions de se rendre.

19 mars. Trois autres, surpris au petit jour dans une habitation près de la piste menant des Amarias à Saint-Hippolyte, résistent vaillamment. Deux sont tués. Le troisième, ayant réussi à s'enfuir, est abattu quelques centaines de mètres plus loin par un blindé.

Durant cette période de regain d'activités opérationnelles, le problème des prisonniers m'obsède. Au tableau des effectifs de ma compagnie figurent deux sous-officiers de renseignement, dont l'un est interprète. Leur fonction consiste à rechercher des informations parmi la population et à interroger prisonniers et suspects. Assurer cette dernière tâche avec correction et dignité est contraire à ce qui leur a été enseigné et d'une parfaite inefficacité. Cette méthode ne permet généralement d'obtenir que des mensonges. Ma réussite à Biskra le 18 juillet 1957 demeure une exception. J'interdis à mes sous-officiers la torture classique, mais je les autorise à exercer des pressions physiques limitées et des menaces, dont l'envoi vers un DOP de sinistre réputation. Les prisonniers qui ne dévoilent rien ou très peu doivent être dirigés sur l'échelon supérieur où des techniques élaborées les obligent à livrer leurs secrets… ou à en inventer pour se soustraire à la souffrance.

Afin d'éviter ce transfert et la « liquidation » possible de mes détenus, j'organise à plusieurs reprises sous mon contrôle des mises en scène de torture. Dans une pièce contiguë à mon bureau, je les fais allonger sur un lit de camp. Je leur présente un téléphone de campagne et ses électrodes en leur montrant qu'il produit du courant électrique. Je leur fais croire que je vais m'en servir s'ils ne me donnent pas d'informations. Par crainte de l'électricité, ils en fournissent toujours quelques-unes, que je fais consigner par mon sous-officier de renseignement. J'interdis formellement tout autre procédé : coups, supplices de l'eau, etc.

Pourquoi m'être résolu à appliquer, même avec retenue, des méthodes d'intimidation qu'au fond de moi je condamne ? Sans doute pour ne pas être suspecté par mes supérieurs de clémence complice envers le FLN et pouvoir leur adresser de temps en temps, comme les autres commandants de compagnie, des comptes rendus d'interrogatoire. Ainsi, sauf ordre contraire, mes malheureux captifs pourront-ils être acheminés sur un centre d'internement, échapper à des tortures prolongées dans un quelconque DOP et à une éventuelle « corvée de bois ». Ai-je eu raison de me prêter à ces semblants de supplices ? Oui, me semble-t-il, même si j'en garde un souvenir pénible.

Quant aux simples suspects, je veille à ce qu'ils soient traités avec correction, ce qui n'est pas le cas partout. Rendus à leur famille, ils n'emporteront pas avec eux la haine accumulée par ceux soumis à la torture.

Trop de pétainistes sont restés dans l'armée

La tournée des popotes du général de Gaulle, du 3 au 5 mars, nous intrigue. Ses petites phrases circulent, accréditant sa volonté d'intensifier l'effort de guerre. Jean Mauriac, seul journaliste autorisé à le suivre, en rapporte quelques-unes, comme : « La victoire complète de nos armes est indispensable. L'indépendance est inadmissible et impensable. »

Je suis déçu car, le 16 septembre 1959, sa déclaration affirmant le droit des Algériens à l'autodétermination par voie de référendum ouvrait la porte à une solution négociée. Il semble que notre président tienne des discours différents selon ses auditeurs. Ce doit être cela l'art de la politique, mais peut-il se conduire autrement sans risquer d'être désavoué par sa majorité et les principaux cadres de l'armée [22] ?

Le 11 mars, entre deux sorties dans les djebels, convoqué à Bou-Hanifia au PC du bataillon, je suis reçu à la table du commandant M. I. en compagnie des officiers de son état-

22. « Il me faudrait manœuvrer jusqu'au moment où le bon sens aurait percé les brumes », écrira-t-il en 1970 dans ses *Mémoires d'espoir*, *op. cit.*, p. 51.

major. La conversation s'engage sur le général de Gaulle et sa récente tournée des popotes. Notre chef de bataillon prétend qu'il se prépare à brader l'Algérie et qu'on ne peut avoir aucune confiance en un homme qui, en 1940, a désobéi au gouvernement légal. Je lui réponds que, s'il y eut un traître, entre lui et le maréchal Pétain, ce fut assurément ce dernier qui collabora avec l'ennemi. Il s'ensuit une discussion animée ; trois des officiers de l'état-major se positionnent comme gaullistes et deux comme pétainistes. Un autre commandant de compagnie se range au côté du chef de bataillon, ce qui paraît normal puisque, portant le nom d'un amiral vichyste, il en serait, dit-on, le neveu.

Quatre jours plus tard, me déplaçant à Mascara, je rends visite au capitaine Plainard, qui m'invite aussitôt au tutoiement. Je lui raconte mon altercation avec mon chef de bataillon à Bou-Hanifia.

« Je ne suis pas surpris, répond-il. À l'état-major du secteur, l'ambiance est identique. Méfie-toi car, tu le sais, la notation d'un militaire est soumise à la seule appréciation de son supérieur direct. Si tu l'indisposes, il t'en tiendra rigueur lors des prochaines propositions d'avancement. »

Ce valeureux officier, aux brillants états de service, me confie s'être trouvé en 1944 à Limoges au côté du colonel Guingouin.

« Trop de pétainistes, poursuit-il, sont restés dans l'armée. On les retrouve aujourd'hui en première ligne des ultras de l'Algérie française. Si, à la Libération, l'épuration avait été plus sévère, la République serait aujourd'hui moins menacée. »

Mon épouse et notre fils « Kic » (surnom qu'il s'est donné), âgé de quatre ans, m'ont rejoint le 12 mars. Nous occupons une maison fort agréable avec un verger planté de mandariniers. Une jeune musulmane de quatorze ans, Zohra, s'étant tout de suite proposée comme bonne, ma femme l'a engagée. L'activité opérationnelle me laisse le temps de goûter aux joies de la vie de famille.

À quelque temps de là, notre voisin Mahieddine nous invite à prendre le thé et à déguster des pâtisseries. Fils de bachaga, il est père, entre autres, d'une petite Fatima, qui deviendra la grande copine de Kic.

Un de ses amis, Rems, nous invite à son tour. Cet ancien sous-officier de l'armée française est un joyeux et solide gaillard qui préfère l'anisette au thé et qui, non content d'avoir fait huit enfants à sa femme, dont une petite Alima, également de l'âge de Kic, honore régulièrement l'épouse de son associé en agrumes, un Français alcoolique et insignifiant. Mme Rems, une robuste Marocaine, nous raconte comment un soir, en l'absence de son mari, elle expédia au cimetière, d'un coup de gourdin, un individu trop entreprenant.

Répondant à ces invitations, nous recevons les deux couples avec leurs plus jeunes enfants. Mes amis gendarmes me font rapidement savoir que nos bonnes relations avec des musulmans indisposent les principaux Européens du village, dont le maire, ce qui explique qu'aucun ne nous ait jamais invités.

Afin de ne pas être accusé d'ostracisme à leur égard, je décide d'organiser pour Pâques, le 17 avril, un grand bal auquel sont conviés tous les Européens et quelques musulmans. La salle communale est mise à notre disposition. Accrochées au mur, des fresques sur papier, œuvres dues au crayon magique de Francis-Frédéric Berger, ancien élève des Beaux-Arts et caporal du contingent, nous plongent au cœur des plus belles époques de la vie parisienne. Les invités ont presque tous répondu présent et aucune des jeunes filles à marier que compte le village n'a voulu manquer pareille fête, la première depuis longtemps. Cette réunion, très réussie, permet de resserrer les liens distendus par les incompréhensions mutuelles.

Ces réjouissances temporaires ne font pas taire mes états d'âme à l'égard de nos méthodes de pacification. En particulier, la banalisation de la torture m'obsède. Lors de toute opération de quelque importance, des équipes spécialisées interviennent sur le terrain, munies de la célèbre « gégène ».

La torture avilit l'homme qui la subit et celui qui s'y livre. Mais n'est-elle pas l'arbre qui cache la forêt ? Elle s'inscrit inévitablement dans le cadre de nos tentatives de reconquêtes coloniales, phases ultimes de notre politique de colonisation dont le procès, aspects positifs inclus, reste à instruire. D'autre part, elle n'est pas le pire procédé de ces maudits conflits. Si humilié soit-il, le questionné n'y laisse que très exceptionnellement la vie, alors que la « corvée de bois » inclut le non-retour. Et que dire des mitraillages et des bombardements de populations civiles…

Enfin, il serait de la plus grande malhonnêteté de dénoncer uniquement les exactions françaises. La juste revendication d'indépendance peut expliquer mais ne justifie pas les bombes déposées dans des quartiers populaires par le FLN, une bonne part des assassinats de Français et les sanglants règlements de comptes entre Algériens.

Chapitre 2

Le calme avant la tempête

1960

> « Tu n'engendreras rien de plus puissant que toi, sauf la trace que tu laisses dans le cœur des hommes. »
>
> GAËL LE ROY DE LUNÉZY[1].

La plupart des inculpés sont condamnés à mort

Alors qu'apparaissent les premières grosses chaleurs de mai 1960, nos adversaires manifestent des signes évidents de découragement. Aussi capturons-nous assez facilement un responsable local nommé Abderhamane. Selon les policiers qui en ont pris livraison, il se serait mis à table instantanément et aurait donné des renseignements de première importance.

Le 10 mai, le capitaine F. R., chargé du renseignement du secteur du Sig, venu me rendre visite et auquel je relate cette prise, me conte à son tour :

« Le mois dernier, j'ai cueilli l'un des principaux responsables FLN de l'Oranais, surnommé "Démocratie" par la population en raison de ses arbitrages justes et conciliants. Son garde du corps vendit chèrement sa peau, alors que lui-même se laissa capturer sans résister. Interrogé en douceur, il donna spontanément une cache contenant deux fusils-mitrailleurs, puis il signa

1. Il fut tué le 25 mars 1959 à Dublineau.

un tract exhortant ses compagnons à se rendre ! J'ai donc plaidé sa cause lors de son procès, mais sans succès : la justice vient de lui infliger la peine capitale en raison d'actes antérieurs.

– Vous ne me surprenez pas, intervient le lieutenant Tharreau, mon adjoint, temporairement juge au tribunal des forces armées de Mascara. Au cours de procès auxquels je suis convoqué, la plupart des inculpés sont condamnés à mort. »

Le capitaine F. R., qui vient d'assister à Oran à une réunion des responsables régionaux du renseignement, l'équivalent de celles auxquelles je me rendais à Constantine et à Batna lors de mon premier séjour, nous donne des nouvelles fraîches de la situation générale :

« Les barrages tunisien et marocain sont de plus en plus imperméables. Cinq ou six bataillons de l'ALN fortement armés restent l'arme au pied en Tunisie, au-delà de la ligne Morice. N'osent-ils pas tenter de la franchir ou leurs dirigeants estiment-ils politiquement préférable de maintenir cette armée intacte et représentative ? Toujours est-il que les combattants de l'intérieur s'estiment abandonnés ; leur moral baisse, d'où leur manque d'agressivité. Quelques commandos parviennent cependant à traverser les barrages. Curieusement, ils ne tirent sur nos troupes qu'en cas de nécessité absolue, comme s'ils redoutaient que nous usions d'un droit de suite. Rappelons-nous l'affaire de Sakkiet-Sidi-Youcef, en Tunisie, en février 1958.

– Cette information doit sans doute rester secrète, fis-je remarquer.

– Non, au contraire, elle gagne à être diffusée. C'est de l'action psychologique pratique ! »

Le lendemain, 11 mai, un groupe d'officiers du corps d'armée d'Alger, en voyage d'information, vient visiter le poste des Amarias en cours de construction. Surpris que nous ne regroupions pas les populations, l'un d'eux nous déclare :

« Dans les secteurs difficiles de l'Algérois, nous déployons de larges réseaux de barbelés autour des postes militaires et exigeons que les habitants des douars détruisent leurs gourbis et viennent s'installer à l'intérieur de la clôture. Le jour ils vont travailler à l'extérieur et chaque soir ils réintègrent leur nouveau domicile. Ainsi n'ont-ils plus de contacts avec les rebelles.

– Depuis plus d'un an, répliquai-je, nous avons aussi un regroupement à Dublineau, près de l'oued El Mehrir. Ce n'est pas une réussite. Les maisons que les paysans ont bâties sur notre injonction, après leur avoir fourni parpaings et fibrociment, n'ont aucune isolation. L'atmosphère y est glaciale l'hiver, étouffante l'été, et des familles entières sont entassées dans une même pièce. Tous regrettent leurs gourbis de pisé couverts de chaume où les écarts de température sont faibles. Avec l'accord de mon chef de bataillon, je refuse que les habitants des Amarias subissent le même sort. Et puisqu'on parle d'action psychologique, j'ai prévenu tous les chefs de famille que, s'ils laissaient les rebelles venir nous provoquer, je les obligerais à quitter leurs gourbis et à se rassembler près du poste. Cette pression est bien plus efficace qu'un regroupement. »

Parfois, il arrive des accidents. Le 24 mai, un chasseur de garde de nuit tire sur un de ses copains qu'il a pris pour un « fell » et le tue. La victime était mariée, père d'un enfant, et sa femme en attendait un second. Pendant plusieurs jours, son meurtrier involontaire est inconsolable. Redoutant que, de désespoir, il ne mette fin à ses jours, nous lui retirons son arme et ses camarades l'entourent d'attentions.

Cette école et cette piste, nous les construisons pour vous

En juin, comme les mois précédents, nous courons les djebels à la recherche de fellaghas de plus en plus disséminés. Nous attrapons quelques membres de l'OPA mais ne rencontrons pas de groupes organisés de l'ALN.

Simultanément, nous construisons sans relâche le poste des Amarias. Il sera constitué d'une tour de guet, sorte de donjon en maçonnerie, et d'un bâtiment attenant pour le logement d'une section. À cinquante mètres, une école s'élève, bâtie sous notre conduite par les habitants des mechtas voisines auxquels nous fournissons les matériaux nécessaires.

Je me rends fréquemment à Oran et frappe à diverses portes pour nous en procurer. Les poutres sont des châssis de GMC[2] mis au rebut que j'échange contre des perdrix tuées au retour d'opérations.

Le concours d'une section du Génie avec bulldozer m'ayant été accordé pour une quinzaine de jours, nous entreprenons un chantier de réfection de la piste qui mène au douar et au poste. Nos camions effectuent des navettes pour le transport des matériaux et des citernes d'eau.

Deux sections, provisoirement logées sous des tentes, sont en permanence sur le chantier, dont deux groupes, à tour de rôle, assurent la protection. Mais la meilleure sécurité, je l'obtiens en m'adressant aux responsables des mechtas voisines :

« Cette école et cette piste, nous les construisons avec vous, pour vous, pour vos enfants, pour votre Algérie. Vous devez convaincre ceux qui seraient tentés de saboter notre travail d'y renoncer. Je vous tiens pour responsables de notre sécurité. »

Je les apostrophe aussi sur deux thèmes qui me tiennent à cœur : la démographie et la déforestation, m'inspirant des travaux de Gaston Bouthoul et autres sociologues :

« Vous avez tous des familles nombreuses. Pourquoi faites-vous tant d'enfants ? Quel travail auront-ils un jour ?

– Allah, il veut comme ça, me rétorquent-ils invariablement. C'est pas nous le maître, c'est lui. Nous, on fait comme il veut. Après, c'est lui qui se démerde avec les gosses.

2. Camions militaires de construction américaine (General Motors Company).

– Pourquoi arrachez-vous les arbres de la forêt voisine ? Il n'en restera bientôt plus. Laissez les souches, elles retiennent la terre ; des branches vont repousser ; vos enfants pourront les couper plus tard. En attendant, puisqu'il vous faut du bois, allez en chercher sans déraciner dans une forêt plus éloignée.

– Si Allah il a mis les arbres près de chez nous, c'est pour qu'on les prenne. Pourquoi on ferait beaucoup de chemin pour aller en prendre ailleurs ? »

La prophétie de Chateaubriand se révélerait-elle exacte : « Les forêts précèdent les hommes, les déserts les suivent » ? Exaspéré par un tel fatalisme, j'interdis les arrachages et sanctionne ceux qui sont surpris à s'y livrer. Je les oblige à creuser des trous sur le bord de la piste pour y planter, à l'automne, des pieds d'eucalyptus que vient de me promettre M. Poirier, ingénieur de la défense et restauration des sols, avec lequel j'avais sympathisé en novembre 1959 à Bou-Hanifia.

« Chaque année, m'avait-il expliqué, l'Algérie perd 35 000 hectares de terre végétale, lavée par l'érosion, principalement en raison du déboisement. Je redouble d'efforts pour replanter, mais cette nécessité est très difficile à faire admettre aux fellahs, car le bois leur est nécessaire pour cuisiner et se chauffer. De plus, ils voient nos troupes brûler certaines forêts, comme sur la frontière marocaine, où, par mesure de sécurité, une plantation de chênes-lièges a été incendiée trois années de suite. Maintenant, les pistes sont envahies de boue lors de grandes pluies et à la fonte des neiges. »

Le calme qui règne sur le village est apprécié de tous les habitants. Tenue à l'écart par les Européens, mon épouse est invitée par plusieurs musulmanes, qu'elle reçoit à son tour. Personnellement, j'entretiens de bons rapports avec leurs maris. Je recueille de timides informations sur le FLN que certains me fournissent spontanément. Mais je ne leur en demande pas, laissant ce soin aux gendarmes et à mes deux sous-officiers spécialisés. Je préfère que des liens d'amitié désintéressés s'établissent entre nous.

Les principales alertes sont dues à des légionnaires déserteurs qui, échappés du centre d'instruction de la Légion étrangère de Mascara, cherchent à rejoindre un port de la Méditerranée et se heurtent aux postes de garde de la compagnie. Aux sommations des sentinelles, ils répondent avec un fort accent étranger et se sauvent pour contourner le village. Une nuit, deux Polonais sont capturés. Mis en confiance, ils me donnent les raisons de leur désertion : « Ce n'est pas la discipline qui nous fait partir, nous l'acceptons. Nous voulons revoir notre pays, nos familles, et nous en avons assez de devoir tuer tant de civils, ça nous rappelle trop ce qu'ont fait chez nous les Allemands et les Russes. »

Un adjudant de la Légion venu les récupérer m'explique : « Les déserteurs sont généralement sanctionnés de soixante jours de section disciplinaire. Dans ces unités, on les prévient : "Vous entrez ici forts comme des lions, vous en sortirez doux comme des agneaux." Les récidivistes sont envoyés en opérations d'où ils ne reviennent pas, considérés morts au combat. »

Fin juin, le gros de la compagnie est envoyé à Oran, pour prévenir les troubles que des Européens ultras pourraient provoquer. Rien de grave ne s'étant produit, nous rentrons après quatre jours d'absence.

Afin d'étendre notre emprise sur les populations, le commandement décide de resserrer le quadrillage. Je dois détacher un élément au douar M'Zaourat à dix kilomètres au sud du village, et une seconde section de harkis m'est accordée pour occuper le piton 626 sur la route menant à Mascara.

Début juillet, notre neveu Alain, seize ans et demi, vient passer quelques jours avec nous. Revêtu d'une tenue militaire, il m'accompagne plusieurs fois en opérations. Notre voisin musulman Rems l'emmène visiter Oran et Mascara. Nous organisons même une promenade familiale à Sidi-Bel-Abbès, sans escorte, preuve du calme actuel.

Le 20 juillet, bénéficiant d'une permission d'un mois, nous rentrons tous quatre en France sur le paquebot *Ville de Marseille*, convenant que je reviendrai seul.

Pat, pourrais-tu le protéger ?

Au cours de mon congé, je me rends à Paris, au 50 avenue Bosquet, afin de saluer Elda Salomon, amie de Résistance [3], qui me montre un opuscule clandestin intitulé *La Question*. Son auteur, Henri Alleg, qui dirigea le quotidien *Alger républicain* jusqu'à son interdiction, est actuellement emprisonné à Rennes. Elda m'en lit des passages relatant les tortures horribles que des officiers français lui infligèrent : « Je me tordais en hurlant et me raidissant à me blesser tandis que les secousses commandées par Charbonnier [lieutenant], magnéto en main, se succédaient sans arrêt (p. 32)… Brusquement, Erulin [lieutenant] me releva. Il était hors de lui : "Tu vas parler ! Tout le monde doit parler ici ! On a fait la guerre en Indochine. Ça nous a servi à vous connaître. Ici, c'est la gestapo !" (p. 36)… Le capitaine Devis semblait avoir pris la direction des opérations [pour le gavage d'eau] (p. 38)… Un capitaine de paras – béret vert de la Légion – m'attendait : "Je suis le capitaine Faulques, vous savez le fameux capitaine SS" (p. 98)… »

« Je connais Henri pour l'avoir hébergé clandestinement fin 1955, enchaîne-t-elle. Il a survécu à ses tortures, ce qui n'a pas été le cas de son ami, le mathématicien Maurice Audin. Comme tout communiste, il sait que l'Algérie sera un jour indépendante, il ne peut historiquement en être autrement. Il souhaite donc une fin rapide à cette guerre qui éviterait tant de morts. Devant son mutisme, ses inquisiteurs reconnurent son courage, tout en le considérant comme traître. Pour nous, les traîtres à l'esprit de la vraie France, ce sont eux et leurs amis qui s'obstinent à

3. *Combat intérieur*, *op. cit.*, I, p. 90.

poursuivre la lutte, ruinant toute chance d'amitié et de coopération entre nos peuples. Il m'a été rapporté qu'Henri souhaiterait retourner clandestinement en Algérie s'il sort de prison. Pat, dis-moi, pourrais-tu le protéger s'il se trouvait en danger dans ton secteur ? »

Les traitements qu'il a subis sont si intolérables que j'accepte de grand cœur. Nous convenons d'un signe de reconnaissance. Elda déchire en deux un morceau de journal dont elle me tend une moitié, l'autre étant destinée à son ami : réédition d'un procédé utilisé pendant la Résistance.

De retour en Algérie, je m'en ouvre à mon camarade Plainard, qui accepte aussitôt d'intervenir en faveur du clandestin s'il se manifeste. Je lui remets la moitié de mon signe de reconnaissance, après quoi il m'affirme : « S'il était repris ici, je ne donnerais pas cher de sa peau. »

Nous l'attendrons en vain les mois suivants [4].

L'Algérie française n'est pas pour demain

En cette fin d'août 1960, notre village est d'autant plus tranquille que les fortes chaleurs n'incitent pas à des opérations longues et pénibles, et que les rebelles manquent toujours d'agressivité.

Au cours de l'été, un adjudant-chef m'est affecté en renfort pour quelque temps. Affirmant une forte personnalité, fin, discret et sobre, il est marié à une Algérienne émancipée et intelligente. Visiblement très épris l'un de l'autre, ils ont renié leurs religions respectives, entraves à leur amour. Bien admis par les militaires larges d'esprit dans l'ensemble, ils sont tenus à l'écart par les civils européens et musulmans. Si les Français conçoivent le concubinage avec une femme arabe, ils

4. Alleg, trop recherché, se réfugiera en Tchécoslovaquie après sa sortie de prison.

condamnent le mariage. Quant aux musulmans, si l'un d'eux épouse une Européenne, ses compatriotes en éprouvent de la fierté, sous réserve qu'il garde sa religion et l'impose à ses enfants. Mais qu'une Algérienne renie l'islam pour s'unir à un catholique, ou pire à un athée, elle devient sujet de mépris et d'opprobre. L'Algérie française n'est décidément pas pour demain.

Courant septembre, le procès du réseau Jeanson mobilise la presse. Les journaux qui nous parviennent n'ont pas de termes assez violents pour stigmatiser ces Français qui épousent la cause des Algériens : porteurs de valises, traîtres, ennemis de la patrie, complices de la mort de nos soldats...

Un courrier reçu de France m'apprend la déclaration de Francis Jeanson, philosophe sartrien, parue dans la revue *Les Temps modernes* : « Pour qu'il y ait un avenir entre le peuple algérien et le peuple français, il fallait que les Algériens sachent que c'était un réseau français qui les aidait. Nous avions le devoir d'aider une lutte qui nous paraissait juste... On doit se demander de quel côté on se trouve du point de vue humain, et non du point de vue de la carte d'identité... » Le réseau Jeanson est constitué d'intellectuels de gauche, chrétiens progressistes, prêtres ouvriers, trotskistes, communistes, apolitiques dénonciateurs de la torture.

Dans le même temps, je découvre le Manifeste des 121 réclamant le droit à l'insoumission dans la guerre d'Algérie, signé de sommités des lettres, arts, sciences, médecine, tels Jean-Paul Sartre, Françoise Sagan, Vercors, Joseph Kessel, Pierre Vidal-Naquet, Simone Signoret... Leur engagement me rappelle celui d'un certain Henri, Français et communiste d'Indochine, qui me confiait à Hanoi, rue de la Soie, en 1946 : « J'ai la prétention d'être un bien meilleur Français que l'amiral d'Argenlieu. L'action que je mène auprès du gouvernement vietnamien avec quelques compatriotes sauvera l'honneur de la France lorsque le Vietnam aura retrouvé son indépendance.

Nous constituons le fil qui restera tendu entre nos deux pays et qui permettra de renouer des liens féconds [5]. »

Alleg, les 121, les membres du réseau Jeanson et du comité Maurice Audin pourraient reprendre à leur compte les propos d'Henri. Leur conduite ne sert-elle pas mieux l'honneur et les intérêts de la France que des comportements indignes de la patrie des droits de l'homme ?

Les vies d'un Français et d'un Algérien n'ont pas même valeur

Les services de police n'ayant plus guère de rebelles authentiques à interroger, ils se rabattent sur de simples suspects qui sont le plus souvent arrêtés à leur domicile et envoyés dans des centres spécialisés, comme celui de Saint-Hippolyte qui dépend du secteur de Mascara. Le commandant du secteur, le colonel C. L., ne cache pas ses sentiments activistes et ce ne sont ni son adjoint, le lieutenant-colonel C. M., ni le chef de bataillon G. G., commandant le quartier de Saint-Hippolyte, qui le calment, au contraire.

Des notes de service qui prescrivent la pacification et interdisent la torture sont envoyées par le corps d'armée d'Oran. Le colonel les transmet sans commentaire aux unités sous ses ordres, mais sous cape donne des instructions verbales contraires. Il n'est pas le seul. J'apprendrai plus tard que, procédant identiquement, le colonel Bigeard réunit à Saïda, le 28 octobre 1959, les officiers de son secteur à l'occasion de son départ et leur tint ces propos : « Lorsque le général de Gaulle et M. Delouvrier sont venus à Saïda, ils m'ont dit : "Plus de tortures." Alors moi, messieurs, je vous dis : "Plus de tortures, mais torturez quand même" [6]. »

5. *Combat intérieur*, *op. cit.*, I, p. 174.
6. Cf. Gérard Périot, *Deuxième Classe en Algérie*, Flammarion, 1962, p. 201.

Me rendant à Saint-Hippolyte, je rencontre le sous-lieutenant A. V., jeune cyrard, que j'ai eu l'occasion d'apprécier en d'autres circonstances. « Depuis que j'ai la responsabilité du centre d'interrogatoire, me confie-t-il, le commandant de secteur et le commandant de quartier m'ont ordonné de procéder à diverses exécutions sommaires, après lesquelles je dois signer un PV de gendarmerie certifiant qu'il s'agit de tentatives d'évasion. S'il faut un jour rendre des comptes, ni l'un ni l'autre ne seront inquiétés, leurs ordres étant verbaux, alors que ma signature restera dans les archives. »

Est-ce la crainte qui le pousse à cet aveu, ou la voix de sa conscience, ou ma réputation de modération ? Les trois sans doute, car avant de nous séparer, il ajoute : « À Coëtquidan, j'avais rêvé d'activités autres que celles-là, d'autant plus moches que les policiers traitent maintenant pareillement les femmes et les hommes. »

Cette triste évolution m'est confirmée à l'issue d'une opération dans la région de Perrégaux, où je surprends une conversation entre responsables de services de police et quelques sous-officiers :

« Il y a de plus en plus de femmes fellouzes, déclare l'un.

– Oui, renchérit l'autre, et elles nous font plus de mal que les hommes car on ne se méfie pas d'elles. Puisqu'elles nous combattent comme les hommes, elles doivent subir les mêmes traitements qu'eux.

– On ne se gêne pas, ajoute un policier pied-noir. Chez nous, elles dégustent drôlement ! Il y a un truc qu'elles n'aiment pas du tout et qui les fait parler : on leur enfonce une bouteille dans la chatte et on la tourne. Ça les fait drôlement jouir ! »

Je n'ai pas le courage de répondre. Je me contente de cracher par terre et de partir.

Lors de mon premier séjour, j'ai vu beaucoup d'hommes soumis à la torture, mais jamais de femmes, et d'après ce que je savais, c'était un fait assez rare. Il semblerait que, maintenant, ce soit devenu courant. Je pense à ces femmes dénudées devant des hommes, avilies, blessées dans leur chair et leur dignité, certaines violées. Quel peut être leur sentiment à notre égard lorsque, libérées, elles regagnent leurs foyers ? Vont-elles chanter les louanges de la France ? Et quelle peut être la réaction de leurs maris, de leurs pères, de leurs frères, sinon de prendre les armes contre nous, s'ils ne les avaient pas encore prises ? Quelle serait l'indignation de nos officiers supérieurs, qui ferment les yeux sur ces procédés, si leurs épouses étaient capturées par les rebelles et subissaient le même sort ? À leurs yeux on ne peut comparer les bourgeoises européennes à des paysannes algériennes. Ce qui est permis envers ces dernières deviendrait sacrilège s'il s'appliquait aux premières.

De même, la condamnation à la peine capitale de trois soldats français par le FLN en mai 1958 déclencha les émeutes d'Alger, alors que les sentences de mort prononcées par nos tribunaux et les exécutions d'otages et de suspects ne suscitent qu'approbations. Les vies d'un Français et d'un Algérien n'ont pas même valeur.

Je vous demande pardon au nom de la France

À Dublineau vit une Algérienne célibataire, âgée d'environ trente-cinq ans, très européanisée, non voilée, couturière de profession, que ma femme fit travailler et avec laquelle j'eus l'occasion d'échanger quelques mots. Un jour, j'apprends qu'elle a disparu, enlevée de nuit par un mystérieux commando. Des fellaghas, ai-je aussitôt pensé, en raison de son manque de piété envers l'islam. Deux ou trois jours après, quelqu'un m'avertit que ses ravisseurs seraient des harkis de Saint-Hippolyte. Je me rends aussitôt dans cette localité et m'adresse au sous-lieutenant A. V., qui reconnaît la détenir :

« Pourquoi est-on venu la chercher à Dublineau sans me prévenir ?

– C'est l'un des commandos du secteur qui me l'a amenée, arrêtée sur ordre supérieur, comme agent actif du FLN. »

J'exige de la voir. A. V. me conduit dans un hangar aménagé. Plusieurs hommes et femmes sont là, entièrement nus, couchés sur des lits de camp de l'armée, les mains attachées aux montants supérieurs du lit, les pieds aux montants inférieurs. Sur le sol gisent des pinces et des fils électriques. Des policiers et des harkis vont et viennent dans la pièce. La première personne près de la porte est ma couturière. À ma vue, elle plonge son regard dans le mien, un regard pénétrant que jamais je n'oublierai. Il exprime toute la détresse du monde, à la fois la honte d'être ainsi exposée nue aux regards des hommes, le soupçon à mon égard, les séquelles de la douleur et le mépris envers ses tortionnaires. Mais au fond de ce désarroi, je devine une lueur d'espoir qui me fait dire à mon sous-lieutenant, l'entraînant à l'écart :

« Quels renseignements avez-vous obtenus d'elle ?

– Aucun, elle refuse de parler. Son nom figure pourtant en bonne place sur des documents du FLN que nous détenons.

– Sans doute, comme presque tous les Algériens, souhaite-t-elle l'indépendance de son pays, mais je ne crois pas qu'elle soit un agent actif du FLN. D'ailleurs, elle n'est pas une musulmane pratiquante. Elle est vêtue à l'européenne, ne porte pas le voile, et regardez son pubis, il n'est pas rasé. Libérez-la, sinon j'interviens en très haut lieu.

– D'accord », me répond-il, paraissant soulagé.

Je vais présenter immédiatement les résultats négatifs de l'enquête au commandant G. G. qui, de ce fait, signera sa libération. Demain, elle sera à Dublineau.

Le lendemain, dès son arrivée, je me rends chez elle pour tenter de la réconforter. Tout en essuyant ses larmes, elle murmure : « Pourquoi m'a-t-on fait ça ? Je vous jure que je ne me suis jamais occupée de politique. Peut-être ai-je été dénoncée par des musulmans qui ont trouvé ce moyen pour me punir de ne pas suivre les règles de la religion, ou par des Européennes jalouses de moi ? »

Redoutant que des harkis ne se soient introduits de nuit dans sa cellule, je lui demande : « Que vous a-t-on fait ? Avez-vous été violée ? »

Elle ne répond pas. J'insiste. En vain. Mieux vaut respecter son secret, mais je peine à soutenir son regard et lui confesse :

« Je vous demande pardon au nom de la France et vous assure ne pas être responsable de votre arrestation.

– Je le sais, mais ce sont les Français, dont vous êtes. »

Après l'avoir quittée, ces paroles de Gide me reviennent en mémoire : « Il m'est aisé de supporter le mépris des riches, mais le regard d'un déshérité m'entre plus profondément dans le cœur. »

Si nous voulons être les plus forts, nous devons être les plus craints

Courant octobre, l'école des Amarias ouvre ses portes. Un jeune appelé, instituteur dans le civil, a accepté avec enthousiasme de piloter cette classe. Il reçoit d'emblée une vingtaine d'élèves avides d'apprendre. Les parents, illettrés, sont heureux et fiers que leurs enfants puissent s'instruire, mais il est difficile de leur faire admettre que ce n'est pas en une année qu'ils deviendront savants.

Vers la fin du mois, à la suite d'une opération militaire dans les djebels situés à l'ouest du village, je reçois la visite du chef du regroupement accompagné de plusieurs de ses amis qui viennent se plaindre : « Le gardien de la ferme Le Bloaz, ancien légionnaire, a confisqué vingt-huit de nos mulets qui pâturaient dans nos djebels et que l'opération militaire a poussés dans les orangeraies de M. S. O. Il nous réclame trois mille francs [anciens] par mulet pour nous les rendre. »

Je confie aussitôt à l'adjudant Navarre, à la tête d'une patrouille, la mission de vérifier ces accusations et, si elles sont fondées, de donner l'ordre au gardien de restituer le bétail à ses propriétaires. Navarre revient, mission accomplie, non sans difficultés. Le lendemain, les gendarmes me préviennent que le maire vient de déposer une plainte contre moi pour abus d'autorité. J'y réponds, séance tenante, par une contre-plainte pour piraterie par tentative d'extorsion de fonds. Se rendant compte que sa position est intenable, le maire retire sa plainte, mais cet incident n'améliore pas nos rapports.

Me rendant à Mascara pour entretenir Plainard de cette affaire, notre discussion vient à porter sur la peine de mort :

« Comme gendarme, me dit-il, je ne puis admettre que de grands criminels du type violeurs et assassins d'enfants soient épargnés alors que tant de patriotes sont exécutés.

– C'est aussi mon avis. Comme tout militaire de carrière, j'aurai consacré une tranche importante de ma vie à apprendre et à enseigner comment tuer un maximum d'ennemis pour lesquels je suis moi-même un ennemi et parmi lesquels je serais si j'étais né dans leur pays. Quelle incohérence ce serait que de se livrer à de la sensiblerie à l'égard de "droit commun" récidivistes et inamendables. »

C'est sans doute à cette période, sans pouvoir préciser ni la date exacte ni le lieu, ayant égaré mes notes s'y rapportant, que ma compagnie effectua, dans une école de contre-guérilla située en bord de mer, un stage pratique de quelques jours. Le directeur du stage était le fameux colonel Leroy, Eurasien, que je connus en 1945 à Mytho en Cochinchine[7]. Il était alors lieutenant, et son territoire comme son pouvoir étaient très supérieurs aux miens. Au cours du stage, je dus constater que son discours n'avait pas varié : « Si nous voulons être les plus forts, nous devons être les plus craints. » D'après lui, si nous avons perdu l'Indochine, c'est que nous avons ignoré cette règle. Si nous ne l'appliquons pas en Algérie, ce qui semble être le cas, nous la perdrons aussi.

7. *Combat intérieur*, *op. cit.*, I, p. 115.

Je pense, tout au contraire, comme le commandant Azzedine, que « les actions pacifiques appliquées par certaines unités de l'armée française constituent un danger pour la révolution[8] », alors que les mesures répressives la renforcent.

Fin novembre, ma femme et notre petit garçon me rejoignent. Mais, dès le 9 décembre, je dois partir avec le gros de ma compagnie en maintien de l'ordre à Mostaganem, pour prévenir tout incident que pourraient provoquer les ultras lors de la visite du général de Gaulle.

Cadres et chasseurs optèrent pour « poste Le Roy »

Début janvier 1961, nous sommes encore à Mostaganem, où nous devrons rester jusque après le référendum prévu pour le 8. La consultation a pour but de déterminer si les Français, Algériens inclus, acceptent la politique de l'« Algérie algérienne » du général de Gaulle, laquelle doit logiquement amorcer la sécession. Dans ce cas, les électeurs doivent voter « oui ». Les partisans de l'Algérie française font campagne pour le « non ». Inutile de préciser mon adhésion au « oui », surpris d'apprendre que le PCF et le PSU mêleront leurs voix à celles des ultras, avec toutefois un objectif diamétralement opposé : l'indépendance immédiate.

Les opérations de vote se déroulent dans le calme. Le « oui » recueille plus de 15 millions de suffrages, le « non » un peu moins de 5 millions. En Algérie, on compte environ 1 750 000 « oui » (les musulmans et une partie de l'armée, dont le contingent) et 750 000 « non » (les pieds-noirs et une grande partie des cadres d'active de l'armée).

Notre retour à Dublineau est fixé au 12 janvier, jour égale-

8. Déclaration à Antenne 2 lors de la visite de François Mitterrand en Algérie, le 30 novembre 1981.

ment choisi pour l'inauguration du poste des Amarias en présence de toutes les autorités militaires du secteur et des parrains, M. et Mme de Lunézy, qui se déplacent spécialement pour cette occasion. Cadres et chasseurs de la compagnie sont tout à la joie de participer aux cérémonies. Or le commandant de secteur et mon chef de bataillon nous font envoyer les véhicules de transport suffisamment tard pour que nous arrivions lorsque tout est terminé ; ils prétexteront bien entendu un cas de force majeure. Colère au sein de la compagnie ! Il m'a été dit depuis qu'il ne fallait à aucun prix que je sois présent, mes chefs hiérarchiques redoutant que je prononce une allocution – qui me revenait de droit – défavorable à l'Algérie française.

Il nous restera seulement une heure pour faire la connaissance de notre couple de parrains : mes chefs les escamotent afin qu'ils restent le moins de temps possible en ma présence. Ils nous quittent avec regrets pour Bou-Hanifia, où leur logement est prévu, alors que nous aurions souhaité les garder la nuit à Dublineau.

L'histoire du parrainage du poste est tout un roman. En quelques mois de travail acharné, nous sommes parvenus à construire un fortin, deux bâtiments pour la troupe et une école. Lorsqu'il fallut baptiser cet ensemble, cadres et chasseurs optèrent unanimement pour « poste Le Roy » en souvenir de ce jeune caporal tué en ce lieu même le 25 mai 1959, cinq mois avant mon arrivée à Dublineau.

Son chef de section, l'adjudant Morel, me parla longuement avec émotion de cet être exceptionnel, généreux à l'extrême, qui sut donner à ceux qui avaient entrepris de le mater une leçon d'abnégation. J'ai infiniment regretté que le destin ne nous ait pas mis en présence ; j'aurais tout fait pour qu'il soit moins exposé.

Fin septembre 1960, sur la suggestion de l'adjudant Morel, j'écrivis à ses parents pour leur proposer que le poste porte son nom et solliciter leur parrainage. Aussitôt, Mme Le Roy, marquise de Lunézy, me répondit affirmativement avec émotion :

« … Ainsi le nom de notre fils, dont le rayonnement moral était incontestable, nous en avons eu maintes preuves depuis sa disparition, ne sera pas de sitôt oublié… »

Je rencontrai donc M. et Mme Le Roy à Dublineau, après les cérémonies d'inauguration, ce qui fit écrire à cette mère, dès son retour en Normandie : « … Indépendamment de la sympathie que vous nous avez inspirée lors de notre brève rencontre, nous avons senti que vous étiez le chef que mon fils eût souhaité… » Ce courrier fut suivi de plusieurs autres contenant des poèmes et des extraits de lettres de leur fils Gaël, prémonitoires de sa fin prochaine, dont cette phrase gravée dans le marbre, apposée sur la tour du poste : « Tu n'engendreras rien de plus puissant que toi, sauf la trace que tu laisses dans le cœur des hommes. »

Ses réflexions sur les Arabes et le problème algérien méritent aussi notre admiration, telle celle-ci : « Il est temps, à présent, non pas de les juger, car ils ne nous ont pas choisis comme juges, mais de leur montrer l'exemple, or, l'avons-nous fait ?… N'attendons pas à présent de nous aimer comme pourraient le faire des étrangers ! Nous nous haïssons comme des frères qui ont découvert qu'ils n'avaient pas le même père : l'un défendra sa mère, l'autre l'accusera. Le coupable, le vrai coupable, le père, restera toujours un inconnu. »

Le drame de Gaël Le Roy est à rapprocher de celui de Jean Muller, scout rappelé, tué en octobre 1956, auquel les *Cahiers* de *Témoignage chrétien*, n° 38, consacrèrent un dossier spécifiant que « dire la vérité, c'est rester fidèle à l'honneur du pays ». Comme Gaël, Jean Muller était chrétien progressiste. Comme Gaël, il supportait mal la misère des Algériens dont le régime colonial était en grande partie responsable. Comme Gaël, il déplorait les méthodes musclées dites de « pacification » appliquées par certaines unités de l'armée française. Du dossier de *Témoignage chrétien*, on peut extraire ces lignes qui pourraient aussi s'appliquer à Gaël : « Il n'est en aucune façon une prise de position politique : tout simplement la démarche intérieure d'un homme jeté dans l'univers de la violence et qui tente de garder cette violence dans des limites raisonnables. »

Durant le mois de février, je goûte les joies de la vie familiale émaillées de petites histoires.

Kic se promenait un jour avec sa maman dans une rue du village, accompagné de Babette, une petite voisine de deux ans son aînée. Soudain, avisant par terre un vieux chewing-gum, il se précipite dessus et le porte à sa bouche.

« Veux-tu cracher ça de suite ! lui crie ma femme.

– Ta maman a raison, renchérit Babette. Quand tu trouves un chewing-gum dans la rue, tu fais comme moi, tu le laves d'abord dans le ruisseau. »

Le « ruisseau », c'est le caniveau qui véhicule les eaux usées !

Le père de Babette, un « petit Blanc », employé au moulin, vit d'un maigre salaire, identique à celui de ses collègues musulmans. Sa maman, Trinité, mère de cinq autres enfants, est l'une des rares pieds-noirs à venir souvent bavarder avec ma femme.

Récemment, elle est arrivée chez nous la tête enveloppée d'un grand châle. Découvrant son visage tuméfié, elle a expliqué : « Vous savez bien, madame Thomas, un homme, ça boit, et après, ça vous frappe. »

Mars nous réserve une nouvelle séparation. Kic et trois soldats ont été mordus par un jeune chien. Celui-ci ayant été abattu avant d'avoir été examiné par un vétérinaire, le traitement antirabique devient obligatoire. Celui-ci ne pouvant être appliqué qu'à l'hôpital Baudens, à Oran, ma femme et mon fils vont séjourner trois semaines dans cette grande ville magnifique. Durant cette période, ils partagent la peur de la population européenne soumise à des attentats quotidiens souvent aveugles. Ma femme remarque un jour à distance les restes fumants d'une petite automobile 4 CV Renault dans laquelle les occupants auraient péri carbonisés. Cette expérience lui permet de comprendre les réactions hostiles des pieds-noirs à l'égard de la communauté musulmane. Pourtant, l'un des responsables FLN d'Alger, Yacef Saadi, capturé le 27 septembre 1957, avait-il tort lorsque, interrogé par le colonel Trinquier, il déclarait : « J'ai fait déposer en ville mes bombes à la main parce que je ne disposais pas, comme vous, d'avions pour les transporter [9] » ?

Notre chef de bataillon a terminé son temps de commandement. Appelé à d'autres fonctions, il nous quitte. Je n'en suis pas fâché car, depuis notre altercation au cours de laquelle il se réclamait de Pétain, et moi de la Résistance et de De Gaulle, une cordiale inimitié était née entre nous. Son successeur, le commandant de G. R., ne semble pas appartenir comme lui au camp des ultras. Qui vivra verra.

Avec mes « collègues » qui commandent les compagnies voisines, j'entretiens de bonnes relations. En dehors de leurs activités opérationnelles incluant les interrogatoires, ceux que je connais particulièrement s'efforcent, comme moi, d'appliquer les meilleures règles possibles de la pacification : attitude bienveillante envers les populations, ouverture d'écoles dans le bled, encouragement à l'activité économique, soins aux malades…

Lors de discussions avec mes cadres, presque tous admettent maintenant la nécessité pour la France de se séparer de l'Algérie. Chacun condamne sans appel l'OAS, ainsi que les exactions des commandos spécialisés et de certaines unités, du type « corvée de bois » et interrogatoires systématiques exagérés. Mes sergents du contingent Charlet et Bosak sont les plus sévères à l'égard de notre politique néocoloniale.

9. *L'Événement du jeudi*, n° 311, p. 84.

Chapitre 3

Le putsch et l'OAS

1961-1962

« La victoire que nous offrons aujourd'hui à nos adversaires est une victoire empoisonnée. »

GÉRARD PÉRIOT[1].

Le putsch au jour le jour

Au début du printemps 1961, nos activités alternent entre la recherche sans conviction d'éventuels fellaghas et des journées de maintien de l'ordre à Mascara. La surexcitation des Européens rendant la situation préoccupante, ma femme décide de regagner la métropole avec notre fils. Les billets d'avion sont réservés pour le samedi 22 avril.

Or, ce 22 avril, à 6 heures, je suis réveillé par un coup de fil de mon chef de bataillon : « Votre compagnie doit se mettre en alerte à 1 heure, car Alger est entre les mains des paras et de la Légion. » Les liaisons avec la France étant interrompues, mes deux voyageurs sont condamnés à rester au village.

Dans la matinée, la radio d'Alger annonce que les généraux Challe, Zeller et Jouhaud détiennent désormais le pouvoir en

1. *Deuxième Classe en Algérie*, *op. cit.*, p. 249. Bien que 2e classe, Périot était docteur en droit et en sciences politiques, diplômé de l'Institut des hautes études internationales.

Algérie, leur but étant de maintenir nos départements algériens au sein de la République. Les troupes se rallieraient une à une aux nouvelles autorités.

À midi, le maire fait pavoiser le village. Les drapeaux tricolores fleurissent partout. Je lui fais remarquer qu'aucun événement ne le justifie. « Ce qui se passe aujourd'hui est une fête nationale », me répond-il.

Je rends compte à mon chef de bataillon, puis au commandant du quartier de Saint-Hippolyte (je dépends hiérarchiquement du premier, territorialement du second), et reçois en réponse le message suivant : « Le drapeau tricolore français peut être arboré sur les maisons et édifices. En conséquence, prière de laisser toute liberté aux particuliers et à la municipalité et ne rien confisquer. Seuls les emblèmes FLN doivent être enlevés. Stop et fin. »

À contrecœur j'obéis, mais j'envoie un groupe à Mascara pour acheter un coupon de calicot. Aussitôt, nous confectionnons des banderoles : « Vive la République » et « Vive de Gaulle », que nous accrochons en travers de la route principale, entre les faisceaux de drapeaux. Ainsi, le sens de la fête est inversé.

Dimanche 23 avril. Les radios d'Alger et d'Oran crient victoire et énumèrent tous les régiments ralliés. Elles annoncent que le général Salan arrive d'Espagne pour se joindre à la nouvelle équipe. Celle-ci aurait la maîtrise de toutes les grandes villes. À Oran, le général de Pouilly, en fuite, aurait été remplacé par le général Gardy.

Je ne reçois aucun ordre de mes supérieurs. Cependant, en fin de matinée, le commandant de G. R. me rend visite, flanqué de son second, Wolber. Il me communique les instructions suivantes : « Notre mission demeure inchangée : la lutte contre les fellaghas. Il existe une hiérarchie militaire qu'il faut respecter. Vous appartenez au 19e BCP, lequel reçoit ses ordres du secteur de Mascara, qui les reçoit lui-même de la ZNO [zone Nord-Oranais]. »

À mon tour de lui livrer mon point de vue : « La hiérarchie militaire n'est-elle pas interrompue à un certain échelon ? Devons-nous exécuter les ordres du général Challe ou ceux du général de Gaulle, président de la République, chef des armées ? »

Wolber m'approuve d'un signe de tête alors que le chef de corps se lance dans une explication filandreuse : « Dans les circonstances actuelles, il faut être prudent. On ne sait pas de quel côté ça va tourner. Ce qui importe, c'est de sauver l'unité du bataillon et de ne pas faire couler de sang entre Français. »

À midi, je rassemble la compagnie. J'expose la situation et déclare que nous sommes suffisamment nombreux dans l'armée à vouloir rester fidèles à la République pour faire échouer la folle entreprise des factieux. Tous mes cadres et chasseurs m'assurent de leur fidélité, même si nous devons nous opposer par les armes à des dissidents.

En dépit de mon apparente confiance, je suis en réalité inquiet car le gouvernement et surtout le président de la République ne se sont pas encore prononcés. Pourquoi, mais pourquoi donc ? Nous attendons fiévreusement leur prise de position.

Dans l'après-midi, je rédige une motion de confiance que je fais circuler parmi les cadres et les hommes présents :

MOTION DE CONFIANCE AU
GÉNÉRAL DE GAULLE

> Les soussignés, officiers, sous-officiers et chasseurs de la 3e compagnie du 19e Bataillon de Chasseurs Portés, assurons le général de Gaulle, président de la République française, de notre total attachement à la cause sacrée de la République et de la France, continuons à obéir avec le même dévouement aux chefs militaires désignés par le gouvernement légal, à l'exclusion de tous usurpateurs et dissidents, affirmons notre volonté déterminée de voir l'unité de la Nation et de l'Armée maintenue dans la légalité républicaine.
>
> Dublineau (Oranie), le 23 avril 1961, à 17 heures [2].

2. Voir annexes, p. 252.

Suivent 117 signatures (91 Européens et 26 FNSA).

Seuls trois sous-officiers refusent de signer : deux Français acquis à la cause de l'Algérie française et mon seul sergent algérien appelé. Demandant à ce dernier la raison de son refus, il me répond : « C'est une affaire à régler entre Français. Les Algériens n'ont pas à s'en mêler. » Certainement vivait-il, lui aussi, son « combat intérieur ».

En fin de journée, la radio de métropole nous avertit qu'à 20 heures le général de Gaulle s'adressera au pays et à l'armée. Nous tendons tous l'oreille vers les transistors. Mme Tonnaire, l'épouse de mon lieutenant en premier, prend le discours en sténo. Les paroles du Général sont celles que nous espérions. Nous sommes émus et soulagés.

À 20 h 30, je regroupe la compagnie en armes. Je lis le discours du président : « Ce pouvoir a une apparence : un quarteron de généraux en retraite. Il a une réalité : un groupe d'officiers, partisans, ambitieux, fanatiques. Ce groupe et ce quarteron possèdent un savoir-faire expéditif et limité. Mais ils ne voient et ne comprennent la nation et le monde que déformés à travers leur frénésie. Leur entreprise conduit tout droit au désastre national… » À l'issue de ma lecture, spontanément, fusent des hourras et des « vive de Gaulle ! ». Nous clôturons le rassemblement par un défilé au chant de *La Marseillaise*, après quoi un de mes caporaux, F. F. Berger, inscrit sur les murs, face au PC, en grosses lettres noires sur vingt mètres de longueur : « OBÉISSANCE AU SEUL GOUVERNEMENT LÉGAL DE LA RÉPUBLIQUE. » Simultanément, une équipe munie de pots de peinture blanche trace sur toutes les routes d'accès au village des V de victoire avec croix de Lorraine afin de compléter le sens des inscriptions portées sur les banderoles et les murs.

Vers 22 heures, je reçois de Mascara un coup de fil de Plainard : « Bravo, vieux frère ! Mon chef de brigade de Dublineau m'a prévenu de ta brillante attitude. Tu as tout mon appui. Nous avons avec nous, à Mascara, les deux pelotons de blindés de la gendarmerie mobile du lieutenant Girardon. Avec eux et quelques unités solides comme la tienne, la Légion étrangère n'a qu'à bien se tenir. En revanche, nous allons peut-être devoir neutraliser le colonel C. L. commandant le secteur et son adjoint, C. M., qui, l'un et l'autre, se sont prononcés catégoriquement en faveur de la sédition. »

Le moral revient. Je considère désormais Plainard comme mon véritable patron. C'est à ses côtés que je me rangerai si la situation s'envenime.

À 23 heures, il appelle de nouveau : « Le général de Menditte commandant la 5e DB et la zone Nord-Oranais vient d'annoncer qu'il ne suit pas les factieux et que toutes les unités de sa zone doivent lui obéir. Je suis en liaison radio avec son chef d'état-major, le colonel Thénoz, un vrai républicain, auquel j'ai communiqué la liste des unités sur lesquelles il peut compter. Je lui ai signalé la tienne dans les toutes premières, et également les SAS de la région, dont notre ami le commandant Largy est le patron. »

Maintenant, nous avons le moral : le putsch échouera.

Lundi 24 avril. Au réveil, la radio de métropole nous apprend que des régiments de parachutistes sont prêts à décoller d'Algérie pour s'emparer du pouvoir en France. Ce doit être sérieux car, toujours par les ondes, nous captons l'appel paniqué du Premier ministre, Michel Debré, appelant tous les Français à investir les aérodromes en s'y rendant « à pied ou en voiture dès que les sirènes retentiront ». Là encore, je suis confiant : le peuple de France ne permettra jamais à un régime fasciste de s'installer dans notre vieux pays républicain.

Peu après, le commandant de G. R. me fait prescrire par téléphone de rejoindre Bou-Hanifia avec ma compagnie en armes. Il en profite pour me confirmer le maintien dans la légalité de la 5e DB.

Je pense être appelé pour une mission de maintien de l'ordre, or je suis envoyé dans un djebel voisin afin d'exploiter un renseignement fourni par un prisonnier : un groupe de rebelles se cacherait dans des grottes enchevêtrées présentant plusieurs entrées. Parvenu sur les lieux, et ne voulant risquer la vie, ni de mes chasseurs, ni de mes harkis, j'ordonne au prisonnier de se glisser dans l'un des boyaux d'accès et d'aller parlementer de ma part avec les occupants s'il en existe. Des bruits de voix nous parviennent pendant un moment, puis c'est le silence. Le prisonnier ne revient pas.

Je lance des sommations. Pas de réponse. Je pourrais faire jeter des grenades et des fumigènes et engager un combat dans lequel il y aurait sans doute encore des morts de part et d'autre. Pour quel changement dans l'issue de cette guerre ? Après deux heures d'attente, je décide de lever le siège. L'urgence est, me semble-t-il, ailleurs que de donner la chasse à quelques patriotes algériens. De retour à Bou-Hanifia, mon chef de bataillon ne m'adresse évidemment pas de compliments ! J'en profite pour lui rendre compte que l'effectif présent de ma compagnie a signé le 23 avril une motion de confiance au général de Gaulle que je lui demande de transmettre au destinataire par la voie hiérarchique (sans aucune illusion sur son acheminement ; je ne recevrai jamais d'accusé de réception). Je lui demande s'il a agi de même.

« Inutile, me répond-il, puisque la 5e DB dont dépend le 19e BCP a déclaré sa fidélité au président de la République. »

Le capitaine Lebrun, officier adjoint, et le capitaine Simonet, major du bataillon, auxquels je rends visite se déclarent indignés de l'attentisme de notre commandant. « Je l'ai prévenu dès le premier instant, précise Simonet, que s'il se rangeait aux côtés de la sédition, il y aurait un foutu bordel dans le matériel et les munitions. »

Mardi 25 avril. Au réveil, sur les ondes c'est la guerre des communiqués. La radio d'Alger continue d'égrener la liste des unités qui suivent l'équipe Challe-Salan, dont le corps d'armée du général Gouraud à Constantine en entier et tous les régiments de la Légion. La radio métropolitaine annonce, au contraire, que de plus en plus de grandes unités et de corps de troupe, même le fameux 9e RCP, proclament leur fidélité au gouvernement et à la République.

Je reste en liaison fréquente avec Plainard.

À 8 h 30, nos gendarmes arrêtent à un barrage trois individus dans une voiture, dont un en tenue camouflée, porteur d'un pistolet et d'un ordre de mission du groupe d'action d'Oran, membre du maquis OAS Petitjean. Pendant que les gendarmes font descendre ce dernier et lui passent les menottes, le conducteur démarre, force le barrage et file vers Mascara, où le véhicule sera intercepté.

Rendant compte de cette arrestation par téléphone au PC du secteur, le colonel C. L. lui-même me donne l'ordre de transférer rapidement le prisonnier à Mostaganem, en le traitant « avec douceur et gentillesse » ! Sans doute craignait-il qu'on lui mette la tête au carré.

Sur ces entrefaites, à 9 h 30, nouvelle arrestation : celle d'un nommé Kopf, chef d'escadron en retraite, président du Cercle des officiers de réserve de Mascara, directeur de la Maison du colon, dont le nom figure sur la liste des individus à arrêter, fournie par la gendarmerie. Compte rendu est aussitôt adressé à l'échelon supérieur. Or, voici qu'à cet instant même s'arrête une Jeep de laquelle descend le capitaine B. A. du groupement de Légion étrangère de Mascara.

« Je vous apporte, m'annonce-t-il, un message du chef de bataillon O. I. qui commande le groupement auquel j'appartiens. »

Je confie la garde de Kopf à mon adjudant de compagnie Laurent et au sous-officier de renseignement Navarre, et m'enferme dans mon bureau avec le capitaine B. A.

« Mon commandant vous demande d'enlever vos banderoles.

– Je n'ai pas d'ordre à recevoir de lui.

– Je ne comprends pas pourquoi vous vous opposez tant à l'Algérie française.

– Tout simplement au nom du droit des peuples à disposer d'eux-mêmes. Pourquoi vouloir imposer au peuple algérien une nationalité qu'il ne désire pas ?

– Et si les Algériens veulent être français ?

– Encore faudrait-il qu'ils l'expriment par un référendum non truqué, et qu'ils le soient à part entière, avec les mêmes droits et les mêmes devoirs que les métropolitains, ce qu'ont toujours refusé les Français d'Algérie.

– Il est exact que beaucoup de pieds-noirs voudraient maintenir une différence en leur faveur, mais nous, militaires, nous tenons à ce que les autochtones soient des Français comme les autres.

– Je vous crois sincère, mais en admettant que les Algériens souhaitent être français, ce dont je doute fort, prolifiques comme ils sont, ils supplanteraient les Gaulois par le nombre en trois générations. Croyez-vous qu'une osmose soit possible entre gens de mœurs, de langue, de religions différentes ? Je suis certain qu'il y aurait des heurts sanglants[3]. »

Notre entretien est interrompu par l'entrée de l'adjudant Navarre dans le bureau :

« Mon capitaine, M. Kopf vient de s'enfuir. Il m'avait demandé d'aller prendre des documents dans sa voiture. Comme il est commandant de réserve, titulaire de la Légion d'honneur, j'ai accepté, en le faisant accompagner par une sentinelle, mais à peine dans sa voiture, il a démarré en trombe en direction de Mascara. »

Je téléphone aussitôt pour qu'il soit intercepté à l'entrée de cette ville. Mais comme il connaît parfaitement la région, il dut emprunter des pistes pour éviter les barrages et ne fut pas rattrapé, à moins que le groupe d'interception n'ait été constitué de ses sympathisants... La discussion avec le capitaine B. A.

3. Et encore, à l'époque, je n'avais pas envisagé l'extension du chômage. Si nous avions réalisé l'Algérie française, nous déplorerions aujourd'hui plusieurs millions de chômeurs supplémentaires et sans doute aussi les mêmes massacres horribles qu'en Algérie perpétrés par les islamistes intégristes.

ayant tourné court, ce dernier quitte les lieux discrètement, sans que j'y prête attention.

Depuis cet entretien, j'ai réfléchi à une argumentation qu'il aurait pu m'opposer pour me mettre dans l'embarras : « En préconisant la séparation entre Français et Algériens, ne faites-vous pas preuve de racisme, contrairement aux partisans de l'Algérie française qui rêvent d'une grande communauté franco-algérienne, d'un mixage des souches européenne et arabe, le métissage étant l'avenir de l'humanité. Je crois, pour ma part, à une génération nouvelle de type méditerranéen, riche des qualités et des particularités des uns et des autres. Je suis ainsi très en avance sur mon temps, alors que vous, vous êtes un affreux conservateur. »

Inutile de préciser que cette hypothétique réponse est uniquement le fruit de mon imagination, et que jamais je n'ai entendu un seul partisan de l'Algérie française tenir ce discours !

L'après-midi, le capitaine Plainard me téléphone : « Des unités de Légion étrangère à Mascara, à Sidi-Bel-Abbès et à Saint-Denis-du-Sig sont rassemblées, faisceaux d'armes formés, attendant des ordres. Méfie-toi, on ne sait jamais. »

Alors que je suis occupé à renforcer mes défenses, je reçois la visite inopinée de mon chef de bataillon :

« En laissant M. Kopf s'enfuir, vous vous êtes mis dans de beaux draps. Le colonel C. L. est furieux contre vous. Il m'a demandé votre relève, mais j'ai refusé car vous avez votre compagnie bien en main et je n'ai toujours eu qu'à me louer de vos services. Vous écoperez cependant d'une sanction. Si vous faites preuve de souplesse en retirant vos banderoles, je veillerai à ce qu'elle soit légère. Je vous signale que le général de Menditte vient d'adresser un message à toutes les unités sous ses ordres pour inciter à la modération. Prenez-en connaissance. J'ajoute que le bataillon est sans réserve fidèle au général de Gaulle.

– Dans ces conditions, répondis-je, je vais décrocher mes banderoles, d'autant plus que le maire a déjà récupéré ses drapeaux. »

Ainsi, pour tenter de me retirer le commandement de ma compagnie, C. L. aurait trouvé pour prétexte l'évasion de son ami Kopf, ce dont il a dû se réjouir. Peut-être même est-ce lui qui a évité à ce dernier d'être repris à Mascara ?

Très tard le soir, les nouvelles sont meilleures. Les marins de Mers-el-Kébir ont résisté aux paras. Le général Gardy et ses sbires ont abandonné Oran. Certains commandants de grandes unités et chefs de corps annoncent leur ralliement à la légalité ou démentent avoir cautionné la dissidence, tel le général Gouraud à Constantine.

À minuit, Radio-Alger, redevenue légaliste, confirme que la sédition est terminée. Le général Challe s'est constitué prisonnier, les autres ont disparu. Les unités compromises dans le putsch sont regroupées dans des camps et leurs officiers mis aux arrêts. « Il n'y a que deux puissances dans le monde : le sabre et l'esprit. À la longue, le sabre est toujours battu par l'esprit », écrivait Napoléon à Sainte-Hélène, traduisant à sa façon l'adage romain « *Cedant arma togae* » (Que les armes s'inclinent devant la toge).

Mercredi 26 avril. Le capitaine Oswald, chef du 4e bureau du secteur, me rend une visite amicale au cours de laquelle il me confie : « Je suis écœuré de l'attitude du commandant de secteur et de son adjoint. Ils ont cité en exemples deux de leurs capitaines commandants d'unités de services, qui ont pris position en faveur du putsch devant leurs cadres, dès le 22 avril. Hier, alors que j'étais de permanence, un ordre du jour du général de Menditte est arrivé par message, destiné à être diffusé à toutes les unités jusqu'à l'échelon compagnie. Le colonel C. L. auquel je l'ai porté m'a dit de le remettre au lieutenant-colonel C. M. qui l'a lu, a fait la moue et l'a mis dans sa poche en le froissant. Comme j'ai protesté, j'ai été doublé dans mon service de permanence par le capitaine B. R., un fidèle des deux colonels. »

Jeudi 27 avril. Je suis informé par mes supérieurs hiérarchiques qu'un convoi de quatre-vingt-dix véhicules du 1er Régiment étranger de parachutistes, l'un des fers de lance du putsch, doit se rendre à titre disciplinaire au camp de Thiersville, à une douzaine de kilomètres au sud de Mascara, et traverser Dublineau en fin de journée. Les légionnaires ne seraient encadrés que par leurs sous-officiers, les officiers étant envoyés ailleurs. Ils s'amuseraient, au cours du trajet, à vider leurs chargeurs en tirant en l'air. Il m'est recommandé d'éviter toute provocation, de ne laisser aucune sentinelle apparente et de tenir mes sections à plus de vingt mètres de la route nationale.

J'applique ces consignes, tout en prenant des dispositions de combat en cas d'agression. Le convoi, retardé, traverse le village au milieu de la nuit dans un calme absolu.

Vendredi 28 avril. Je vais à Mascara m'entretenir avec Plainard. « Ouf ! me dit-il, nous avons eu chaud. Si la rébellion est terminée, elle n'est pas écrasée, et ses éléments les plus extrémistes peuvent encore nous causer bien des soucis. Nous ne devons pas trop compter sur l'épuration : quelques têtes et quelques lampistes paieront, mais ce sera tout. Il en est un cependant qui, j'espère bien, va sauter, c'est C. L., après le rapport que je viens de lui coller aux fesses. » Effectivement, il sera muté au cours des jours suivants, mais remplacé par son adjoint, qui ne vaut pas mieux !

Samedi 29 avril. À Saint-Hippolyte, où m'a convoqué le commandant G. G., un sous-officier se présente à moi : « Je suis le major Clément, chef de poste d'une maison forestière voisine. Je sais que je peux me fier à vous, car votre attitude ces jours derniers est connue. Dès le 24 avril au matin, avec le sergent-chef Calvet, j'ai hissé un drapeau avec la croix de Lorraine au sommet du mât des couleurs de notre poste. Le 25, le commandant G. G. m'a ordonné de le descendre en me prévenant que "les chambres d'arrêt du quartier Soyer de la Légion étrangère étaient pour tout le monde". Croyez, mon capitaine, que si les événements s'étaient gâtés, vous n'auriez pas été isolé à Dublineau et j'en connais d'autres qui, comme moi, vous auraient rejoint pour ne pas obéir aux insurgés. »

À peine ai-je quitté ce sympathique sous-officier que le jeune sous-lieutenant du contingent Crinon m'aborde à son tour et me confie : « Mon capitaine, je me sentais bien seul ici et j'enviais mes camarades sous-lieutenants de votre compagnie. Notre commandant G. G. a dit à la popote, dès le début de l'insurrection : "Ayons confiance ! Au secteur, ils sont la main dans la main." Les jours suivants, constatant l'échec du putsch, il ne pouvait cacher son désappointement. »

Je regagne Dublineau, le cœur réchauffé par ces confidences et ces marques de confiance.

Dimanche 30 avril. Au cours de la nuit qui vient de s'écouler, mes postes de contrôle ont arrêté une quinzaine de déserteurs du 1er REP. Très sympathiques, ces garçons ! Nous les ravitaillons et recueillons leurs plaintes : « Nous ne comprenons pas ce qui vient de se passer. De Gaulle, Challe, Salan, ce n'est pas notre affaire. Nous sommes à la Légion uniquement pour nous battre contre ceux que nos chefs nous désignent, quels qu'ils soient. À Thiersville, nous n'avons plus nos officiers, nous ne sommes plus des soldats, mais presque des prisonniers. Alors, nous en avons marre, et beaucoup cherchent à regagner leur pays natal. Il y en a peut-être deux cents qui ont déjà quitté le camp. »

En dépit de la compassion qu'ils m'inspirent, je suis obligé de rendre compte. À un lieutenant venu avec un groupe de « képis blancs » pour les récupérer, je demande :

« Que vont-ils devenir ?

– Ils vont être placés pendant un mois dans une section disciplinaire. Là, ils vont se refaire une santé et redevenir de bons et fidèles légionnaires.

– Et si certains d'entre eux récidivent ?

– Ils retourneront pour plus longtemps en section disciplinaire. S'il y a parmi eux des meneurs, ils seront envoyés en opérations et n'en reviendront pas. Si on devait les garder, ils provoqueraient un cancer à la Légion, or cette maladie est souvent mortelle. Si dans de nombreux domaines on faisait disparaître les causes connues des cancers, la société se porterait beaucoup mieux. »

Lundi 31 avril. Hier, c'était la fête de tradition de la Légion étrangère. La date du 30 avril a été choisie pour célébrer la sanglante bataille de Camerone au Mexique où, en 1863, soixante-cinq légionnaires, dont trois officiers, luttèrent jusqu'à la mort plutôt que de se rendre. Si ce combat immortalise l'héroïsme à l'état pur, ne symbolise-t-il pas aussi la défaite cuisante d'un corps expéditionnaire français fourvoyé sur un territoire étranger pour imposer à un peuple la volonté d'une grande puissance ?

À l'identique, l'anniversaire d'une bataille perdue contre le peuple algérien à Sidi-Brahim, le 22 septembre 1845, est devenu la fête traditionnelle des chasseurs, ne mettant l'accent que sur l'extrême bravoure des combattants.

Si l'aventure mexicaine ne dura qu'un lustre, celle d'Algérie se sera prolongée plus d'un siècle, mais la finalité de l'une comme de l'autre, c'est notre éviction, beaucoup de jeunes vies perdues et la dissipation en pure perte de sommes considérables.

Diên Biên Phu, cette autre défaite héroïque, qui sonna le glas de notre présence sur la terre d'Indochine, pourrait parfaire le triptyque. Pour satisfaire à cette logique, le 7 mai sera peut-être un jour choisi comme fête de tradition des parachutistes ?

Pour revenir au 30 avril 1961, quelques groupes de joyeux

légionnaires euphorisés par la bière – chez eux, toute fête se termine par une beuverie – défilent dans les rues de Mascara en scandant « Alchérie vrancesse » et « Te Caulle au boteau ». Les fils des nazis de 1940-1945 crurent-ils un instant, par ces slogans, venger leurs pères ? Déjà en 1938, Andrée Viollis, dans *Notre Tunisie*, évoquait des légionnaires qui, à Sousse, accueillaient un bateau de touristes allemands « bras tendu et hurlant à plein gosier : *Heil Hitler !* ».

Je ne finirai pas le récit de cette folle semaine historique sans porter à nos épouses un hommage appuyé. Toutes furent admirables, soutenant notre moral et nous apportant une aide matérielle précieuse. L'épreuve passée, la plupart regagnèrent la métropole.

Ainsi, le 3 mai, je me retrouve seul pour terminer mon second séjour.

Interrompre provisoirement les opérations offensives

Les mois de mai et juin s'écoulent calmement. Ma compagnie étant amputée de deux sections envoyées en maintien de l'ordre, je ne puis, avec le reste, que me livrer à quelques patrouilles.

Le gouvernement français fait savoir par plusieurs directives qu'il a décidé d'« interrompre provisoirement les opérations offensives :

- parce que les victoires de l'armée permettent de s'offrir ce luxe,
- parce qu'il [le gouvernement] espère, de cette façon, hâter le retour de la paix en Algérie ».

Par un message personnel, le général Gambiez, commandant le corps d'armée d'Oran, enfonce le clou : « Les conditions dans lesquelles les opérations seront arrêtées… ne doivent pas être interprétées dans un sens restrictif… » C'est pourtant bien ce qui se passe. « Le thème d'information à développer devant la troupe », diffusé par la ZNO le 18 mai, affirme : « La paix revenue, l'armée restera en Algérie… L'armée n'arrêtera pas pour autant le travail de maintien de l'ordre contre les rebelles cachés près des villes et des villages… Ce qui fait que l'interruption des opérations offensives ne va pas amener beaucoup de changements. »

Une note de service du secteur de Mascara, datée du 20 mai, est encore plus explicite. Elle précise : « Si les opérations offensives doivent être interrompues jusqu'à nouvel ordre, la mission générale demeure, qui est de neutraliser l'adversaire sous toutes ses formes, d'intensifier de jour comme de nuit nos activités de surveillance, de protection et de filtrage… d'empêcher tout renforcement ou regroupement des éléments rebelles actuellement dispersés… le renseignement revêtant toujours une importance capitale. »

De l'OAS, qui se manifeste de plus en plus, *motus*. La directive gouvernementale ne serait-elle destinée qu'aux plénipotentiaires chargés des négociations avec le GPRA afin de persuader celui-ci de nos bonnes intentions ?

Cette force est comme un ressort

En juillet, partant en permission, je m'arrête au passage à Oran afin de saluer le colonel Thénoz, ancien chef d'état-major de la 5e DB muté au corps d'armée. Après nous être félicités de l'échec du putsch, il me demande comment, à mon échelon, je vois la situation. Assuré de ses sentiments foncièrement républicains, je lui expose quelques problèmes propres au secteur de Mascara et lui exprime mes espoirs et mes craintes.

« Lorsqu'un peuple veut son indépendance, me répond-il, rien ne peut l'arrêter. Cette force, que nous qualifions de rébellion, est comme un ressort. Les troupes d'occupation peuvent la contenir pendant un certain temps, comme on peut empêcher un ressort de se détendre en appuyant la main dessus. Mais la main finit par se lasser à tel point que, à un moment donné, elle est obligée de lâcher prise. Il ne faut surtout pas s'obstiner jusqu'à épuisement, sinon le ressort vous saute au nez. »

J'avais également envisagé de signaler à ce colonel que mes notes et mon inscription au tableau d'avancement avaient terriblement souffert de mes prises de position récentes. Une femme sous-officier, employée à la chancellerie du secteur de Mascara, m'en avait spontanément avisé ces jours-ci, parce qu'elle est gaulliste, m'a-t-elle déclaré, et qu'elle a horreur de l'injustice. Un sursaut d'amour-propre me fit taire cette envie de protestation, craignant que le colonel Thénoz considère ma visite comme étant seulement intéressée par une demande d'intervention en ma faveur. Ainsi ma promotion au grade supérieur sera-t-elle enfouie dans les profondeurs du tableau d'avancement...

En Touraine, j'apprends les détails des condamnations des principaux instigateurs de la tentative de coup d'État du mois d'avril : les généraux Salan, Jouhaud, Gardy et les colonels Argoud, Broizat, Lacheroy, Godard, etc.

Jouhaud, le seul pied-noir du quatuor, a été condamné à mort. Salan, pourtant bien plus chargé que lui, avait préalablement sauvé sa tête. Finalement, aucun ne sera exécuté et tous seront libérés au bout de cinq ou sept ans. En revanche, plusieurs seconds couteaux seront passés par les armes...

L'OAS punira les traîtres

En août, me revoici à Dublineau où nos activités alterneront jusqu'à la fin de l'année entre patrouilles, opérations de routine contre les éléments adverses repérés et maintien de l'ordre dans les villes.

Fin septembre, je reçois du lieutenant Tonnaire, qui fut mon fidèle adjoint, une lettre réconfortante. Il me félicite en particulier d'honorer la devise de Lyautey : « Il y a lieu de prévoir qu'en un temps plus ou moins lointain, l'Afrique du Nord, évoluée, vivant de sa vie autonome, se détachera de la métropole, il faut qu'à ce moment-là, et ce doit être le but suprême de toute notre politique, cette séparation se fasse sans douleur, et que les Africains continuent toujours à se tourner vers la France. » « La majorité des Français, las de cette aventure, souhaite que le Général en finisse au plus tôt », ajoute Tonnaire en approuvant.

Le 2 octobre 1961, de Gaulle lève toute ambiguïté en admettant « l'institution d'un État algérien souverain et indépendant, par la voie de l'autodétermination ». Ses adversaires les plus acharnés adressent des tracts aux partisans de la sécession, avec menaces de mort : « OAS punira les traîtres. » Le capitaine Plainard, le commandant Largy, le lieutenant Girardon et moi-même en recevons par la poste émanant d'un certain Comité de vigilance pour l'Algérie française.

À la fin du mois, nous parvient de Paris la nouvelle d'une grande manifestation d'Algériens de la capitale qui, sévèrement réprimée, se serait soldée par de nombreux morts. Nous apprendrons plus tard qu'avec la complicité du préfet de police Maurice Papon des ratonnades et des noyades dans la Seine auraient été commises par des policiers le 17 octobre et les jours suivants [4]. Je ne suis nullement surpris car ce Papon est le symbole même de la répression. IGAME à Constantine en 1956, il n'avait pas de termes assez durs pour la recommander. Déjà sous l'Occupation, saurons-nous plus tard, juifs et résistants de Bordeaux avaient pu apprécier sa « sollicitude ».

4. Cf. Jean-Luc Einaudi, *La Bataille de Paris, 17 octobre 1961*, Éd. du Seuil, 1991.

Ça fait des harkis de première bourre

Courant octobre, nous apprenons que la tête du secteur de Mascara fait peau neuve. Après l'éviction du colonel C. L., voici son remplaçant, C. M., qui nous quitte. Sans regrets, sauf parmi ses amis de l'OAS et sympathisants. Son successeur, le colonel Perpère, homme remarquable, veillera à ce que soit appliquée au mieux la directive d'interdiction des opérations offensives.

Celles qui sont déclenchées sont considérées comme des réponses aux attentats. Le 23 novembre à Taria, au cours du repas qui suit l'une d'elles, nous sommes une douzaine d'officiers à l'écoute d'un transistor qui diffuse le discours de Charles de Gaulle à Strasbourg devant deux mille cadres de l'armée. Le Général fustige la sédition et appelle tous les militaires à la discipline. Quelques-uns applaudissent, le plus grand nombre affiche une mine renfrognée et garde le silence.

Dans la région de Dublineau, les groupes de l'ALN ne se manifestent pas. Je circule presque partout sans escorte. Il n'est pas de mariage musulman auquel je ne sois invité. Avec les Européens, je tente sans grand succès de renouer des relations, distendues après les événements d'avril.

Parmi les opérations de quelque envergure auxquelles je participe, l'une d'elles, le 25 novembre 1961, entre Mascara et Saïda, me laisse un souvenir pénible. Elle est sous les ordres du capitaine Georges, officier qui jouit d'un immense prestige. Ses succès sur le FLN font de lui un seigneur de la guerre, au point que certains officiers supérieurs lui délèguent des commandements qui leur reviendraient.

À cette occasion, les compagnies de notre bataillon sont en bouclage; d'autres unités, dont son célèbre commando, se réservent les actions de combat au centre du dispositif.

En fin de journée, ma compagnie se regroupe en attendant les camions qui doivent nous reconduire à Dublineau. Nous sommes assis près d'une haie d'arbousiers. Plusieurs de mes cadres lient conversation avec deux sous-officiers du secteur de Saïda qui se prétendent du commando Georges (à moins qu'ils soient du commando Cobra ?). Je fais mine de me reposer et écoute leur discussion sans y prendre part.

« D'après ce qui est rapporté, lance mon adjudant Laurent, le commando Georges a de sacrés bilans ! Comment fait-il ?

– C'est très simple, répond l'un, tous les Arabes savent quelque chose ; il suffit de faire des patrouilles, d'en piquer quelques-uns et de les cuisiner à la gégène. Ils finissent toujours par parler. S'ils ne disent que des conneries, on force la dose, et là, il y en a qui crachent le morceau. Si plusieurs disent la même chose, on peut être sûrs que c'est bon. Ceux qui ont trop menti prennent une bonne branlée. Si les tuyaux sont valables, Georges monte illico une opération et très souvent ça paie, car personne n'a eu le temps de prévenir les fells qui n'ont pas pu se barrer ou se planquer. Grâce à la surprise, on n'a pas beaucoup de pertes. On ne réussit pas à tous les coups, mais bien plus souvent que dans les grandes manœuvres comme aujourd'hui, sur renseignements fournis par l'échelon supérieur, souvent vieux de plusieurs jours !

– Comment le commando a-t-il tant de ralliés qui semblent si dévoués ? demande un de mes sous-officiers.

– Quand on pique un groupe de fellouzes, rétorque le second, un des moyens, c'est de repérer celui qui est le chef et de dire aux autres : “Votre chef est un salaud, c'est à cause de lui que vous êtes là” ou un autre baratin. On s'adresse alors à un djounoud et on lui met le marché en main : “Si tu veux la vie sauve, tu butes ton chef, sinon c'est toi qui y passes.” On a souvent à faire à un mec gonflé qui refuse ; alors on le liquide. On pose la même question à un autre. Après ce qu'il vient de voir, généralement il accepte ; on lui file un pétard, et il bute son chef. S'il refuse, il y passe, comme le premier. À ceux qui restent, on annonce : “Vous êtes libres, rentrez chez vous.” Alors, là, tu parles, ils ne veulent pas partir, car après ce qui s’est passé (on garde toujours quelques bergers comme témoins), ils sont sûrs d’être égorgés en rentrant dans leur douar ou dans le djebel, et ils nous supplient de les garder avec nous. Ça, mon vieux, ça fait des harkis de première bourre ! Quand tu engages un gars qu’est pas mouillé, tu sais jamais s’il ne va pas te claquer dans les doigts, embarquer des armes ou te faire bouffer les couilles pendant que tu dors. Avec des types qui ont zigouillé ou trahi leurs potes, tu es tranquille, ils ne vont pas déserter, et après, tu pourras en faire ce que tu voudras. Un peu plus, un peu moins, ils sont tellement compromis qu’ils acceptent tous les boulots emmerdants, tu vois ce que je veux dire ! »

Le premier sous-officier reprend la parole :

« Si on avait fait ça un peu partout en Algérie, le problème aurait été vite réglé. Bigeard[5], qui a organisé le commando lorsqu’il commandait à Saïda, a rapporté ces méthodes d’Indochine. C’était celles des Viêts et de nos unités de choc comme celle du fameux adjudant Vandenberghe et de ses deux cents “tigres noirs”, presque tous des ralliés. Ils entraient dans les zones des Viêts, habillés et armés comme eux, et allaient les trucider. D’ailleurs, de Lattre qui s’y connaissait disait : “Donnez-moi cent Vandenberghe, je gagnerai la guerre d’Indochine” et il ajoutait “Ce qu’il me faut, ce sont des tueurs.” Nos grands chefs ne veulent malheureusement pas ordonner ces méthodes-là, ils ont trop peur pour leur avancement. Ils devraient pourtant savoir que la France ayant décidé la guerre, on ne la fait pas avec des enfants de chœur, et tous les moyens sont bons pour la gagner. »

La spontanéité et les accents de sincérité de ces sous-officiers me persuadent qu’il ne s’agit certainement pas d’affabula-

5. Dans son ouvrage *La Décadence, l’imposture et la tragédie*, le colonel Argoud écrit : « Bigeard ne lésinait pas sur les procédés pour obtenir des renseignements » (*op. cit.*, p. 155).

tions, ce que confirmeront des révélations ultérieures, comme celles d'Yves Courrière : « Le commando Georges employait des méthodes qui ne manquaient pas d'indigner ceux qui, quelques semaines plus tôt, toléraient les corvées de bois par centaines pourvu qu'on n'en parlât pas ! Les "Huns" du lieutenant Georges – comme les appelait un jeune sous-lieutenant du 5e bureau, Michel Bassi – avaient droit de haute et basse justice sur ceux qu'ils découvraient... À titre de représailles, toutes les habitations du quartier [à Saïda] furent livrées au commando Georges qui les pilla de fond en comble, puis par dérision fit défiler les rebelles survivants, Mohamed Cheikh en tête, en chemise, une corde au cou et un couteau entre les dents ! Le chef rebelle qui tentera de s'évader aura le sexe dévoré par un chien du peloton cynophile, spécialement dressé [6]... »

Pour avoir une autre idée de l'horreur des tortures pratiquées par les hommes du commando Georges, il n'est qu'à se reporter au récit détaillé du sous-lieutenant Maillard de La Morandais, jeune prêtre appelé, chef d'une SAS mobile proche de Saïda, qui assista à l'interrogatoire d'un prisonnier, volontairement « afin d'en pouvoir témoigner [7] ».

Rentré à Dublineau, je demande à plusieurs de mes cadres ce qu'ils pensent de ces méthodes. Elles sont condamnées, mais avec des nuances. Pour les uns, elles sont ignobles et indignes de la France telle que nous l'aimons, indignes de la morale chrétienne (ou laïque) à laquelle nous nous référons sans l'appliquer. Pour les autres, la guerre est par définition cruelle et immorale et « la fin justifie les moyens ».

Le soir, seul dans ma chambre, je médite sur la malédiction des guerres qui transforment de paisibles jeunes gens en tueurs

6. Yves Courrière, *L'Heure des colonels*, Fayard, 1970, p. 381-382. L'auteur précise que Michel Bassi, « futur chef de service politique au *Figaro*, avait été muté en compagnie [pour ce jugement] après avoir été menacé par un Georges fou de rage ».

7. *L'Honneur est sauf*, Éd. du Seuil, 1990, p. 268-269.

insensibles à la souffrance et à la mort des autres, y prenant goût parfois. Charles de Gaulle maintiendrait-il que « les armes ont cette vertu d'ennoblir jusqu'aux moins purs [8] » ?

C'est mon père qui commande

En l'absence de mon épouse, la petite Zohra s'emploie à mon ménage et au lavage du linge. Ce matin, elle arrive, l'air triste.

« Qu'y a-t-il, Zohra, tu es malheureuse ?

– Oui, mon père il veut me marier à Ahmed qui est bien plus vieux que moi. Ahmed lui a déjà donné vingt mille francs [anciens]. Moi, je voudrais pas me marier. Les Arabes, ils sont fous ; les Français, c'est mieux. Mon père il a dit : "Tant que le capitaine il est là, tu restes travailler pour lui. Tu te maries quand il est parti." Moi, je suis contente comme ça, je fais ton ménage, je lave les serviettes du mess. Mais c'est mon père qui commande. Toi, peut-être tu le vois et tu lui parles. Peut-être il t'écoute parce que tu es le capitaine. »

Des larmes perlant sur son visage, je lui demande si un autre homme lui plaît ; je pourrais en parler à son père pour qu'il change d'avis. « Non, il n'y en a pas. Juste que je suis trop jeune, je voudrais pas me marier maintenant. »

Je ne suis pas allé voir son père, craignant qu'il ne la punisse pour être venue se plaindre. Peut-être la retirerait-il de mon service pour la marier séance tenante, car il ne badine pas avec les préceptes de l'islam qu'il enseigne aux enfants du village, à l'école coranique. Quelle vie de chien que celle des femmes arabes ! Leur émancipation serait l'un des aspects positifs de l'Algérie française. Mais ce qu'on croit juste doit-il être imposé par la force ?

Zohra continua pendant quelques années à donner de ses

8. Charles de Gaulle, *La France et son armée*, Plon, 1938.

nouvelles à ma femme. Son père la maria à Ahmed, qui lui fit plusieurs enfants.

Ces légionnaires étaient de véritables bagnards

Au cours de cette année 1961, afin de pouvoir contrôler efficacement les populations, j'avais reçu l'ordre de détacher un groupe renforcé à base de supplétifs au douar M'Zaourat. La sécurité et un minimum de confort imposaient la construction d'un poste à partir d'un petit édifice, appartenant au caïd. Le commandement comprenant que je ne pouvais mener de front cette construction, celle des Amarias, et me livrer à des activités opérationnelles, m'affecta pour les travaux une section disciplinaire de la Légion.

Sous la surveillance d'un encadrement sélectionné, les vingt-cinq ou trente légionnaires étaient de véritables bagnards. Levés avec le jour, couchés très tard, ils n'avaient aucune minute de répit de toute la journée. Leurs gestes étaient toujours accomplis à cadence accélérée, et les défaillances parfois sanctionnées de coups de schlague. Le soir, exténués, ils s'endormaient comme des masses. « Méthode infaillible pour dissuader de tout acte d'indiscipline », me déclarait le chef de section, un vieil adjudant-chef, au demeurant fort sympathique, confirmant les propos d'un adjudant, puis d'un lieutenant venus récupérer des déserteurs. A ce rythme, le poste fut construit en peu de temps.

Ces pionniers donnaient l'impression de trouver normal le régime auquel ils étaient soumis, sorte de règle du jeu. Ils ne semblaient nourrir aucune animosité envers leurs cadres. Au contraire, ils les servaient avec complaisance, comme des chiens léchant la main du maître qui les frappe. Un régime de ce genre ne serait-il pas plus salutaire à nos plus coriaces condamnés de droit commun que l'oisiveté des prisons ?

À l'automne, le rythme opérationnel s'accélère en dépit de l'ordre d'interruption des actions offensives, et nos troupes ont de plus en plus la maîtrise du terrain. Cette apparente situation de force donne-t-elle plus de poids à nos plénipotentiaires chargés des négociations de paix à Évian et à Lugrin ? Peut-être, à moins que, comme l'écrivait Gilbert Cesbron, « il ne s'agit pas d'être vainqueurs, mais d'être aimés [9] ».

La population est satisfaite du comportement de la compagnie

Étrange Étrange, le destin ! Le 25 mars 1959, le caporal Le Roy était tué au douar Amaria. Au début de 1960, en ce même lieu, le caporal Lefèvre subit le même sort. Hier, 15 janvier 1962, presque au même endroit, c'est le caporal Lepauvre qui succombait, à la suite d'un accrochage de nuit avec un groupe adverse.

Pour ce dernier, après enquête, j'ai acquis la triste certitude qu'il avait été tué par un de ses camarades, tireur au fusil-mitrailleur. Le meurtrier malgré lui, ayant réalisé sa méprise, se mit à pleurer et à se culpabiliser. Avec son chef de section, l'adjudant Morel, nous avons alors imaginé une mise en scène concluant à la présence d'un autre élément rebelle auteur de la mort de son copain. Ainsi sommes-nous parvenus à le convaincre qu'il était hors de cause.

À l'occasion de ce décès – le premier depuis plusieurs mois –, j'organise une cérémonie dans le village. A l'église, la plupart des Européens sont présents. Devant le monument aux morts, sur la place centrale, s'y joignent spontanément beaucoup de musulmans du village et une forte délégation du douar Amaria. Aucune fatma, bien sûr ! Mahieddine, fils de bachaga, porte-parole des Algériens, me déclare que « venue aussi nombreuse, la population a voulu montrer qu'elle est satisfaite du comportement de la compagnie, correct et juste ». C'est aussi

9. *Le Monde*, 20 décembre 1960.

un remerciement voilé des paysans des Amarias pour n'avoir pas subi de représailles après le récent accrochage, réaction fréquente ailleurs.

Mon ami Plainard, avisé par son chef de brigade de Dublineau, me téléphone le soir même : « Pareil rassemblement pour ce type de cérémonie, à la barbe du FLN ou avec son accord, est tout à fait inhabituel. Il prouve qu'un climat de confiance est possible entre Français et Algériens, si on en a la volonté. Malheureusement, dans les villes, c'est la haine entre les deux communautés qui prévaut : il n'est pas de semaine sans attentat de l'OAS ou du FLN, l'un entraînant l'autre, par esprit de revanche. Si l'on doit continuer ainsi, la rupture entre la France et l'Algérie sera consommée, alors que des gestes d'apaisement comme le tien, et comme je tente sans succès d'en accomplir à Mascara, pourraient sauver amitié et intérêts entre nos peuples. »

Capitaine fellagha

Hier soir, samedi 20 janvier 1962, mes sous-officiers ont organisé une petite fête. Ils m'ont invité à venir trinquer avec eux, puis je suis allé me coucher. Plusieurs d'entre eux, dépassant la dose raisonnable de boisson, se livrèrent à des excentricités. L'un d'eux, le sergent-chef G. F., alla chercher son pistolet-mitrailleur et revint en criant : « Le pitaine est un salaud. Il est pour les fellouzes. Je vais le descendre. » Ses camarades cherchèrent en vain à le désarmer. Il fallut pour le calmer que mon nouveau lieutenant adjoint, Choquet, lui allonge son poing dans la figure. Prévenu, je n'intervins pas, laissant faire le lieutenant, afin de ne pas envenimer la situation.

Ce matin, dimanche, vient l'heure des explications. J'ai un premier entretien avec les sous-officiers qui, pris de boisson, dépassèrent les limites de la correction. Ils me demandent de leur pardonner. Mon adjudant, Morel, pour lequel j'ai une grande estime, réciproque je pense, ne peut retenir ses larmes. Vient le tour du sergent-chef G. F., avec lequel j'ai une longue discussion. Je ne me fais aucune illusion : sous l'effet de l'alcool, il a révélé le fond de sa pensée.

« M'avez-vous vu une seule fois, lui dis-je, me dérober aux ordres reçus dans la lutte contre l'ALN ?

– Non, mon capitaine, concède-t-il, c'est pourquoi je n'ai jamais compris que vous ayez pris position aussi violemment contre ceux qui veulent garder l'Algérie à la France. »

Pendant un bon moment, je tente de lui expliquer que l'Algérie française serait la porte ouverte à une future guerre civile entre deux communautés de mœurs, de religions, de races différentes. Autant une faible minorité peut s'intégrer facilement, autant ce serait impossible pour deux peuples dissemblables qui, dans quelques générations, seraient égaux en nombre. J'essaie de lui faire partager mon sentiment :

« Vous pensez être un ardent patriote en voulant l'Algérie française et vous êtes persuadé que je suis un traître en la refusant. Je crois au contraire que le véritable intérêt de la France commande de nous séparer de ce pays. D'ailleurs, le général de Gaulle, qu'on ne peut pas traiter d'antipatriote, l'a fort bien compris. »

Son mutisme prouve que je ne parviens pas à le convaincre.

« Je sais, ajoutai-je, que certains civils français de Dublineau me nomment le « capitaine fellagha" parce qu'en plusieurs occasions, lors de différends entre eux et des Algériens, j'ai pris fait et cause pour ces derniers, non par parti pris, mais par souci de justice. J'avoue toutefois avoir tendance à soutenir les faibles contre les forts, ceux qui n'ont pas la possibilité de se défendre pacifiquement, afin qu'ils ne soient pas tentés de le faire par les armes. »

Bien que G. F. m'ait présenté des excuses pour ses menaces de la veille, je lui annonce que je demanderai au chef de corps une sanction d'arrêts de rigueur et sa mutation hors de la compagnie. Cette dernière sera acceptée, mais une indiscrétion m'apprendra qu'aucune punition ne lui aurait été infligée.

Ils ne verront pas la libération de leur pays

À l'approche du deuxième anniversaire de la semaine des barricades à Alger, des mesures préventives sont prises dans les villes. Or, rien de spectaculaire ne se produit. En revanche, en France, l'OAS multiplie les attentats, ce qui éloigne d'elle de plus en plus de militaires, et même de pieds-noirs.

Le 10 février, après deux journées passées en opérations sous la pluie, avec traversée à gué de trois oueds charriant des eaux limoneuses, nous rentrons très fatigués pour apprendre les manifestations anti-OAS du 8 février en métropole. Des brutalités policières ont provoqué à la station de métro Charonne la mort de neuf manifestants et fait de nombreux blessés. Papon, préfet de police – toujours lui –, couvert par Roger Frey, ne donna certainement pas en cette occasion des ordres de modération !

La presse et la radio nous annoncent l'imminence du cessez-le-feu. Chacun le souhaite maintenant : militaires, musulmans et même une majorité de pieds-noirs. Cependant, les attentats continuent dans les villes, la plupart fomentés par l'OAS, chant du cygne de l'Algérie française.

Nos activités se partagent entre missions de maintien de l'ordre dans les villes et quelques coups de main sur des membres de l'ALN, repérés ou dénoncés.

Le 20 février, ma compagnie est envoyée pour tenter de s'emparer d'un petit groupe de djoundi détecté dans les Béni Khémis. Après une résistance désespérée, deux ou trois parviennent à s'enfuir, deux autres sont tués. D'après leurs pièces d'identité, ce sont des étudiants. Ils ne verront pas la libération de leur pays.

Alors que, devant ces corps inertes, je médite sur l'absurdité de ce conflit qui va priver l'Algérie des plus valeureux de ses enfants, dont ces deux-là, le commandant Gain – qui a récemment remplacé le commandant G. G., relevé de ses fonctions – se pose en hélicoptère. Il vient chercher les documents trouvés sur place et se réjouit de ce « joli coup ». L'opération terminée, nous grimpons dans les véhicules et partons vers Saint-Hippolyte, où nous arrivons au milieu d'un grand remue-ménage.

Descendant de Jeep, j'apprends que le commandant Gain vient d'être grièvement blessé. Son hélicoptère s'est écrasé au sol, le passager ayant maladroitement actionné le palonnier à l'insu du pilote. Son épouse et ses trois filles gémissent sans retenue. Des amis de la famille s'empressent autour d'elles avec obséquiosité.

Comparant les lamentations de ces quatre femmes face à leur blessé avec la joie affichée deux heures auparavant par les vainqueurs et le commandant lui-même en présence des dépouilles mortelles des deux jeunes patriotes algériens, un sentiment d'indécence m'envahit.

Que de marques de sympathie !

Le cessez-le-feu est enfin annoncé pour le 19 mars et un nouveau référendum pour le 8 avril. Les opérations contre le FLN étant terminées, notre mission est désormais d'assurer la sécurité dans les villes et de nous tenir prêts à intervenir en cas de violation des accords par le FLN ou d'actions de désespoir de la part de l'OAS. Laissant une base arrière à Dublineau, nous partons nous installer à Arcole, à l'est d'Oran.

La fusillade de la rue d'Isly à Alger, le 23 mars, nous consterne tous. « Comment des Français ont-ils pu s'entretuer ? » Les uns prétendent que l'armée avait reçu des ordres pour tirer sur la foule et la mater… D'autres, au contraire, soutiennent que des éléments provocateurs de l'OAS ont ouvert le feu pour obliger la troupe à répondre et dresser ainsi l'opinion contre le pouvoir gaulliste – hypothèse plus probable.

Venant de recevoir mon avis de rapatriement et mon affectation, de nouveau pour l'École d'application de l'infanterie de

Saint-Maixent, je me rends à Dublineau afin de faire mes adieux. Je reçois des musulmans, dont j'ai pourtant combattu les plus patriotes d'entre eux, un accueil inoubliable. Au milieu des réjouissances de la libération, que de marques de sympathie ne me témoignent-ils pas, tant au village que dans les douars ! Des Européens me manifestent une certaine amabilité, d'autres préférant m'ignorer. Les gendarmes de la brigade organisent un chaleureux pot d'adieu.

À Mascara, mon ami Plainard, débordé de travail, n'a que le temps de me livrer cette confidence : « Plusieurs années passées ici m'ont permis d'engranger des preuves de l'activité antigouvernementale, contraire aux intérêts de la France, déployée par une fraction de la population française et certains militaires. J'ai eu connaissance de multiples tortures et exécutions sommaires. La "Villa rose", où sévissait un aréopage de policiers et de légionnaires, a accueilli des centaines de "clients" dont beaucoup ont mystérieusement disparu [10]. De son côté, le FLN a éliminé de nombreux Algériens francophiles, dont quelques-uns étaient de mes amis. Il nous faudra de part et d'autre sécher les larmes, pardonner le sang versé et reconstruire sur les ruines. Heureusement, l'Algérie nouvelle a d'immenses besoins : la France devra se montrer généreuse et les satisfaire. Ce sera notre manière de réparer nos erreurs. Je vais m'y employer au mieux, ayant décidé de rester encore un ou deux ans, ou plus, dans ce pays que j'aime. »

Avant de nous séparer, nous nous embrassons, et je sens passer entre nous un courant semblable à celui qui unissait les résistants aux heures les plus sombres de l'Occupation [11].

10. D'après les lettres de mes anciens chasseurs que je recevrai après mon retour en France, l'une d'elles, du caporal Mina, dont des extraits figurent en annexes (p. 256), donne des précisions sur les charniers retrouvés dans le verger et le sous-sol de cette fameuse villa.

11. Devenu colonel, Plainard décédera en 1977, sans que nous ayons eu la joie de nous revoir. Il avait peu avant pris sa retraite de commandant en second de la circonscription de gendarmerie du Nord-Pas-de-Calais.

Sur ces entrefaites, j'apprends la décision du commandement de détruire, au moment de leur abandon, les édifices que nous avons eu tant de peine à construire. Ainsi, sur mon territoire, devraient disparaître forts, cantonnements et écoles des Amarias, de M'Zaourat, du piton 626. Quelle stupidité ! Quel intérêt pouvons-nous tirer de ces destructions ? Nous allons montrer aux musulmans notre étroitesse d'esprit et notre sectarisme. Dire que la religion chrétienne prêche la générosité, la mansuétude, le pardon !

Très rapidement, et ce sera ma dernière démarche, j'exprime mon indignation au colonel Perpère, commandant le secteur de Mascara, qui me confesse : « Je suis navré de cet ordre stupide. Je devrai pourtant m'y conformer, mais avec la plus grande modération possible. »

Il reste donc encore dans l'armée et l'administration, à des échelons élevés, des nostalgiques qui n'ont pas désarmé. Ils se vengent comme ils le peuvent, à l'image de ces enfants odieux qui préfèrent casser les jouets dont ils sont fatigués plutôt que de les donner aux pauvres.

Simultanément, j'alerte Mme de Lunézy, qui, par courrier, m'exprime sa colère : « Nous avons été atterrés, mon mari et moi, de sentir que, dans tous les domaines, le fanatisme et l'incohérence règnent. » Elle m'annonce aussi son intervention auprès du ministre par l'intermédiaire d'un de ses amis, le général de Maistre. C'est ainsi que le poste Le Roy fut sauvé de la destruction, mais ceux de M'Zaourat et du piton 626 n'y échappèrent pas.

Ils ignoraient ce qu'est une patrie

Dans l'avion du retour, en ce 24 avril, j'éprouve une impression de calme absolu qui tranche avec les émotions contrastées de ces derniers mois. Le cordon ombilical étant coupé avec les différents acteurs du drame algérien, mon esprit se trouve soudain libéré pour vagabonder successivement de l'un à l'autre.

Je me tourne d'abord vers les pieds-noirs qui, pour la plupart, devront quitter leur pays natal. Je compatis au chagrin des plus modestes qui, dans l'ensemble, n'étaient pas méchants, et souvent, comme les Arabes, exploités par les puissants. Même les plus excités me deviennent moins antipathiques : le désespoir conduit souvent à l'absurdité.

Ma pensée prenant son envol vers le peuple algérien, je m'associe à son immense bonheur. Quoi de plus enthousiasmant que de se sentir soudain libre, débarrassé d'une tutelle étrangère, même si à l'horizon des nuages assombrissent le bleu du ciel.

Me portant ensuite au cœur de cette corporation que j'ai choisie, celle des militaires d'active, je me félicite de m'être compté, dès le début du conflit, parmi la minorité des partisans de l'indépendance algérienne. Je respecte, malgré tout, la désillusion de mes camarades qui rêvaient d'une fusion des populations transméditerranéennes. Je plains plus que je ne blâme ceux qui, pour parvenir à ce but, acceptèrent de pratiquer des méthodes indignes, ayant personnellement constaté comment, sur le terrain, il est facile d'être entraîné vers de telles dérives. Les coupables à qui je ne pardonne pas sont les autorités civiles et militaires qui se lancèrent dans une guerre perdue d'avance et institutionnalisèrent ou tolérèrent hypocritement la torture et le reste.

Les appelés, mes braves petits chasseurs, m'apparaissent soudain, quille en main, retrouvant leurs foyers. Je me mêle à leur joie tout en éprouvant le regret de n'avoir pas assez conversé avec eux et de ne pas avoir consigné par écrit leurs réactions et confidences. Surtout, je suis fier de leur comportement voici un an, lorsque, aux côtés des cadres républicains de l'armée, ils contribuèrent à sauver la République.

Franchissant le fossé entre les belligérants, je me retrouve au sein de mes adversaires de l'ALN. Je partage avec eux les heures d'espoir et de découragement de ces huit années de lutte impitoyable et sournoise, pour goûter à leurs côtés la récompense de leur persévérance et de leur courage. Je revis avec eux mes années de Résistance.

Les harkis vers lesquels ma pensée se projette maintenant me posent problème. Pourquoi ont-ils choisi la France ? La plupart parce qu'ils ignoraient ce qu'est une patrie. La France leur en fournissait une qui n'était pas la leur, mais qu'ils avaient adoptée. « Cette mère, écrivait Gaël Le Roy, accusée par les uns, défendue par les autres, et dont les enfants étaient de père inconnu. » Parmi eux, d'anciens djoundi incorporés par des méthodes abjectes, comme celles pratiquées au sein du commando Georges, furent utilisés pour les plus basses besognes. Leur alternative était de plier ou mourir. Si odieux qu'aient pu être leurs actes, la France qui en porte la responsabilité a le devoir de les protéger pour leur éviter le châtiment suprême promis aux traîtres par le FLN.

Je ressens le même embarras vis-à-vis des Français musulmans. Incorporés d'office, un peu l'équivalent des « malgré nous » alsaciens de la Wehrmacht. J'ai souvent tenté de discuter avec les plus évolués, sans parvenir à percer le fond de leur pensée. Je les mettais pourtant en confiance, allant même jusqu'à envisager devant eux une possible indépendance de leur pays. Bien que paraissant m'approuver, ils participaient aux combats contre leurs compatriotes du FLN aux côtés de leurs copains français, sans agressivité certes, mais sans complaisance. Leur attitude fataliste restera toujours pour moi une énigme. Ces garçons ne sont-ils pas les descendants des peuples coloniaux enrôlés en 1914 et 1939, à propos desquels Paul Vaillant-Couturier écrivait après la Grande Guerre : « Eux, comme moi, se battaient pour rien. Pour pis que rien, pour renforcer l'exploitation de leurs races [12]. »

12. Cf. Paul Markidès, *Dans la racine des blés murs*, Éd. Isis, 1998, p. 12.

Bien que le nombre total de victimes françaises, tant en Indochine qu'en Algérie (environ 30 000 pour chacune des deux guerres [13]), soit faible, comparé à l'hécatombe du million et demi de tués en 1914-1918, les deuils, les souffrances, les larmes engendrés par ces deux conflits sont insupportables. Ils le sont d'autant plus qu'ils pouvaient être évités si les conservateurs de tout poil ne s'étaient pas arc-boutés sur des *a priori* surannés. Faut-il rire ou pleurer d'envolées lyriques comme celle de Michel Debré au Sénat, le 29 mai 1956 : « La perte de l'Algérie, ce serait la fin des principes fondamentaux qui font la gloire de la République française. La perte de l'Algérie, c'est la France communisée » ? Les esprits éclairés ne manquaient pourtant pas, témoin Raymond Aron, qui, l'année suivante, lançait cet avertissement : « La Grande-Bretagne n'a pas conscience d'avoir perdu l'Inde parce qu'elle lui a donné de plein gré l'indépendance. Si la France avait accordé en 1954 volontairement ce qu'elle a finalement concédé sous la pression du terrorisme, elle n'éprouverait pas cet insupportable sentiment d'humiliation [14]. »

13. Côté algérien, la saignée fut beaucoup plus lourde : évaluée à 500 000 morts (ALN, engagés dans l'armée française, civils).
14. *La Tragédie algérienne*, *op. cit.*, p. 12.

« Je me suis replongé dans un triste passé et j'en sors accablé… N'ai-je pas écrit tout ceci au jour le jour, selon mon état d'âme, mon humeur, selon les circonstances, l'atmosphère créée par l'événement et le retentissement qu'il a pu avoir dans mon cœur ?… Et pourquoi ai-je ainsi écrit au fur et à mesure si ce n'est pour témoigner… Aurai-je pu rester aveugle et sourd pour me taire et ne pas risquer d'étouffer à force de rentrer mon désespoir et ma colère ?… Ceux qui ont souffert, ceux qui sont morts pourraient dire des choses et des choses. J'ai voulu timidement en dire un peu à leur place [1]. »

MOULOUD FERAOUN.

1. Mouloud Feraoun, *Journal 1955-1962* (journée du 17 août 1961), Éd. du Seuil, 1962, p. 325. Inspecteur des centres sociaux, modéré, approuvant le FLN sans y être engagé, Mouloud Feraoun fut assassiné le 15 mars 1962, avec cinq de ses collègues, par des membres de l'OAS.

Annexes

Premier séjour en algérie, 1954-1957

Second séjour en Algérie, 1959-1962

Après 1962

Premier séjour en Algérie

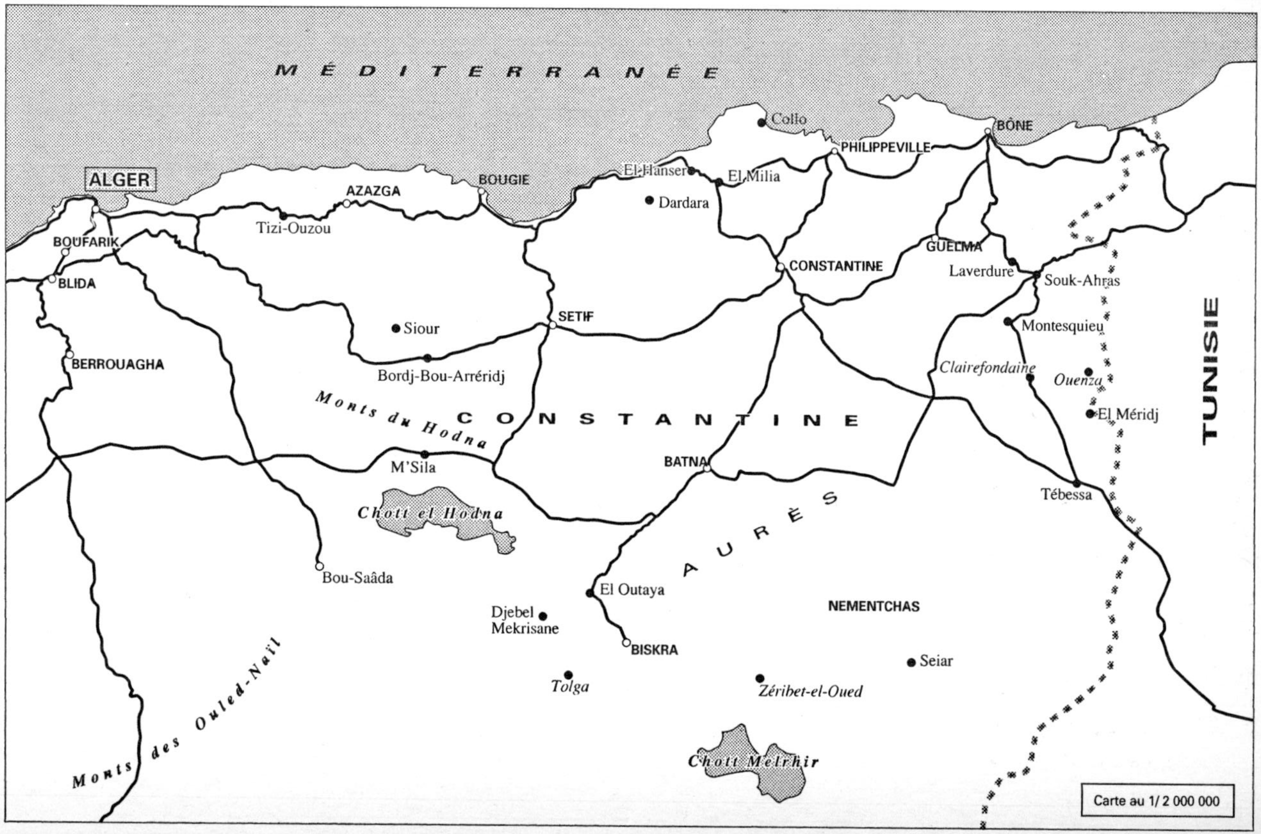

PREMIER SEJOUR

QUELQUES EXTRAITS DE LETTRES

Clairfontaine le 24 Septembre 1954

Chers parents,

— — — — — — —

Le drame du chômage en Afrique du Nord est une catastrophe qui, si on ne parvient pas à l'enrayer dans les années qui viennent, contribuera fortement à faire avant 15 ans de ce pays une seconde Indochine. Songez au juste sentiment de révolte d'un "Mohamed" qui, voyant de la terre de ses ancêtres sortir des fortunes sous forme de minerais, se voit continuellement fermer la porte au nez lorsqu'il demande du travail, alors que l'Italien est pris d'emblée parce qu'il est blanc, bien que lui, Mohamed, ait la nationalité Française, qu'il ait combattu l'Allemagne et l'Italie, y ait laissé des frères, et peut-être sa santé. Dans l'agriculture, l'afflux des tracteurs élimine la main-d'oeuvre. Sur les routes, bulldozers et défonceuses remplacent la pelle et la pioche. Et pendant ce temps là des hommes chôment, attendant qu'Allah leur vienne en aide...

Béni Aïcha-Dardara le 26 Mars

Cher Capitaine

Votre visite aérienne, votre lettre et votre gentil cadeau nous ont procuré à tous une vive satisfaction. Cela nous a fait plaisir de voir que, malgré votre départ, lointain déjà, de la 2ème Compagnie vous pensez toujours à nous –

Avant de vous quitter – tous ces souvenirs que vous avez évoqués dans votre lettre, surgissent dans nos mémoires ! souvenirs heureux, souvenirs pénibles... Quels qu'ils soient ils nous unissent. Durant ces longs mois au cours desquels, de Clairfontaine à Dardara nous avons été ensemble même si de temps à autre nous avons un peu rués dans les brancards, nous avons pu apprécier vos qualités d'homme.

C'est d'abord à la manière admirable dont vous avez su administrer la compagnie que nous pensons ; vous vous êtes toujours soucié du bien être de vos hommes, de la nourriture, des installations, des loisirs...

Vous avez su veiller aussi : à la bonne entente entre tous à la compagnie ; et sans vous bercer de douces illusions, vous avez fait ce que vous avez pu pour que notre morale ne flanche pas trop, quand notre maintien sous les drapeaux commençait à se prolonger. .../...

.../... Surtout nous vous admirons pour cette attitude profondément humaine et fraternelle que vous avez toujours eu à l'égard des indigènes partout où nous avons passé - Vous avez pratiqué la pacification avant que l'on en parle beaucoup. Nous croyons que, sans nous vanter cette attitude est le caractère propre de la 2ème Compagnie ... et cela, nous sommes convaincus que c'est à vous que nous le devons. Nous vous remercions de nous avoir formés dans cet esprit qui, nous le sommes persuadés, portera ses fruits -

Nous attendons avec impatience votre visite, "terrestre" cette fois : Si toutefois nous n'avions pas ce plaisir, recevez, cher Capitaine l'assurance du bon souvenir de tous les libérables de la 54/1.

Tous réunis -

Biskra le 20 Avril 57

- - - - - - - - - -

Je ne t'ai pas écrit hier soir car je n'avais pas le cœur à le faire - J'ai vécu hier la plus triste journée de toute mon existence. J'ai dû faire un travail épouvantable que je ne peux te dire par lettre, et j'en suis accablé. Le Colonel lui-même qui en a donné l'ordre en a sûrement été très affecté...

Deuxième séjour en Algérie

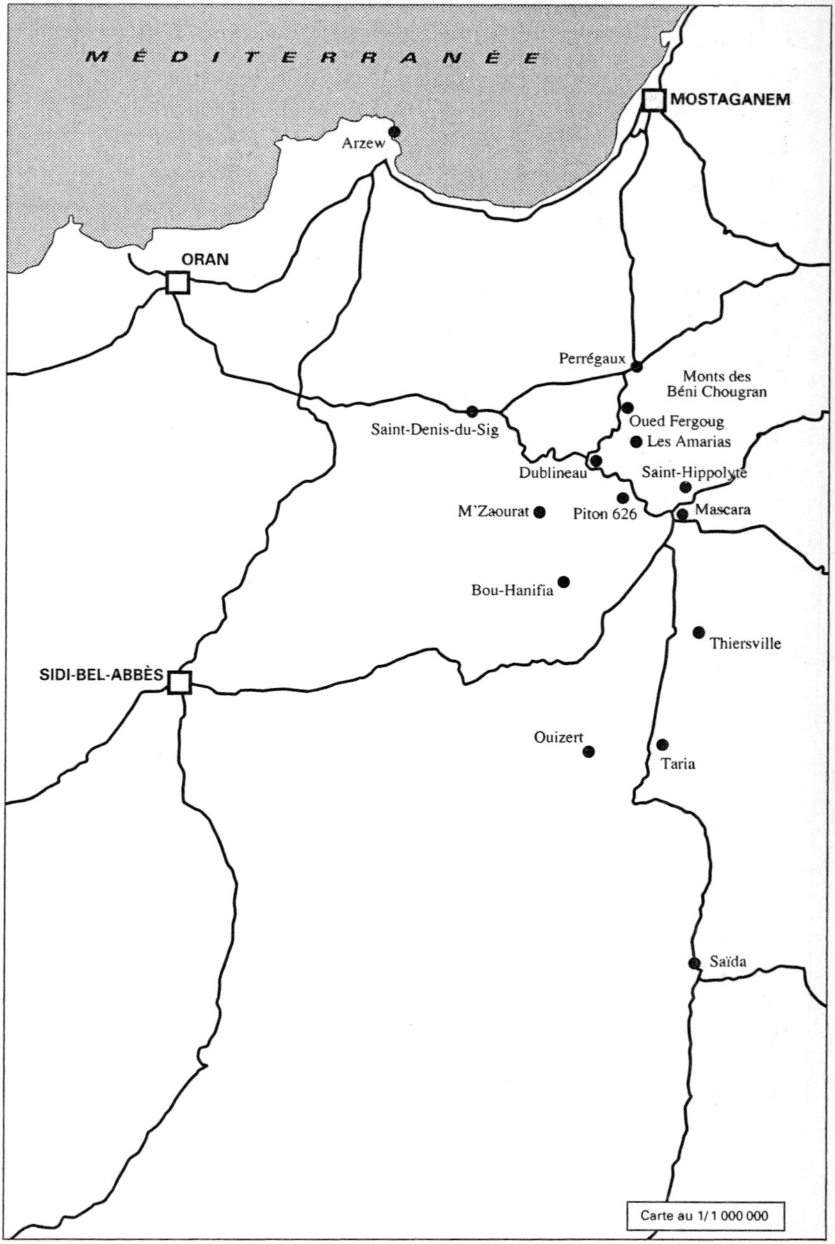

MOTION DE CONFIANCE AU

GENERAL DE GAULLE

Les soussignés, Officiers, Sous-Officiers, Caporaux et Chasseurs de la 3ème Compagnie du 19ème BATAILLON DE CHASSEURS PORTES assurons le GENERAL DE GAULLE, Président de la République Française, de notre total attachement à la cause sacrée de la République et de la France, continuons à obéir avec le même dévouement aux Chefs militaires désignés par le Gouvernement légal, à l'exclusion de tous usurpateurs et dissidents, affirmons notre volonté déterminée de voir l'Unité de la NATION et de l'Armée maintenue dans la légalité Républicaine.

DUBLINEAU (Oranie) le 23 Avril 1961 à 17 heures.

Suivent les 115 signatures de :

Capitaine THOMAS Pierre — Sous-Lieutenant TONNAIRE Michel — Sous-Lieutenant CHIGLIONE [illegible]

Sergent Chef NAVARRE Henri — Adjudant MOREL [illegible] — Adjudant Laurent Henri

Sergent DELHAYE Daniel — Sergent [illegible] Georges — Sergent Bosch Max

Sgt. Lopez

Chasseur [illegible] Gérard — [illegible]

Chasseur Caillet Michel — Caporal [illegible] François — Chasseur PERRY Georges

Chasseur RODOW Marcel — Chasseur GRADIEN J.P.

Chasseur Glinier Henri — Chasseur [illegible] Francis — Sergent Lemarquis

Chasseur PLANCHON ALFRED — Sergent CHARLET — Col Damien Jean

S/Lt GANACHAUD CLAUDE
Ganachaud

S[illegible] GIRAUDET

Chasseur VOLLONDAT
Vollondat

SALEM

1re classe

Chasseur Brucke Raymond
Brucke

1re classe Fourny Michel
Fourny

Chasseur TIGRAR
Tigrar

CHASSEUR DJELLAF

Le Gad Charles
Le Gad

Chasseur Martinez
C. Martinez

Chasseur Chiarotti Alexandre

Cal BLAYE
Blay

Chasseur BOUZIANE

Chasseur TILQUIN Jacky
Tilquin

Caporal Gaussinel
Gaussinel

Chasseur Martinol
Martinol

1re classe Gervais
Gervais

Chasseur Afer
Afer

Chasseur [illegible]

Chasseur Oil Hamar

Chasseur Bouaziz
Bouaziz

SAGER DIAF
DIAF

Chasseur NEHHAEF
NEHAHEF

Chasseur Tavaglio

Chasseur KHARKHCHE
AMD

Chasseur Renatti
Renatti

Chasseur Benyahlou

Chasseur Hateur
Hateur

Chasseur Redondo
AHER

Chasseur [illegible]

Chasseur RUSSO

Amor

1re classe [illegible]
SEDDI

Chasseur Jourhan
JOURHAN

Chasseur Delamourgues
Delamourgues

Caporal Leclerc
Leclerc

Caporal JACOB
Jacob

Caporal Lepre
Lep

1re cl Bouamie

Chasseur Gourlay
Gourlay

Chasseur [illegible]

1re classe Royer
Royer

Chasseur Boudjemai
Boudj

Caporal Hatem

Caporal Jalalou

1re classe Semouni
Semouni

Chasseur MERCIER François — Chasseur Salazar — Chasseur Francamme Serge

Caporal Garrigou Pierre — Caporal BERGER Francis — Chasseur Ait Addi Rachid

Chasseur Caillaud Joseph — Chasseur Henri Schlonk

Sergent Barbier André — Chasseur MARGUERIE Elie — Chasseur PARISOT Camille

1re classe HAZIZA André — Chasseur VACHIER Maurice — Chasseur Chaudet Roger

Sergent-Chef BROUSSE Gérard — Cap. ONSÖR François — Chasseur TORRE François

Chasseur PERVIER Jacques — Caporal Vester Bruno

Marfella G. CXS

Chasseur Decelle Marcel — 1re Cl Bollin André — Caporal Vautrollin

Chasseur de PRADE Lucien — Chasseur Gaudé — Chasseur Tingent Lucien

Chasseur JACOB R. — Chasseur

Chasseur Wentz Claude — Caporal Jenvier D. — Chasseur Gonet Emile

Chasseur Caze Roger — Caporal chef Sounder M. — Chasseur Hahut Philippe

Chasseur Les-cruzeres — Chasseur Guilloud Guy

Chasseur Fonet Claude — Chasseur Magherbi — Chasseur Delzang

Chasseur Papucci

Caporal Reiffsteck François — Sarring George — HEXMANN

Chasseur Mius — 1re classe Ben Brahim — 1re Lebrun

Chasseur CONVORT — 1re classe Gyhumbuun — CK Jolly

QUELQUES TEMOIGNAGES DE SYMPATHIE

Du sous-lieutenant Mallet . 28 avril 62

Je peux bien dire que j'ai eu une chance inouïe de vivre avec cette Compagnie, dont toutes les réactions furent conformes à mon idéal,

Du sous-lieutenant Dior 29 juillet 62

pouvoir à Dublineau et puis surtout votre départ à la suite duquel plus aucune force n'a su jouer de rôle conciliateur et constructif entre musulmans et européens. Dès lors chacun, à défaut d'agir, s'est regardé avec hostilité et au moment du referendum, au moment où nous sommes repartis pour Mascara il n'y avait plus beaucoup de regard empreint de sympathie pour nous, quelque soit le bord vers lequel on se tourne. J'en ai été personnellement très touché

De Mahieddine juin 62

Dublineau,le I6 Juin 1962.

Mon Capitaine et Cher Ami.

Votre lettre du 22 Mai m'a apporté beaucoup de plaisir et de joie à remarquer,que vous n'oubliez pas vos amis pour ce dont je vous remercie.

Oui!la 3 ème Cie nous est revenue,mais sans son grand chef que vous étiez et,cela,la population musulmane le regrette énormément.

Hélas!la 3 ème Cie ne représente plus la belle unité qu'elle était sous votre commandement,

Du Caporal Mina 15 janvier 63

...Je devins organiste de l'église de Mascara pour les quatre mois qui me restaient à faire - L'orgue était excellent : composition classique, traction électrique, c'était un régal -

A Mascara, nous avons occupé pendant tout Juillet la Villa Rose de la Légion - Puis la Troisième Compagnie descendit occuper Ben-Daoud, tandis que le reste du Bataillon s'installait à Soyer - deux jours après notre départ l'A.N.P. s'installait dans la Villa, entreprenait des fouilles ... et découvrait une bonne centaine de corps enterrés dans les caves et sous les oliviers - Un soir que Je dînais chez un Arabe place Foch où on servait de la viande au piment et à la Tomate, un client s'approcha et montra les photos des restes de sa famille qui provenaient de la fameuse villa - Il y avait là Mercier, Kerjolis, Gandé, Jongleux. Nous fîmes bonne contenance, mais nous redoutions un incident, les clients étant nombreux - Il ne se produisit rien - Les gens adoptèrent un Ton digne et ne firent allusion qu'à la Légion - De Toute façon nous n'avions rien à voir là-dedans, cependant, en buvant le Thé, Tous ensemble, l'atmosphère qui n'était nullement Tendue, n'en était pas moins à la gêne -.....

Je crois être l'interprète de Tout le groupe de camarades que Je citai plus haut, en vous disant combien le fait d'avoir été sous vos ordres nous a marqués profondément en nous donnant conscience de la prééminence des valeurs humaines sur toutes les autres - Je vous renouvelle mes voeux pour vous et votre famille et vous prie de croire, mon Capitaine, en mes sentiments respectueux

De Chaïberas (Rems) mars 63

Cher Ami Thomas

Voilà jusqu'à ce jour que je me décide de vous répondre à votre charmante lettre qui m'a fait très plaisir je suis parfaitement très content, très joyeux de recevoir vos nouvelles. Je suit très reconnaissant, vous m'aviez jamais oublier. Quant à moi cher Ami veuillez-bien m'excuser de mon si-long retard qui a durée jusqu'à présent, car j'avais un peu de travail qui m'occuper. Je vous rédiger une lettre, sans vous oublier je tiens toujours à garder un souvenir de vous, les bonnes soirées passées ensembles, notre Amitié a été gravée dans nos cœurs. Malgré la distance qui nous séparent l'un de l'autre, vous êtes très cher à moi.

Du gendarme Metz 18 février 64

assurons que nous ne manquerons pas de vous rappeler au bon souvenir de la population Dullinose. Les braves gens parlent de vous, comme de leur bien, de leur défenseur. Ils n'oublient pas tout ce que vous avez fait pour eux.

Je m'en rendrai compte moi-même le mois prochain, car avec Abdeddine, nous nous rendrons aux douars Amoras, où les gens ne tarissent pas d'éloges sur vous et là, du temps où vous en étiez le chef.....

Du capitaine Plainard 1963 et 1966

Au revoir, cher et vieux camarade, je pense bien souvent avec nostalgie aux excellents moments passés ensemble, dans une détente morale parfaite qui me faisait du bien et aussi dans cette parfaite communion d'idées qui existait entre deux vieux soldats de la République; ceci ne se ternira jamais et ne ne finira qu'avec la vie. Présentes mes hommages respectueux à Madame Thomas et toi, vieux camarade, reçois une fraternelle accolade de ton ami.

Plainard

Mon cher ami,

Reçois en retour mes vœux très sincères et amicaux pour 1967 à partager avec tous ceux qui te sont chers. Je vais envoyer un mot au vieux Tanguy, merci de m'avoir communiqué son point de chute.

Revu récemment à Dublineau q.q. vieilles barbes locales qui ont gardé un fidèle et très heureux souvenir de toi. On parlera encore longtemps dans les Beni-Chougran du Cne Thomas.

L'affaire Boudarel

UN BOUC ÉMISSAIRE

I – La Nouvelle République du Centre-Ouest du 21-05-91 (courrier des lecteurs)

M. Pierre THOMAS, lieutenant-colonel en retraite, ancien résistant, ancien d'Indochine et d'Algérie, nous a fait parvenir cette lettre, en réponse au texte du colonel Allaire sur l'affaire Boudarel.

« En 1950, Georges Boudarel, jeune professeur de 24 ans, enseignait en Indochine depuis deux ans. Il devait recevoir sa convocation militaire. Devait-il être envoyé combattre ses élèves avec lesquels des liens d'amitié s'étaient noués et auxquels il avait fait aimer la France généreuse et émancipatrice ? Quel dilemme ! Devait-il trahir cette France là ou celle qui envoyait un corps expéditionnaire de reconquête coloniale ? Fidèle à ses convictions, il eut le courage de choisir la première : il rejoignit ceux qui luttaient pour leur indépendance et, croyait-il, pour la liberté.

La notion de citoyen du monde, qui permet d'épouser en toute objectivité et sans contraintes ni préjugés la cause de n'importe quel terrien, quelle que soit sa nationalité, n'existait alors que chez des êtres d'exception. Pour la masse, ce choix était appelé désertion et s'inscrivait au palmarès des ignominies, même s'il répondait à la voix de sa conscience, même s'il était l'application des règles de la morale universelle.

Les cadres du Viêt-minh lui confièrent la mission de tenter de rééduquer politiquement les prisonniers fançais du camp 113. Durant plus d'une année, sans jamais commettre de sévices, il expliqua à ses compatriotes que cette guerre était injuste, que l'armée française se trouvait dans la situation de l'armée allemande quelques années auparavant, et les maquisards vietnamiens dans celle des maquisards français.

Face à ce " crime ", quelle fut la conduite d'une partie de ses accusateurs, tant en Indochine qu'en Algérie ? Parallèlement à des actions de pacification (soins médicaux, écoles, pistes...), beaucoup, couverts par l'autorité militaire, se livrèrent à de multiples tortures et exécutions sommaires qui leur valurent souvent avancement et décorations. Et que dire de ceux qui, au sein de l'O.A.S., assassinèrent des officiers français, tentèrent de tuer le général de Gaulle et qui, aujourd'hui, sont amnistiés avec reconstitution de carrière ! . . . .

Quant au fond du problème, que d'officiers — dont Bigeard — avouèrent : " Si j'avais été vietnamien, j'aurais été Viêt-minh ", reconnaissant ainsi implicitement la légitimité de la lutte des peuples colonisés pour leur indépendance. Certains des accusateurs de Georges Boudarel se sont-ils regardés dans un miroir sans rougir de honte en comparant son forfait aux leurs ?

Une relecture de la fable " Les animaux malades de la peste " les inviterait à plus de pudeur et de mesure dans leurs propos. Il est vrai qu'aveuglés par des préjugés racistes et nationalistes, ils jugent crime l'action psychologique de leur accusé, car exercée sur des Français, alors qu'ils considèrent normales leurs exactions sanglantes, leurs victimes n'étant que des " bougnoules ".

Georges Boudarel apparaît comme un bouc émissaire des nostalgiques de la période coloniale et de ceux qui banalisent les crimes des nazis et des guerres d'Indochine et d'Algérie »

II. Première page d'une lettre adressée au président de la cour d'appel de Paris, le 1er juin 1998

« Le but de mon intervention n'est pas de tenter d'innocenter Georges Boudarel ; la fonction de rééducateur politique dans un camp de prisonniers ne peut être exempte de critiques. Je veux seulement relativiser son comportement en le comparant au mien et à celui de milliers de militaires français au cours des guerres néocoloniales d'Indochine et d'Algérie.

Pour moi, la solution de facilité, mais aussi de lâcheté, serait de me taire ou de hurler avec les loups. Un homme livré à la vindicte publique, comme le fut Georges Boudarel, doit trouver des avocats pour comprendre et expliquer son attitude.

Je n'ignore pas le calvaire qu'endurèrent les prisonniers du Viêt-minh – j'aurais pu me trouver dans leur situation – et je m'incline devant leurs souffrances, mais les survivants se trompent de cible. Ils ont trouvé en Boudarel un bouc émissaire sur lequel ils peuvent déverser leur légitime rancœur. Les véritables responsables de leur sort et de la mort de nos compagnons sont ceux de nos dirigeants qui, par manque d'analyse géopolitique de la situation, et contre l'avis d'esprits éclairés, plongèrent la France dans des situations inextricables. Boudarel est, comme les prisonniers, une victime de cette guerre inutile.

Je vais donc, dans un premier temps, essayer d'analyser ce qui peut être reproché à l'accusé, et ce qui peut le disculper, ensuite je formulerai les réprobations qu'avec de nombreux militaires français je pense mériter. Ainsi les personnes de bonne foi pourront juger… »

Remerciements

Ma reconnaissance va d'abord à Pierre Vidal-Naquet qui a accepté de présenter ce livre au public, et à Alain Léger auquel je dois relectures et corrections [1].
Je remercie aussi, pour leurs avis éclairés, Raymond Aubrac, Raphaëlle Branche, Jean-Luc Einaudi, Alain Rafesthain, Françoise Sironi, ainsi que ma nièce Fabienne Hallard et mon camarade Marcel Guillon.
Mes remerciements s'adressent également à mes nombreux amis qui, après la lecture de *Combat intérieur* (Résistance et Indochine), m'ont vivement encouragé à écrire la suite.
Merci aussi à Marie, ma gentille dactylo.
Enfin, je tiens à dire tout ce que je dois à Luce, ma fidèle compagne, qui, depuis plus de cinquante ans, a toujours su me comprendre.

1. Auteur de : *Les Indésirables. L'histoire oubliée des Espagnols en pays charentais*, Éd. Le Croît vif, 2000.

Table

II
Saint-Maixent, 1958-1959

III
Second séjour en algérie, 1959-1962

« L'ÉPREUVE DES FAITS »
COLLECTION DIRIGÉE PAR
HERVÉ HAMON ET PATRICK ROTMAN

Pierre Duclos
Les Prêtres. Une génération raconte son métier, 1983

Jacques Frémontier
Les Cadets de la droite, 1984

Hervé Hamon et Patrick Rotman
Tant qu'il y aura des profs, 1984

Sylvie Péju
Scènes de la grande pauvreté, 1985

Roger Faligot et Pascal Krop
La Piscine. Les services secrets français (1944-1984), 1985

Henri Vacquin
Paroles d'entreprise, 1986

Alain Hamon et Jean-Charles Marchand
Action directe, 1986

Nicole Gauthier, Catherine Guigon et Maurice A. Guillot
Les Instits. Enquête sur l'école primaire, 1986

Henri Weber
Le Parti des patrons. Le CNPF (1946-1986), 1986

Agnès Gerhards
Le Rapport Lambda. Enquête d'une simple citoyenne sur l'Administration de son pays, 1987

Sylvie Péju
Palais de justice, 1987

Michel Bauer (avec Bénédicte Bertin-Mourot)
Les 200. Comment devient-on un grand patron ?, 1987

Gilles Kepel
Les Banlieues de l'Islam. Naissance d'une religion en France, 1987

Xavier Gaullier
La Deuxième Carrière. Âges, emplois, retraites, 1988

Jean-Pierre Vélis
La France illettrée, 1988

Catherine Guigon
Palais Bourbon. La vie quotidienne à l'Assemblée, 1988

Christian Baudelot et Roger Establet
Le Niveau monte. Réfutation d'une vieille idée concernant la prétendue décadence de nos écoles, 1989

Pierre Duclos
Les Enfants de l'oubli. Du temps des orphelins à celui des DDASS, 1989

Michel Pinçon et Monique Pinçon-Charlot
Dans les beaux quartiers, 1989

Daniel Soulez Larivière
Justice pour la justice, 1990

Jacques Julliard
Le Génie de la liberté, 1990

François de Closets
La Grande Manip, 1990

Pierre Favier et Michel Martin-Roland
La Décennie Mitterrand. 1. Les ruptures, 1990

Gilles Kepel
La Revanche de Dieu. Chrétiens, juifs et musulmans à la reconquête du monde, 1991

Claude Neuschwander
L'Acteur et le Changement. Essai sur les réseaux, 1991

Michel Hannoun
Nos solitudes. Enquête sur un sentiment, 1991

François Dubet
Les Lycéens, 1991

Catherine Bédarida
L'École qui décolle. Du primaire au supérieur, cinq façons nouvelles d'enseigner, 1991

Jean-Dominique Giuliani
Marchands d'influence. Les lobbies en France, 1991

Pierre Favier et Michel Martin-Roland
La Décennie Mitterrand. 2. Les épreuves, 1991

Francis Jeanson
Algéries. De retour en retour, 1991

Robert Schneider
La Haine tranquille, 1992

Christian Baudelot et Roger Establet
Allez les filles !, 1992

Philippe Trétiack
La Vie blindée. Seuls contre la mafia, 1992

Gérard Chaliand
Le Malheur kurde, 1992

Didier Lapeyronnie et Jean-Louis Marie
Campus blues. Les étudiants face à leurs études, 1992

Michel Wieviorka
La France raciste, 1992

Christophe Bouchet
L'Aventure Tapie. Enquête sur un citoyen modèle, 1992

Claude Cherki-Nicklès et Michel Dubec
Crimes et Sentiments, 1992

Daniel Karlin et Rémi Lainé
L'Affaire Chara. Un innocent meurt en prison, 1992

François Dubet et Didier Lapeyronnie
Quartiers d'exil, 1992

Axel Krause
La Renaissance. Voyage à l'intérieur de l'Europe, 1992

Gilles Kepel
Le Prophète et Pharaon. Aux sources des mouvements islamistes, 1993

Fabrice Nicolino
Le Tour de France d'un écologiste, 1993

Jean-Michel Croissandeau
Les Bonnes Notes de la France. Trente ans d'éducation, 1993

François Bazin et Joseph Macé-Scaron
Les Politocrates. Vie, mœurs et coutumes de la classe politique, 1993

Pascal Dupont
La Bannière étiolée. Voyage sur les traces de Tocqueville, 1993

Laure Adler
Les Femmes politiques, 1993

Caroline Bettati
Responsables et Coupables. Une affaire de sang, 1993

Myriam Gaume
Les Invités de la Terre. Récits d'Arménie, 1993

Irène Bellier
L'ÉNA comme si vous y étiez, 1993

Jérôme Bourdon
Haute Fidélité. Pouvoir et télévision, 1935-1994, 1994

Virginie Linhart
Volontaires pour l'usine. Vies d'établis, 1967-1977, 1994

Daniel Karlin et Rémi Lainé
Justices en France, 1994

Catherine Bédarida
SOS Université, 1994

Christophe Bouchet
Tapie, l'homme d'affaires, 1994

Sebastian Roché
Insécurité et Libertés, 1994

Emmanuel Faux, Thomas Legrand, Gilles Perez
La Main droite de Dieu. Enquête sur François Mitterrand et l'extrême droite, 1994

Gilles Bresson et Christian Lionet
Le Pen. Biographie, 1994

Bernard de La Villardière et Vincent Nouzille
L'Anti-Drogue. Toxicos, médecins, magistrats, policiers témoignent, 1994

Gilles Kepel
À l'ouest d'Allah, 1994

François Stasse
La Morale de l'histoire. Mitterrand-Mendès France, 1943-1982, 1994

Robert Schneider
Les Dernières Années, 1994

Denis Labayle
La Vie devant nous. Enquête sur les maisons de retraite, 1995

Daniel Soulez Larivière
L'Avocature, 1995

Jean-Philippe Moinet
Léo et les siens, 1995

Telford Taylor
Procureur à Nuremberg, 1995

Isabelle Muller
Un amour sérodifférent, 1995

Karl Laske
Le Banquier noir. François Genoud, 1996

Jean-Pierre Clerc
Les Quatre Saisons de Fidel Castro, 1996

Michel Dubec
Les Maîtres trompeurs. Vrais et faux escrocs, 1996

Sebastian Roché
La Société incivile. Qu'est-ce que l'insécurité ?, 1996

Robert S. McNamara
Avec le recul. La Tragédie du Vietnam et ses leçons, 1996

Frédéric Martel
Le Rose et le Noir. Les homosexuels en France depuis 1968, 1996

Jérôme Cathala et Jean-Baptiste Prédali
Philippe Séguin. Hussard de la République, 1996

François Dubet et Danilo Martuccelli
À l'école. Sociologie de l'expérience scolaire, 1996

Alexis Bérélowitch et Michel Wieviorka
Les Russes d'en bas. Enquête sur la Russie post-communiste, 1996

Nigel Hamilton
JFK. Une jeunesse insouciante, 1996

Pierre Favier et Michel Martin-Roland
La Décennie Mitterrand. 3. Les défis, 1988-1992, 1996

Jean-Yves Carfantan
L'Épreuve de la mondialisation. Pour une ambition européenne, 1996

Pascal Dupont
L'Amour en guerre. Femmes insurgées à travers le monde, 1996

Bernard Violet
Carlos. Les réseaux secrets du terrorisme international, 1996

Jacques Véron
Le Monde des femmes. Inégalité des sexes, inégalité des sociétés, 1997

Denis Labayle
Le médecin qui rêvait d'être magicien, 1997

Philippe Madelin
Le Clan des chiraquiens, 1997

Sous-commandant Marcos et Yvon Le Bot
Le Rêve zapatiste, 1997

Pierre Kalfon
Che. Ernesto Guevara, une légende du siècle, 1997

Gitta Sereny
Albert Speer. Son combat avec la vérité, 1997

Gérard Boulanger
Papon. Un intrus dans la République, 1997

Patrick et Philippe Chastenet
Citizen Hersant. De Pétain à Mitterrand, histoire d'un empereur de la presse, 1998

François Dubet et Danilo Martuccelli
Dans quelle société vivons-nous ?, 1998

Nelcya Delanoë
Nanterre La Folie, 1998

Christian Baudelot, Marie Cartier et Christine Detrez
Et pourtant, ils lisent !, 1999

Laetitia de Warren
Les Fils de Vulcain. La saga des maîtres de forges, 1999

Michel Wieviorka
Violence en France, 1999

Pierre Favier et Michel Martin-Roland
La Décennie Mitterrand. 4. Les déchirements, 1992-1995, 1999

Christian Baudelot, Marie Cartier et Christine Detrez
Et pourtant, ils lisent..., 1999

Philippe Joutard et Claude Thélot
Réussir l'école, 1999

Georges Mink et Jean-Charles Szurek
La Grande Conversion. Le destin des communistes en Europe de l'Est, 1999

Bernard Violet
Vergès, le maître de l'ombre, 2000

Christian Baudelot et Roger Establet
Avoir trente ans… 1968-1998, 2000

Éric Lemasson
Marchiani. L'agent politique, 2000

Vincent Giret et Véronique Le Billon
Les Vies cachées de DSK, 2000

Albert du Roy
Domaine réservé. Les coulisses de la diplomatie française, 2000

François Dubet et Marie Duru-Bellat
L'Hypocrisie scolaire. Pour un collège enfin démocratique, 2000

Jean-Jérôme Bertolus
Les MédiaMaîtres. Qui contrôle l'information ?, 2000

Jean-Marie Charon et Claude Furet
Un secret si bien violé. La loi, le juge et le journaliste, 2000

Jean-Pierre Davant avec Pierre Boncenne
Notre santé n'est pas un commerce, 2000

Vanessa Schneider
La Déprime des politiques, 2001

Vincent Giret et Bernard Pellegrin
Vingt Ans de pouvoir. 1981-2001, 2001

Florent Leclercq et Pascale Sauvage
Paris à tout prix. Histoires secrètes d'une élection, 2001

Pierre Abramovici (enquête avec Carine Mournaud)
Un rocher bien occupé. Monaco pendant la guerre 1939-1945, 2001

Monique Hervo
Chroniques du bidonville. Nanterre en guerre d'Algérie, 2001

Sylvie Maligorne
Duel au sommet. Jospin-Chirac, cinq ans de guerre, 2002

Cécile Amar et Ariane Chemin
Jospin et Cie. Histoire de la gauche plurielle, 1993-2002, 2002

GROUPE CPI

Achevé d'imprimer en février 2002 par
BUSSIÈRE CAMEDAN IMPRIMERIES
à Saint-Amand-Montrond (Cher)
N° d'édition : 52885. - N° d'impression : 020532/1.
Dépôt légal : février 2002.
Imprimé en France
RÉALISATION : PAO ÉDITIONS DU SEUIL